Aus Weilheims Vergangenheit

Aus Weilheims Vergangenheit

Entwicklungsgeschichte
der Stadt Weilheim
vom Mittelalter
bis zum Beginn des 20. Jahrhunderts

von Dr. Hans Rid

Textauswahl und Zusammenstellung
Christian Buck

Stöppel Verlag

Titelbild: Pöltner Tor oder Kraut Tor

Herausgeber: Christian Buck
Umschlaggestaltung und Zeichnungen: Hermut K. Geipel
Gesamtherstellung: Jos. G. Huber KG, Dießen a. Ammersee

ISBN 3-924012-08-3

Geleitwort Dr. Hans Rid von 1950

Ein dringender Wunsch vieler Heimatfreunde, meine im Verlauf von siebzehn Jahren veröffentlichten historischen Abhandlungen zu sammeln und zu ordnen, veranlaßt mich, meinem Büchlein „Alt Weilheim" ein zweites Heimatbuch folgen zu lassen. Dieses unterscheidet sich von „Alt Weilheim" dadurch, daß fast sämtliche Abhandlungen nach Akten des Weilheimer Stadtarchivs bearbeitet sind, dessen Verwaltung mir seit 17 Jahren anvertraut ist. Viel wertvolles Material fand ich auch in dem von meinem Freunde Pfarrer Donatus Geisenhofer musterhaft neu geordneten Spitalkuratie-Archiv, dessen Benützung er mir in entgegenkommender Weise gestattete. An dieser Stelle sei ihm hierfür herzlicher Dank ausgesprochen.

Die im Laufe der Zeiten erschienenen Abhandlungen sind aber nicht nach ihrer Entstehungszeit im Buche vorgetragen, sondern ich habe versucht, sie, soweit es ging, nach den Jahrhunderten zu ordnen. Und gerade deshalb muß ich den Leser um gütige Nachsicht bitten, wenn einige Tatsachen sich zuweilen wiederholen. Diese Wiederholungen auszumerzen wäre nur durch eine Änderung des Originaltextes möglich gewesen, was ich verhindern wollte.

Der Inhalt dieses Buches stellt eine Art Ergänzung der Weilheimer Chronik dar, die eine so eingehende Schilderung der historischen Vorgänge vermeiden muß, um nicht allzu umfangreich zu werden. Die Chronik der Stadt Weilheim, die bis zum Jahre 1933 fertiggestellt ist und noch einiger Korrekturen bedarf, wird etwas später erscheinen.

Mein erstes Büchlein „Alt Weilheim" hat eine freundliche Aufnahme bei den heimatliebenden Lesern gefunden. Wenn es mir gelingt, durch dieses zweite Heimatbuch das Interesse für die große Vergangenheit unserer Stadt zu wecken und den Heimatgedanken zu fördern, dann ist der Zweck meiner Arbeiten erreicht.

Weilheim, Weihnachten 1950 — *DR. HANS RID*

Vorwort des Herausgebers

Bei der Trauerfeier des Stadtrates im Jahre 1968 für den Weilheimer Ehrenbürger Dr. Hans Rid bat Willi Mauthe zum Abschluß seiner Laudatio, ihm behilflich zu sein, wenn es um die Bereitstellung der Mittel ginge, den Wunsch des Verstorbenen zu erfüllen: die Herausgabe der *Chronik der Stadt Weilheim.* Dr. Rid hatte die Arbeiten dazu weitgehend abgeschlossen. Willi Mauthe meinte, mit der Veröffentlichung ließe sich für Hans Rid ein „Denkmal setzen, wie es ihm gebührt."

Die Chronik kam nicht heraus, die beiden Bücher *Alt-Weilheim* und *Aus Weilheims Vergangenheit* sind längst vergriffen. Was Hans Rid schrieb, drohte in Vergessenheit zu geraten.

Nachdem Theobald Wirth 1977 seine *Weilheimer Geschichte* herausgegeben hatte, war an eine Drucklegung von Rids Chronik nicht mehr zu denken. Die Auswahl aus den drei Werken dürfte dem, was in den letzten zwei Jahrzehnten über Weilheims Geschichte geschrieben wurde nicht schaden; sie wird all denen nützen, die über frühere Zeiten etwas lesen wollen, das mit viel Heimatliebe geschrieben worden ist.

Es war unvermeidlich, bei der Zusammenfassung auf manches zu verzichten, das Rid-Kenner in diesem Buch vermissen werden. Daß wenigstens das Vorliegende gedruckt werden kann, ist dem Stöppel Verlag zu danken; er übernahm die Edition eines Werkes, das keine hohe Auflage verspricht. Dank sage ich auch den Erben von Dr. Hans Rid, Frau Annie Lipp, geborene Rid, in Weilheim und Herrn Ernst Seiling in München für ihr Entgegenkommen und den Verzicht auf Ansprüche, ohne die eine Herausgabe nicht möglich gewesen wäre.
Weilheim, im Sommer 1984

Christian Buck

Im Mittelalter

Entwicklung der Stadt

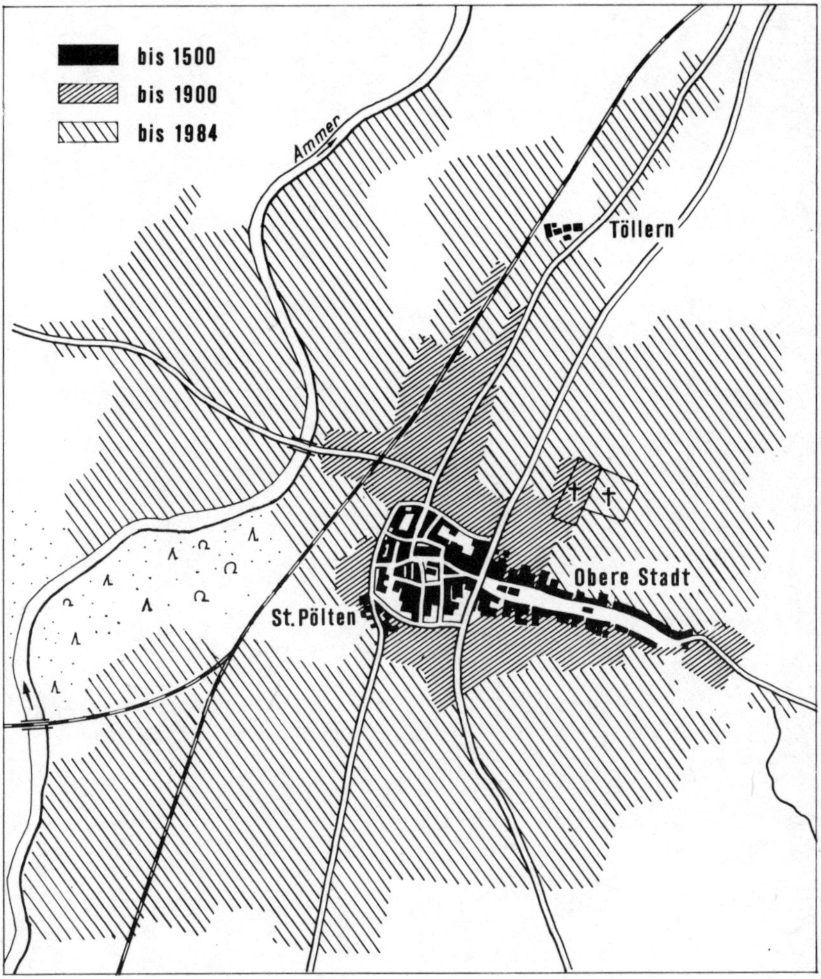

Von der frühesten Geschichte der Stadt

Die Angaben zu seiner frühesten Geschichte kann Weilheim aus einem alten Schriftstück über das Kloster Polling erfahren. Eine Urkunde aus dem Jahre 1010, ausgestellt zu Regensburg und gesiegelt durch Kaiser Heinrich II., der später den Beinamen der Heilige erhielt. In diesem lateinisch abgefaßten Text werden dem Kloster alle Besitzungen bestätigt, die es vor 955 zu besitzen schien, also vor der Zeit, in der es nach der Zerstörung durch die Ungarn zu bestehen aufgehört hatte. In dieser Urkunde heißt es unter anderem:

Die Gesamtheit aller Christgläubigen soll wissen, daß wir, getrieben durch göttliche Liebe und zum Heile und auf Ersuchen des Bischofs Egilbert von Freising das Gut, das in den Dörfern Pollingen, Wilhaim, Ubingen, Rieden, Antisteti, Ascheringen, Hunenwanc, Phafenhoven dem Kloster früher zu gehören schien, gelegen in der Grafschaft des Grafen Adalbergo und im Hosigau mit allen seinen Zugehörigkeiten, mit Gründen, Gebäuden, Wiesen, Weiden, Wäldern, Jagden, Gewässern und Wasserläufen, mit Mühlen, Fischereirechten, mit Ab- und Zugängen, mit Wegen und Unwegsamen, mit Erworbenem und zu Erwerbendem, mit Familien und allen Leuten beiderlei Geschlechts und auch mit allen Nutzungen, Zehntrechten und Pfründen den Gott dienenden Brüdern vollständig zuwenden und schenken und aus unserem Recht gänzlich übergeben …

Da die Urkunde ausdrücklich von einem Gut in Weilheim spricht, ist die Meinung des Pollinger Probstes Töpsl, daß damals ganz Weilheim zum Kloster gehörte, nur dann richtig, wenn man annimmt, daß das ganze Dorf Weilheim nur aus einem Gute bestanden hätte. Aber die Tatsache, daß einige Jahrzehnte nach der Urkundenausstellung bereits im Dorfe Weilheim ein herzoglicher Lehensmann aus dem reichbegüterten Geschlecht derer von Wilhaim auftritt, spricht dafür, daß der alte Pollinger Besitz in Weilheim nur aus einem Teil des damaligen Ortes bestanden hat.

Dieser Teil ist sicher nirgends anders als in der Vorstadt St. Pölten zu suchen. Dort steht auch die älteste Weilheimer Kirche, die sich unter dem Kloster bis zu dessen Aufhebung im Jahre 1803 befand. Wenn der Rat der Stadt dem Stifte bis dahin jährlich einen schwarzen Pfennig zu bezahlen hatte, so ist das wohl vereinbar mit der Annahme, daß niemals ganz Weilheim, sondern nur ein Teil der späteren Stadt zum Klosterbesitz gehörte.

Der Name *Wilhaim,* wie ihn die Urkunde nennt, erscheint im Laufe der folgenden Jahrhunderte in verschiedenen Schreibweisen. Das Reichsarchiv zu München führt um 1218 *Wileyhm* mit verschobenem h, also *Wilheym.* Im Jahre 1316 ist bereits der Name Weilhaim zu finden. Diese Schreibweise bleibt im 15. und 16. Jahrhundert im allgemeinen bestehen. Im 17. Jahrhundert heißt es Weilhaimb und Weilhamb, bis sich dann im 18. Jahrhundert die heutige Schreibweise durchsetzt.

Über die Herkunft des Namens haben zwei Erklärungen die meisten Anhänger gefunden. Die erste leitet ihn von *Heim eines Wilo* ab, die zweite von einer römischen Siedlung, der *villa.*

Wann wurde Weilheim zur Stadt erhoben?

Die Stadt Weilheim ist im Laufe der Jahrhunderte ihres Bestehens von manchem großen Brandunglück heimgesucht worden, das ganze Stadtteile niederlegte und entsetzliche Not den Bewohnern brachte, aber sozusagen ins Herz getroffen wurde die Stadt im Unglücksjahr 1382. Damals wurden die wichtigsten Urkunden und Briefschaften ihrer Privilegien und Freiheiten, die sie von den bayerischen Herzögen erhalten hatte, ein Raub der Flammen. Die den Weilheimern wohlgesinnten Herzöge Stephan und Johann haben sie zwar teilweise wieder erneuert, aber manche wichtigen Urkunden, die uns Aufschluß über die frühesten Schicksale der Stadt heute geben könnten, blieben für immer verschollen.

Unter diesen verlorenen Wertstücken mag auch jenes Privileg gewesen sein, das die ausdrückliche Verleihung des Stadtcharakters festlegte, wenn ein solches überhaupt von einem bayerischen Herzog ausgestellt wurde und nicht eine gewohnheitsrechtliche Entstehung des Stadtcharakters anzunehmen ist. Und so tasten wir heute vorsichtig um das fragliche Geburtsjahr unserer Stadt herum, die Zahlen springen lustig und ohne Beengung über die Jahrhunderte und kristallisieren sich schließlich auf zwei Jahrzehnte im 10. und 13. Jahrhundert.

Dieser große Unterschied von 300 Jahren hat seine Begründung in der verschiedenen Auffassung vom Wesen einer alten bayerischen Stadt. Die Geschichtsschreiber früherer Jahrhunderte haben sich teilweise bei der Festsetzung einer geschichtlichen Tatsache mit geistreichen Schlüssen und Analogien zufrieden gegeben. Und so hat man einen Ort, der befestigt war, kurzweg als Stadt bezeichnet. Eine solche Stadt, wollen wir sagen im älteren Sinne, war Weilheim zweifelsfrei schon lange vor dem 13. Jahrhundert.

Aber die geschichtliche Wissenschaft fordert heute mehr, sie erkennt erst den Stadtcharakter an, wenn dieser urkundlich festgelegt ist, sei es durch ein herzogliches Privileg, sei es in einer anderen Urkunde, z. B. von Klöstern oder amtlichen Kaufbriefen usw. Erst wenn hier der Ort als Stadt – oppidum oder noch besser civitas – bezeichnet wird, ist der Stadtcharakter festgelegt. Und das ist bei Weilheim erst im 13. Jahrhundert der Fall.

Da es aber gar so schön wäre, wenn wir von einer 1000jährigen Stadt Weilheim sprechen könnten, sei kurz auf die Kritik der Jahreszahlen 931–934 eingegangen, die einige beachtenswerte Historiker als das Entstehungsjahr der Stadt angeben. Vor diesen Jahren steht zunächst ein gewichtiges „Veto“ der neuen Geschichtsschreibung. Sie behauptet, gestützt auf archivalische Studien, daß es vor dem 12. Jahrhundert im Herzogtum Bayern überhaupt noch keine Stadt gegeben habe mit Ausnahme der Bischofsstädte, es habe sich bis jetzt noch keine Urkunde vorgefunden, die eine andere Ansicht zuließe.

Daß das Jahr 934 als Gründungsjahr der Stadt früher angenommen wurde, das gibt auch eine Sage kund, die ich in einem Büchlein vom Jahre 1858 gefunden habe. Sie erzählt von einem Bogenschützen des Weilheimer Gögerlritters, der sich im Heere Arnulfs ausgezeichnet habe. Der soll nach dem Tode des letzten Gögerlritters selbst Ritter geworden sein und die Stadt Weilheim im Jahre 934 von seinem Herzog befestigt erhalten haben. Es ist überflüssig zu sagen, daß hier die

Zeit des Rittertums und die erst im Jahre 1130 in der Geschichte erscheinenden Gögerlherren und die Ungarnkämpfe bunt durcheinander gemischt werden.

Das Dorf oder der Markt Weilheim wächst mit allen Kennzeichen einer Stadt herein in das 13. Jahrhundert. Die Welfen hatten bereits 1180 Bayern an die Wittelsbacher abgegeben und nun kommt für die größeren Siedlungen ein neues Moment herein. Die Staufenzüge nach dem Süden haben die deutschen Fürsten gelehrt, daß die Städte in Italien ein wichtiges Element im Staatswesen bildeten, und so begann in Bayern schon unter der Regierung Ludwig I. (des Kelheimers) und später seines Sohnes Otto des Erlauchten eine rege Tätigkeit in der Verleihung von Stadtrechten. Die tüchtigen Wittelsbacher Regenten haben sich dabei auch von anderen Gesichtspunkten leiten lassen. Sie wußten, daß in diesen größeren Orten das Handwerk zu blühen begann und ein steuerkräftiges Völklein heranwuchs, das zur Füllung der durch die häufigen Fehden sehr mitgenommenen herzoglichen Kassen besonders geeignet erschien.

Da Weilheim im ersten bayerischen Salbuch um das Jahr 1224 unter den neuen bayerischen Ämtern an 16. Stelle auftritt, könnte man daraus den Schluß ziehen, daß der Ort vielleicht schon damals in die Reihe der neu gegründeten Städte eingerückt sei. Ein Zwang zu dieser Annahme besteht aber nicht, denn es hat manche Orte gegeben, die damals als Amtssitz erklärt, aber niemals Städte wurden. Richtig ist allerdings, wie Rückert (Das ehemalige Landgericht Weilheim) sagt, „daß als namengebender Ort für ein herzogliches Amt kein so unbedeutender Platz gewählt wurde“. Man kann also vom Jahre 1224 ab mit der Erhebung Weilheims zur Stadt wohl rechnen. Aber keine Urkunde gibt darüber Aufschluß.

Das Jahr 1238 bringt endlich die Urkunde, in der Weilheim zum ersten Male als Stadt – oppidum – bezeichnet wird. Diese Urkunde läßt freilich keinen Schluß darüber zu, ob 1238 das Gründungsjahr ist oder ob Weilheim als Stadt schon früher bestand und hier zum ersten Male als solche erwähnt ist. Da aber bis jetzt von 1176–1238 Weilheim in keiner Urkunde als Stadt bekannt ist, kann nur das Jahr 1238 als jenes gelten, in dem Weilheim zum ersten Male in der Geschichte als Stadt auftritt.

Am 11. Oktober 1238 wurde nämlich in Weilheim durch päpstliche Abgeordnete ein Streit zwischen den Pröbsten von Rottenbuch und Steingaden entschieden. Darüber wird in den Reg. Bav. B. 2 berichtet: „Die abgeordneten apostolischen Richter in der Stadt (oppido) Wilhaim erklären in der Sache des Propstes von Steingadine gegen den Propst von Raitenbuch alles Gehandelte und Verhandelte als null und nichtig. Geschehen in vorgenannter Stadt am 5. vor dem Idus des Oktobers (11. Oktober)."

Was die genaue Fixierung des Stadtgründungsjahres angeht, teilt übrigens Weilheim mit manchen anderen Orten Bayerns das gleiche Schicksal. Wenn man von den Bischofsstädten absieht, so kann Weilheim mit Stolz wenigstens das eine buchen, daß es zu den ältesten Städten Bayerns zu rechnen ist.

Die junge Stadt im 13. Jahrhundert

Spärlich fließen die Geschichtsquellen, die von der jungen Stadt Weilheim Kunde geben. Wir dürfen aber annehmen, daß Weilheim bald nach der Stadterhebung befestigt und mit einer Ringmauer umgeben wurde. Drei Tore, eines gegen München zu, eines gegen Partenkirchen nach Süden und das Obere Tor nach Osten ragten aus den Mauern hervor. So steht es auch in dem Wappen, das der König und spätere Kaiser Ludwig der Bayer den Weilheimern gegeben hat, wie es ein Siegel aus dem Jahre 1314 zeigt: eine feste Mauer mit drei Türmen.

Vor der Mauer waren nur die Häuser um die Kirche St. Pölten, die wohl meist zum Kloster Polling gehörten. Ob in der späteren Oberen Stadt schon einzelne Häuser standen, ist fraglich. Gegen Norden mag Töllern bestanden haben, weil im Jahre 1323 ein adeliger Weilheimer Bürger namens Heinrich Tolir oder Tolrer genannt ist. Dietlhofen ist jedoch schon 1150 urkundlich erwähnt. Im Westen gab es das Gut Waitsacker, das 1282 von dem Weilheimer Bürger Ulrich Watsacker nach Polling verkauft wurde. Wielenbach gehörte zur Pfarrei Weilheim.

Innerhalb der Mauer waren die Häuser der Bürger und der Adeligen zunächst wohl noch nicht beengt. Wann die Kirche im Südosten des Hauptplatzes gebaut wurde, ist unbekannt. Im Jahre 1244 übergab Otto der Erlauchte die Pfarrei Weilheim „mit dem vollen ihm zustehenden Rechte“ dem Kloster Wessobrunn. Damals stand schon der starke romanische Turm, der wohl den spitzen Abschluß gehabt haben mag, wie ihn der Stich von Apian noch im Jahre 1561 zeigt. Der erste Weilheimer Pfarrer, 1236 erwähnt, hieß Berchtold Fueß und entstammte jenem Geschlechte, welches nach dem Aussterben der Edlen von Tutenhusen (Deutenhausen) deren Privatgüter durch Erbe übernommen hatte. An die Kirche schloß sich im Norden der Friedhof an.

Die Burg stand an der Stadtmauer im Südosten auf dem Ris, dem höchsten Platz des Ortes, und hatte im Westen einen Turm. Zu ihr führte die Wiggobsgasse, die seit 1550 den Namen Hofgasse trägt. Diese Burg war der Sitz des Landrichters oder Pflegers, wenn er in Weilheim amtete. Sein ständiger Amtssitz war ja zunächst im Schlosse zu Pähl.

Diese Richter des 13. Jahrhunderts haben für Weilheim insofern eine größere Bedeutung als die später folgenden, weil sie auch die Verwaltung der Stadt in Händen hatten; denn einen bürgerlichen Rat besaß die Stadt wohl erst, nachdem ihn Ludwig der Bayer den Weilheimern gegeben hatte.

Wohl aber hatte die Stadt schon im 13. Jahrhundert ein Wappen. In einer Benediktbeurer Urkunde vom Jahre 1261 hängt das älteste Siegel der Stadt, das als Wappen eine Mondsichel mit drei Sternen zeigt.

Natürlich suchten die Herzöge aus der neuen Stadt eine ergiebige Einkommensquelle für sich zu machen. Die zahlreichen Adeligen, die sich im Laufe des Jahrhunderts in der Stadt niedergelassen hatten, die Handwerker, die durch Klosteraufträge wohl verdienten und die anderen Bürger, welche die glückliche Markt- und Schrannenlage Weilheims auszunützen verstanden, mußten den herzoglichen Schutz bezahlen. So wird vom Jahre 1270 gemeldet, daß das Weilheimer Gericht jährlich 10 Pfund Pfennige eintrug. Am Ende des Jahrhunderts stiegen die Gerichtseinkünfte des Herzogs auf 15 bis 18 Pfund. Die

Stadtsteuern schwanken zwischen 30 und 100 Pfund Pfennige; eine für jene Zeit gewaltige Leistung der jungen Stadt.

Die Gerichtsbarkeit des Weilheimer Rates

Im Jahre 1224 teilte der bayerische Herzog Ludwig, später der Kelheimer beigenannt, sein Land in 36 Ämter ein, seit dieser Zeit gab es ein „Ambt ze Wilhaim". Seinen Sitz hatte der Landrichter oder Landpfleger im Pähler Schloß. In dem inzwischen zur Stadt erhobenen Weilheim saß ein Richter oder Stadtrichter, der im Auftrag des herzoglichen Landrichters dessen Befugnisse in der Stadt übernahm, weil wegen der späteren Größe des Amtes der Landrichter allein die Geschäfte nicht führen konnte. Denn ihm oblag die ganze Verwaltung, die Gerichtsbarkeit, oberste Polizei und die Aufsicht über das Heerwesen im Landgericht. Einer der bekanntesten Stadtrichter in Weilheim war in der Mitte des fünfzehnten Jahrhunderts Hans Heseloher, der ritterliche Minnesänger des Mittelalters, dem zu Ehren eine Straße in Weilheim benannt ist.

Mit Ludwig dem Bayern, dem großen Städtefreund, änderten sich die Verhältnisse. Erhielt Weilheim schon seit seiner Erhebung zur Stadt besondere Rechte von den Herzögen, so hat Ludwig der Bayer diese noch „ansehnlich vermehrt". Er gab den Weilheimern Stadtrechte „wie denen von München" und setzte wohl auch schon den Rat ein. Dieser wurde im Laufe der Zeit mit besonderen Vorrechten ausgestattet, unter anderem erhielt er die sogenannte niedere Gerichtsbarkeit. Während der Landpfleger, der seit dem Jahre 1529 seinen ständigen Sitz in der Weilheimer Burg (heute Finanzamt) hatte, der oberste Richter und Polizeigewaltige war, der über schwere Vergehen urteilte (Hinrichtung durch den Galgen bei Töllern oder durch das Schwert beim Köpflindlein an der Münchener Landstraße), hatte der Rat die Gerichtsbarkeit über kleinere Vergehen innerhalb des Burgfriedens. Konflikte über die Zuständigkeit des Pflegers oder des Rates entschied in strittigen Fällen der Herzog.

Weilheim ist im Gegensatz zu manch anderen bayerischen Städten in der glücklichen Lage, in seinem Archiv die Kammerrechnungen der Stadt bis weit vor dem 30jährigen Kriege zurückführen zu können; sie beginnen mit dem Jahre 1522 und setzen sich in fast ununterbrochener Reihe bis zur Gegenwart fort. Und diese Kammerrechnungen geben uns heute gerade über die Gerichtsbarkeit des Rates guten Aufschluß. Denn sie enthalten alljährlich, sauber gebucht, die Strafen, die den Bürgern auferlegt wurden. Ein nur flüchtiges Durchwandern von mehreren Jahrhunderten in diesen schweinsledernen Bänden der Stadtkammer gibt nicht nur Aufschluß über die Art der Strafen, sondern auch darüber, was der hohe Rat der Stadt für polizeiliche Vorschriften besonders dem Handwerk gab.

Die gewöhnlichste Strafe in den frühesten Jahrhunderten war die Verurteilung zu Mauersteinen. Diese lieferte die Stadtziegelei draußen am kleinen Ammerl an der Wessobrunner Straße. Diese Mauersteine verwandte dann der Rat zur Ausbesserung der immer reparaturbedürftigen Stadtmauer. Die Verurteilung zu 500 Steinen war im allgemeinen die geringste Strafe, es gab auch Urteile zu 3000–5000 Steinen für einen Missetäter.

Neben der Verurteilung zu Mauersteinen gab es von den ältesten Zeiten an die Verurteilung zum Turm. Da mußten die Bürger für nach unseren Begriffen oft lächerliche Vergehen sitzen. Unter dem Turm verstand man den Veylturm oder Feilturm, die Schreibweise wechselte in den Jahrhunderten. Er stand an der nordöstlichen Stadtmauer gegenüber dem Bruderhause, an dessen Stelle heute das Landratsamt steht.

Die Bedeutung des Wortes Feil = Fehl = Schuld erzählt schon, welche Bewandtnis es mit diesem Turme außer seinem Wert für die Stadtbefestigung noch hatte. Es war der Weilheimer Schuldturm, wie ihn viele andere Städte mit der gleichen Bezeichnung im Mittelalter besaßen. Hier wurden jene Verbrecher untergebracht, die der Landrichter aburteilte. Der letzte Gang dieser Unglücklichen war dann zum Galgenberg bei Töllern oder zur Köpflinde an der Münchener Landstraße. Dann diente er auch als Gefängnis für säumige Schuldner, die dort nach den merkwürdigen Gesetzen des Mittelalters so lange in Haft gehalten wurden, bis die Schuld abgetragen war. Der Feilturm fiel als erster von den Weilheimer Türmen der neuen Zeit zum Opfer, er wurde im Jahre 1794 abgebrochen. Die gewöhnliche Turmstrafe, die nur auf kurze Zeit, oft nur einige Stunden sich erstreckte, mußte im Oberen Torturm, später im Schmiedtorturm abgebüßt werden.

Etwas schärfer war die Strafe schon, wenn vom Rate die Verurteilung zum Ambtshaus ausgesprochen wurde. Das Ambtshaus war an der westlichen Stadtmauer gelegen neben dem Türl. Dieser alte Bau enthielt die Gefängniszellen und im oberen Stockwerk die Wohnung des Stadtamtmannes, einer gefürchteten Persönlichkeit, welche die „brummenden" Bürger zu betreuen hatte. Nach Norden zu schloß sich das Stadttürlein an, über dem ein Türmlein mit quadratischen Mauern und mit Zinnen sich erhob, das bis zum zweiten Stock des heutigen Gefängnisgebäudes reichte.

Eine weitere Weilheimer Ratsstrafe war in früheren Jahrhunderten die Verurteilung zum Eisen. Sie fand noch im sechzehnten und anfangs des siebzehnten Jahrhunderts statt. Wahrscheinlich ist damit die Verurteilung zur „eisernen Fessel" gemeint, vielleicht gab es auch ein Halseisen. Eine ganz merkwürdige Strafe war die Verhängung des Narrenhäusels. Darin mußte der Delinquent einige Zeit sitzen. Ob nun das Narrenhäusl ein bestimmtes Lokal war oder ob es, wie ich mir bei der Einstellung des Mittelalters leicht vorstellen kann, aus einer Art Käfig bestand, der vielleicht am Marktplatz aufgestellt war, ist leider nirgends in den Urkunden zu finden. Jedenfalls ist aber diese Strafe noch im Jahre 1622 ausgesprochen worden, damals ist der Eschey (Feldhüter) „weil er niemand gepfändet hat, den Vormittag ins Narrenhäusl, den Abend und die Nacht ins Ambtshaus gelegt worden".

Auch die Prügelstrafe hielt der Rat öfter für angezeigt. Noch im Jahre 1767 z. B. mußte sich diese der Leprose (Armenhausbewohner) Josef Schuechmayr gefallen lassen. Der hatte nämlich „im Beisein vieler bürgerlicher Personen den Ratsknecht angepackt" und alle erdenklichen Verbalinjurien über den Rat ausgestoßen. Dafür erhält er eine Strafe von „25 konstitutionsmäßigen Carbätschen-Streichen". Die Karbatsche war eine starke, aus ledernen Riemen geflochtene Peitsche. Daß der Rat auch das Besuchsverbot von Wirts- und Bräuhäusern zu seinen Rechten zählte, ist selbstverständlich. Auch davon machte er häufig Gebrauch. Verschiedene Persönlichkeiten, wie der Wasenmeister, hatten schon wegen ihres Amtes ein Wirtshausverbot. So wurde dem Wasenmeister Khlingenstein untersagt, „wie bisher geschehen, in den Wirts- und Bräuhäusern zu sitzen und sich mit den Bürgern gemein zu machen."

Worin bestanden nun die Vergehen, die sich die bürgerlichen Missetäter zu schulden kommen ließen? Es wäre nicht richtig, über diese Vergehen, die wir heute großenteils nicht mehr als solche betrachten, und über deren Ahndung sich lustig zu machen. Die christlich-fromme Einstellung der Zeit, die zahlreichen Vorschriften der Handwerkszünfte, die beständig drohende Feuersgefahr in den Holzhäusern der Stadt und die primitiven Lichtverhältnisse, das alles gab den Takt dazu. Beispiele, beliebig aus drei Jahrhunderten herausgegriffen, mögen hier sprechen.

Die häufigsten Frevler gegen die hohen bürgermeisterlichen Verordnungen waren die Bäcker, Bräuer, Metzger und Wirte. Aber gerade diesen wurden auch besonders große Auflagen in der Ausübung ihrer Gewerbe gemacht, und weil diese als die wichtigsten empfunden wurden, hielt man auch immer scharfe Nachschau in ihren Betrieben. Die Fleisch-, Brot- und Bierbeschauer waren stets fleißig bei der Arbeit, meist waren es Ratsherren. Da gab es oft freilich manche Mißverständnisse und harte Worte und „Schmechungen", die dann der Rat ahnden mußte. Bei den Bäckern war es z. B. soweit, daß der „Gerichtsschreiber" die Vergehen gar nicht mehr erläuterte, wie das bei den anderen der Fall war, sondern einfach auf den Rand des Berichtes schrieb: „Peckenstraf". Da wußte dann jedermann, daß einige Loth Gewicht im Brote fehlten, weshalb die Geldstrafe, in schwereren Fällen aber auch der Turm ausgesprochen wurde.

Dann folgt unter anderem eine Hochzeitsstraf. Es gab eine Verordnung, daß bei einer Hochzeit nur eine bestimmte Anzahl von Gästen zugelassen werden solle. Aber eine große Hochzeit war halt gar so schön. Das ließ man sich etwas kosten und nahm die Strafe für „zuvil Volk" einfach mit in Kauf. Der Streitl bezahlte z. B. wegen seiner Hochzeit 1000 Stein.

Im Jahre 1538 hat der Wolfgang Gaß von Eglfing am Jahrmarkt

einen Rumor gemacht (Streit und Lärm) und damit die Freyung gebrochen. Er bezahlt 1 fl. Ebenso erging es dem Andre Puttinger von Böbing und dem Benedikt Zapf von Peißenberg. Der Jahrmarkt war nämlich gefreit und jedes Vergehen an diesem Markt wurde als Bruch der Freiung angesehen. Gefreit waren unter anderem auch das Brothaus und die „Metzg“, und wenn da sich einer ungebührlich benahm, erfolgte prompt die Strafe des Rates.

Das Malefiz-Gericht

Die Ratsverfassung der Stadt Weilheim ist wie die von München ein Geschenk des Kaisers Ludwig des Baiern gewesen, 1368 ist der Weilheimer Rat urkundlich zum ersten Mal erwähnt. Neben vielen Freiheiten ist ihm die kleine Gerichtsbarkeit in der Stadt übertragen worden, die bis zum 19. Jahrhundert auch strenge durchgeführt wurde.

Aber über größere Vergehen und Verbrechen wie schwerer Diebstahl, Raub, Plünderung, schwere Körperverletzung, Totschlag usw. saß nur der Landrichter oder der von ihm beauftragte Stadtrichter zu Gericht. Er war also der Herr des Weilheimer Malefiz-Gerichtes, das nur über Kriminalverbrechen entschied.

In den frühesten Zeiten fanden diese Gerichtsverhandlungen auf dem Weilheimer Marktplatz statt. Innerhalb von Schranken, welche die Stadt aufzustellen hatte, vollzog sich das landrichterliche Verfahren in aller Öffentlichkeit. Neben dem Landrichter mit dem Stab saß der Schreiber „mit dem Buech“. War das Urteil gefällt – und es waren meist Todesurteile – brach der Landrichter über die Malefiz-Person den Stab. Während die Verbüßung der vom Weilheimer Rat ausgesprochenen Freiheitsstrafen in den beiden Tortürmen, dem Oberen und dem Schmiedtor, sich vollzog, saßen die Malefikanten des Landrichters im Veylturm oder Schuldturm.

Von diesem Turme aus wurden die Delinquenten zur Richtstätte geführt. Dem Rat oblag die Vollstreckung der landrichterlichen Urteile. Das Scharfrichter- oder Henkeramt hatte der städt. Cle- oder Wasenmeister inne. Er bewohnte das Städt. Wasenmeisterhaus in der Oberen Stadt und erhielt zwei Gulden Jahresgehalt sowie die Benützung eines größeren Feldes am Betberg. Lag das Feld brach – und das geschah alle zwei Jahre – so erhielt er vier Gulden Jahreslohn. Sein Gewerbe, nicht seine Person, war unehrlich und deshalb ist ihm in der Kirche und im Wirtshaus ein von der Allgemeinheit abgesonderter Platz zugewiesen worden. So wurde z. B. einmal der Weilheimer Wasenmeister Klingenstein vom Rat in den Turm gesperrt, „weilen er sich im Wirtshaus mit den Bürgern gemein machte".

Der Weilheimer Wasenmeister hatte alle Arten von Todesstrafen zu vollstrecken, und diese waren im alten Weilheim recht mannigfaltig. Es gab den Tod durch das Schwert, durch den Strang, durch Rädern, durch Verbrennen. Auf dem Gang zur Richtstätte wurde der Delinquent unter dem Geläute des Armesünderglöckleins auf dem Pöltnertortums von vier Wächtern und zwei Bürgern begleitet. Diese Bürger mußten als „Ratszeugen" mit der Hellebarde erscheinen, darauf ist streng gesehen worden. Als einmal der Hafner Hanns Goppelsrieder als Ratszeuge bei einer Hinrichtung ohne Hellebarde erschien, wurde er vom Rate zur Strafe in den Turm gesperrt.

Hinrichtungen im alten Weilheim waren keine Seltenheit. So erzählt noch Ignaz Degler, daß „anno 1699 zwei Brüder gehenkt worden .. und hangen dermalen drei am Galgen", vom Jahre 1701 meldet er, daß „hier zwei Brüder mit dem Schwert hingerichtet worden ... Seind schön gestorben ..." Auch die Kammerrechnungen der Stadt erzählen von den Hinrichtungen, da die Ausgaben bei dieser Gelegenheit für den Wasenmeister, den Stadtbaumeister mit den Gesellen, den Kistler usw. vom Stadtkämmerer genau gebucht sind.

Die Hinrichtungen durch das Schwert wurden „beim Köpflindlein" an der Münchener Straße zwischen dem Schmiedtor und Töllern vollzogen. Am Galgenberg, östlich vom Töllernkirchlein, stand der Galgen, der weithin sichtbar war. Wo die Hinrichtung durch das Rad erfolgte, ist nicht festzustellen, doch scheint diese Hinrichtungsart gerade nicht zu den Seltenheiten gehört zu haben. Denn eine Kammerrechnung des 17. Jahrhunderts berichtet von einer Erneuerung des

Rades durch den Kistler. Einen Gulden bezahlte der Stadtkämmerer im Jahre 1581 fürs „Legen auf das Rad“. Der Tod durch Verbrennen wurde im Zeitalter der Hexenprozesse ausgesprochen. Im Jahre 1591 erhielt der Clemeister eine Extrazulage von drei Schilling 15 Pfennigen, weil er die Asche von den verbrannten Weibern „in die Ammer geführt hat“. Ob und wie die Peinliche Befragung (Tortur) dabei durchgeführt wurde, ist nicht bekannt.

Gefreite kaiserliche Häuser der Stadt

Da die Erhebung des Marktes Weilheim zur Stadt in den Jahren 1224–1238 sich vollzog, ist in dieser Zeit auch vom bayerischen Herzog der Bau der Stadtmauer befohlen worden. Die günstige Handelslage des Ortes hat den weitblickenden Herzog veranlaßt, die Grenzen der jungen Stadt nach damaligen Begriffen großzügig zu gestalten. In weitem Ring umschloß die Stadtmauer verhältnismäßig noch wenig Häuser. Otto dem Erlauchten war es daher sehr darum zu tun, das Stadtgebiet mehr zu bevölkern. Um dem Landesherren einen Gefallen zu tun, haben sich manche Adelige, die in der Nähe ihren Sitz hatten, entschlossen, sich in Weilheim anzusiedeln. Da waren z. B. die Edlen von Schürfeisen, am Ammersee begütert, die um 1260 als Edelfreie hier wohnten, dann die Edlen Eisenreich, die Peißenberger Edlen Mairhofer um 1350 und vor allem die Halder, die als „gut alt Geschlecht von Wilhaim“ bezeichnet werden und von den Haldern von Haldenmannstetten (Stetten in Schwaben) stammten.

Diese Adelsgeschlechter haben zunächst in der jungen Stadt eine führende Rolle gespielt, meist als herzogliche Beamte. Sie waren unter anderem die ersten siegelmäßigen Bürger, d. h. sie hatten das Recht, schriftlichen Handlungen durch ihr Siegel die Kraft einer öffentlichen Urkunde zu geben. Siegelmäßig waren aber bald auch manche Bürger, die dem Gewerbe- und allmählich aufkommenden Handwerkerstande angehörten und in der Stadt zu einem gewissen Ansehen gelangt waren. So begegnet uns schon 1335 urkundlich ein Ott Ungleich als siegelmäßiger Bürger, ein Zeichen, daß die alten Adelsgeschlechter bereits im 14. Jahrhundert mit den alten Bürgergeschlechtern ihre Vorrechte teilten, so daß beiden die gleichen Ämter offen standen. Das Haus des siegelmäßigen Bürgers war äußerlich gekennzeichnet durch einen Erker.

Neben diesen Erkerhäusern gab es in der ersten Hälfte des 14. Jahrhunderts in Weilheim zwei gefreite Häuser. Sie waren gekennzeichnet durch einen besonders schönen und großen Erker sowie eichene Pfosten, die vor jedem der beiden Häuser standen. Die Pfosten waren durch Ketten miteinander verbunden, so daß die gefreiten Häuser aus der Reihe der benachbarten Holzhäuser sozusagen herausgeschnitten waren und dadurch ihre vornehme Ausnahmestellung jedem aufdringlich bekundeten. Noch in der zweiten Hälfte des 19. Jahrhunderts standen diese Pfosten, die später durch Steinpfosten ersetzt waren, vor den gefreiten Häusern sowie vor zwei anderen gefreiten Häusern, die in späteren Jahrhunderten die Freiung erhalten haben. Das eine der beiden ältesten gefreiten Häuser befand sich in der Obertorgasse, der heutigen Admiral-Hipper-Straße und beherbergt heute die Eisenhandlung Hipper. Das zweite gefreite Haus stand in der Pöltnergasse, das Ammonhaus.

Die Bewohner dieser Häuser genossen besondere Vorrechte, waren der Gerichtsbarkeit des Rates entzogen und auch von den allgemeinen Steuern befreit, doch mußten die Inhaber alljährlich auf Septuagesima und Michaelis an die Landschaft die Rittersteuer bezahlen. Die Freiung dieser Häuser geht ohne Zweifel auf Kaiser Ludwig den Bayern zurück, der Weilheim mit besonderen Rechten ausstattete, der Stadt eine Ratsverfassung wie den Münchnern gab und vornehme Bürger für ihre Treue außerordentlich belohnte. Zu diesen verdienten Geschlechtern gehörten die Halder, die seit Anfang des 14. Jahrhunderts in Weilheim ansässig waren.

1. Das Halderhaus

Den Beweis, daß dieses gefreite Haus in der Pöltnergasse der Sitz der Halder seit den ältesten Zeiten war, erbrachte der Weilheimer Chronist A. Schmidtner, dessen Forschungen ich hier folge. Er berichtet darüber im Jahre 1844: „In diesem Hause sieht man in dem sich wölbenden Deckengebälke des Erkerzimmers an zehn Dielen die Wappen der Halder mit Schild und Helm deutlich eingeschnitzt." Heute fehlt leider dieses Beweisstück, denn das alte Haus brannte im Jahre 1868 vollständig nieder und wurde neu aufgebaut.

Schon 1354 wird eine Halderin als Ehefrau des Bürgers Eisenreich erwähnt. Wohl ein Bruder dieser Halderin war Jörg Halder, der 1410 gestorben ist. Sein Grabstein in rotem Salzburger Marmor befindet sich in der Weilheimer Stadtpfarrkirche. Er war übrigens „Fürleger und Redner (Rechtsbeistand) des Herzogs Heinrich von Landshut in dessen Streit mit Herzog Ludwig von Ingolstadt wegen der Teilung des Herzogtums.

Ein Burkart Halder der Ältere, der 1413 beurkundet ist, hatte eine Perfall zur Gattin, wie ein Wappen im Erkerzimmer des Hauses einst besagte. Sein Sohn, Burkart der Jüngere, war 1449 Landrichter zu Pähl und Stadtrichter zu Weilheim. Damals wurden die Gerichtssitzungen nach altem deutschen Brauch noch im Freien, „an offener Landschranne" gehalten, in Weilheim war das „der Platz" (Marienplatz). Eine Urkunde vom 12. Februar 1449 lautet: „Ich Burkart Halder, derzeit Landtrichter ze Päl und in der stat Weilham, bekenn offentlich von gerichtswegen mit dem Brief, als ich ze Weilham an offener Landtschrannen gesessen bin und den Stab in der hand gehabt han und den gesworn Schreiber bei dem Puch, da ist ..."

Sein Sohn Ulrich war 1474 Rentmeister von Oberbaiern und sein anderer Sohn Christian war 1477 Pfleger von Murnau. Dessen Sohn Leonhart war der geschickte und vornehme Baumeister Herzog Wilhelms. Interessant ist, daß dessen Schwester die Mutter des aus der Reformationsgeschichte bekannten Dr. Eck gewesen ist. Die Reihe der Halder in diesem Hause schließt ein Leonhart Halder gegen Ende des 16. Jahrhunderts ab, weit über 200 Jahre hatte also dieses Adelsgeschlecht den Edelsitz in der Pöltnergasse inne. Dann ging er auf einen

Thomas Rechner über. Nachdem das gefreite Haus in dem Besitz eines Nichtadeligen nunmehr war, tauchte die Frage auf, ob die gleichen Privilegien darauf weiter bestehen konnten. Die Landschaft entschied bejahend und so wurde bis fast zum Ende des 18. Jahrhunderts die darauf liegende Rittersteuer bezahlt.

2. Das Neuchingerhaus

Abgesehen von der Bedeutung, die das Haus in der Admiral-Hipper-Straße als Geburtsstätte des großen Sohnes der Stadt, Franz v. Hipper, hat, wird es für die Allgemeinheit das gleiche sein wie so manches andere Bürgerhaus in Weilheim. So könnte man vielleicht auch mit einem gewissen Rechte denken, aber gerade dieses Haus ist eine historische Stätte mit reicher Erinnerung, in der Herzöge und Hofleute, hohe Adelsgeschlechter und herzogliche Pfleger ein und aus gingen und die Ratsherren der Stadt im 14. und 15. Jahrhundert ihre Amtsräume besaßen. Heute ist es freilich ein auf den alten Grundmauern neu aufgebautes Gebäude, das sich von den anderen Häusern der Stadt nicht allzu sehr unterscheidet. Hören wir seine Geschichte!

Als vor 700 Jahren, bald nach der Stadterhebung Weilheims, die Mauer um den Ort gezogen wurde, da stand in der Reihe der Gasse, die vom Marktplatz zum Oberen Tor führte, dieses Haus. Die Gasse hieß jahrhundertelang Oberthorgasse. Beim großen Stadtbrand im Jahre 1382, dem fast ganz Weilheim während der Peißenberger Fehde zum Opfer fiel, ist mit Sicherheit auch dieses Haus zerstört worden. Nach seinem Wiederaufbau erfuhr es im Jahre 1414 das gleiche Schicksal. Damals ist die ganze „Stat Weilhaimb verprunnen“, wie die Pollinger Klostergeschichte vermeldet. Jetzt aber erstand das Haus fest und stark mit Mauern aufgebaut im Gegensatz zu den vielen Holzhäusern in der Gasse. Und es bestand seine Feuerprobe im Jahre 1434, als wiederum ein Großteil der Stadt, die Häuser vom Schmiedtor angefangen bis in die Oberthorgasse hinein, niederbrannten. Damals machte, wie Wöstermeyer meldet, das rasende Element vor diesem Hause halt.

Warum man gerade dieses Haus mit Mauern erbaut hat? Es war das erste Rathaus der Stadt Weilheim und blieb es bis zum Jahre 1533, wo man dann beim Marktplatz an der Stelle des alten Friedhofes ein neues Rathaus erbaute. Dieses älteste Rathaus der Stadt in der Oberthorgasse, das im Erdgeschoß eine Durchfahrt zum Hofe und außerdem zwei hohe Stockwerke hatte, besaß im ersten Stock zwei große Zimmer, das eine, die eigentliche Ratsstube, mit einem Erker, daneben befand sich das Kirchenstüblein, in dem die beiden Kirchenpfleger – gewichtige Persönlichkeiten im alten Weilheim – ihres Amtes walteten. Das Haus aber beherbergte in seinen übrigen Räumen in dieser Zeit viele hohe Herren, die länger oder kürzer in Weilheims Mauern weilten.

Siebzehn Wappenschilde, die in der Deckendiele des Rathauses eingeschnitzt waren, ermöglichen einen Überblick über die ehemaligen Bewohner oder Nutznießer des Hauses. Wir können das von der Stadterhebung an bis zum Jahre 1550 verfolgen. Leider sind diese Wappen beim Wiederaufbau des Hauses im Jahre 1867 verloren gegangen, aber die im Jahre 1845 davon gemachten Zeichnungen erzählen uns manches von der Geschichte dieses Hauses.

Das älteste Weilheimer Stadtwappen, Mond mit drei Sternen, gibt uns Kunde, daß seit der Stadtgründung hier der Stadtrichter seinen Sitz oder wenigstens seine Amtsräume hatte. Das neue Weilheimer Wappen – die Mauer mit den drei Türmen – zeigt uns den Sitz des von Ludwig dem Bayern der Stadt gegebenen Rates an. Mit dem Einzug des Rates in dieses Haus wurde ihm von Kaiser Ludwig die Freyung gegeben und es blieb auch ein gefreites Haus bis zum Jahre 1800, wo die mittelalterlichen Vorrechte alle verschwanden. Der Erker am Hause und eichene Pfosten vor dem Hause waren das äußerliche Kennzeichen der Freyung.

Aus dem Wappen ist weiter zu schließen, daß die anderen Räume des Hauses lange Zeit als Sitz der herzoglichen Pfleger benützt wurden. Denn es befanden sich dort das Wappen des Edlen Engelschalk, der Landrichter im Jahre 1410 war und einen gefreiten Edelsitz in Murnau besaß, das des Edlen Halder, Weilheimer Landrichter im Jahre 1449, dessen Familie in der Pöltnergasse ein gefreites Haus innehatte, ferner das des Edlen Häring, Landrichter 1492, dessen Familie einst Dietlhofen und den See ihr Eigen nannten, weiter das des Edlen Ramung, Landrichter 1494, der seinen Stammsitz auf der Burg Rameck bei Huglfing hatte, u. a.

Zwei Wappen erzählen uns von besonderen Episoden Weilheimer Geschichte. Das Wappen von Landsberg, Kreuz auf drei Hügeln, weist auf Herzog Christof hin, denn dieser war 1475–1493 Herr von Weilheim und bis 1485 von Landsberg. Es waren die beiden Residenzstädte seines Nutznießungsterritoriums, das ihm sein Bruder, der Herzog Albrecht von Bayern, übergeben hatte. In diesem Hause hat also der Herzog entweder selbst bei seinem Weilheimer Aufenthalte gewohnt oder es hatten dort die Herren seiner Regierung mit dem Pfleger ihre Amtsräume. Das bayerische Rautenwappen in der Mitte von allen weist mit Bestimmtheit auf die bayerischen Herzöge Wilhelm und Ludwig, die im Jahre 1521 auf einige Zeit Weilheim zu ihrer Residenzstadt gemacht hatten. Sie selbst wohnten wohl in der Weilheimer Burg, aber ihre Hofräte hatten sicher in diesem Hause ihre Amtsräume.

So war also dieses Haus seit seinem Bestehen der Sitz vieler Herren und es ist verständlich, daß aus der alten Oberthorgasse allmählich eine Herrengasse wurde, ein Name, der sich fast bis zur Gegenwart erhielt.

Als im Jahre 1529 die Weilheimer Burg von dem Herzog angekauft und zum ständigen Sitz des Pflegers gemacht wurde, und als im Jahre 1533 der Rat der Stadt sein eigenes Heim am Marktplatz bezog, war es im gefreiten Hause in der Herrengasse ruhiger geworden. Der Rat verkaufte es an den Edlen Leonhard Neuchinger, eine Familie, die es bis 1586 innehatte. Nach dieser Familie wurde das Haus noch lange Jahrzehnte später das Neuchingerhaus genannt.

Die Spitalstiftung

Von 1316 bis 1322 hatte Weilheim unter Kriegsnöten viel zu leiden. Es war die Zeit, in welcher der Bayernherzog Ludwig seine Königsrechte gegen seinen Widersacher Friedrich den Schönen von Österreich durchsetzte. Feuer und Schwert wüteten innerhalb und außerhalb der Mauer, die Felder lagen verwüstet, die Güter ringsum waren ausgebrannt.

Am 12. Juli 1315 hatten die Weilheimer Bürger zusammen mit denen von München, Ingolstadt, Landsberg und Wasserburg an der Huldigung in München teilgenommen. Als die Kriege beendet und der Gegenkönig Friedrich besiegt war, belohnte Ludwig seine Städte mit weitgehenden Rechten und Vollmachten.

In Weilheim vollzogen sich während der Regierungszeit Ludwigs auch sonst bedeutsame Wandlungen. Im Jahre 1312 war mit Heinrich dem Wilhaimer der letzte Sproße dieses alten und reich begüterten Adelsgeschlechtes gestorben. Heinrich der Pähler war 1316 Stadtpfarrer in Weilheim. Wohl auf dessen Veranlassung kaufte sein Vetter, der Münchener Patrizier Ludwig Pütrich, zahlreiche Güter und Liegenschaften von den Erben der Edlen von Wilhaim und stiftete „zuvörderst für die alten armen Burgersleut zu Weilhaimb" ein Spital. Die Vollendung der Stiftung mag zwischen 1320 und 1330 liegen.

Dieses Heilig-Geist-Spital stand zunächst außerhalb der Mauer bei St. Pölten. 1367 wird es aber bereits urkundlich als innerhalb der Mauer gemeldet. Es fand seinen Platz im Süden der Stadtpfarrkirche und hatte einen eigenen kleinen Friedhof. Dem Stadtbach gegenüber entstand im Laufe der Jahre der große Spitalbauhof, der die ganze heutige Häuserreihe am Kirchplatz einnahm und sogar noch in die Hofgasse hineinreichte.

Unter Ludwig dem Bayern wurde das Weilheimer Spital konfirmiert. Seine Güter, die durch zahlreiche Geschenke und Käufe ein gewaltiges Ausmaß gewannen, wurden schon 1349 durch den Sohn Ludwigs von aller Steuer befreit. Seit 1383 mußte auf herzoglichen Befehl der Rat der Stadt zwei Spitalpfleger aufstellen. Einer dieser Kirchpröpste, wie sie genannt wurden, kam aus dem innern, der andere aus dem äußeren Rat. Am St. Gallitage 1405 übergaben dann die Spitalstifter dem Rat und den Bürgern der Stadt das Spital mit allem Zubehör, damit sie „es fürderhin selber inne zu haben und zu besorgen, als sie Gott darvon antworten wöllent."

Der Besitz des Spitals, wie ihn die Urkunde vom Jahre 1405 aufweist war beträchtlich: „Was in und um Weilhaimb liegt, 80 Tagwerk Wismat und 46 Jauch Ackers, 48 Krautäcker und Gartenbeet klein und groß, 12 Schilling Münchener Pfenning ewigen Zinsgeldes aus Häusern und Hofmarken, 1 Hof zu Wattsacker, 1 Hof und Hube zu Peißenberg, 1 Hube zu Eberfing, 1 Hube zu Argart, 1 Gütl zu Dietlhofen, 1 Gütl zu Raisting, 1 Zehnt zu Weilhaim von dem Kluiber und 1 Zehnt auch zu Weilheim von der Zimmering, und 234 Gulden Ungarischer, die Ludwig Pütrich von Mainz dargeschafft hat, darzu hat das Spital eine ewige Meß mit 10 Pfund Münchener Pfenning Gelds, deren 3 Pfund aus Höfen zu Kohlgrub, 3 Pfund aus dem halben Riegsee, 1 Pfund aus der Schwaig zu Lichteneck, 1 Pfund aus der Schwaig zu Lopdorf und 2 Pfund aus der Stadtkammer zu Weilhaim gehen, und eine eigene Hausung für den Priester des Spitals, auch seien jeglichem Pfarrer von Weilhaim vermacht 6 Pfund Münchener Pfenning aus 2 Höfen zu Egelfingen, 1 Hofe zu Hofhaim, einer Mühle in der oberen statt zu Weilhaim (Bernmühle) und zwei Huben zu Riegsee für Entgang des Opfers und für alle pfärrlichen Rechte des Spitales."

So war unter der Regierungszeit Ludwig des Bayern für Weilheim ein Werk geschaffen, das der Stadt – als Bürgerheim – noch bis auf den heutigen Tag zum Segen gereicht. Es wird damals viel Not zu lindern gehabt haben. Schon 1344 kam ins Oberland die Pest, auch von Überschwemmungen und Hungersnot wird aus diesem Jahr berichtet. Am Tage Pauli Bekehrung zitterten die Weilheimer unter einem gewaltigen Erdbeben. Das größte Unglück brachte 1349; nach der Chronik von Benediktbeuern starb der dritte Teil der Menschen an Pest. Sie waren die ersten, die nicht mehr auf dem Friedhof um die Stadtpfarrkirche begraben wurden, sondern weit außerhalb der Mauer, auf dem Betberg, wo sich heute noch der Weilheimer Friedhof befindet.

Die Jahrmärkte

In die allerälteste Zeit Weilheims müssen wir zurückwandern, wenn wir seine Märkte in ihrem Ursprung verfolgen wollen. Da gab es im alten Bayern Patroziniums- oder Kirchweihmärkte, die sich eines besonders regen Besuches der Landbevölkerung erfreuten, so an Georgi, Pfingsten, Jakobi, Bartolomä, Ägidi, St. Gallus, St. Andres und Nikolaus.

Daneben gab es im bayerischen Lande die sogenannten Feldmärkte bei kleinen Ortschaften in günstiger Verkehrslage. Sie waren besonders häufig. Während jene Märkte sich bei Klöstern oder in der Nähe großer Wallfahrtskirchen rasch zu Warenmärkten entwickelten, haben die Feldmärkte lange nur den ursprünglichen Charakter von Viehmärkten getragen, und erst später entstanden daneben die Krämermärkte.

Aber diese Märkte darf man sich in ihrer Entwicklung nicht als Zufallsgebilde vorstellen, die altem Herkommen gemäß von den Bewohnern einfach abgehalten wurden. Die Erlaubnis zur Abhaltung eines Marktes zu erteilen, ist in den ältesten Zeiten ein Recht des Königs gewesen. Dieser bürgte für den sogenannten Königsfrieden, der alle Marktbesucher vor Schädigungen sicherte, die fremden Händler auf ihrem Zug zum Markte schützte und sie dort rechtsfähig machte. Die sogenannten Marktsymbole, die man bei den Märkten sehen konnte, wie Kreuz, Schwert, Fahne, Hut, Handschuh usw. sind eigentlich Wahrzeichen des Königsbannes gewesen. Dieses Königsrecht haben sich später die Grundherren, also die Herzöge, Äbte, Adelige für ihr Gebiet angeeignet, denn sie alle hatten an den Zöllen ein großes Interesse und förderten die Märkte. Und so sind auch die Weilheimer Märkte von den bayerischen Herzögen und späteren Kurfürsten verliehen worden.

Im 11. und 12. Jahrhundert scheint nun Weilheim noch keinen Warenmarkt gehabt zu haben. Der Ort hatte wohl das Marktrecht, doch sind das sicher nur größere Getreidemärkte gewesen, die „Mäßerei der Weilheimer" war ja für die ganze Umgebung bestimmend. Die ältesten Urkunden berichten von einem Jörgenmarkt, von dessen Existenz aber in den späteren Jahrhunderten nichts mehr bekannt ist. Dieser Markt am Georgitage wird urkundlich noch im Jahre 1412 und sogar 1434 erwähnt, aber ich halte sehr dafür, daß ein größerer Warenmarkt nicht damit in Verbindung war, denn die Aufgabe eines so wichtigen herzoglichen Rechtes in einer sich entwickelnden Stadt ist nicht anzunehmen.

So ist die Kenntnis über diesen ältesten Markt Weilheims in Dunkel gehüllt, aber ringsum in der Umgebung verkauften lustig die fremden Händler auf den Jahrmärkten. So hatte Polling seinen Hl. Kreuz-

Markt, in der Nähe des Klosters Wessobrunn war zu Ried oder St. Vigilien ein großer Krämermarkt, in Haunshofen ein Markt am St. Gallus-Tage, bei Etting in St. Andre wurde ebenfalls ein stattlicher Feldmarkt abgehalten, der sich zum Warenmarkt entwickelte. Nur von Weilheim ist aus diesen ältesten Zeiten nichts Bestimmtes bekannt, doch im 14. Jahrhundert kam eine Änderung. Die Orte mit ihren Märkten blieben in der Entwicklung zurück, Weilheim aber wuchs heran, ward befestigt und zur Stadt erhoben. Die dichtere Bevölkerung hat die Notwendigkeit einer Nahrungszufuhr und eines Austausches von Nahrungsmitteln gegen gewerbliche Produkte hervorgerufen, es mußten also in Weilheim Märkte entstehen. Und wie ein Magnet zog auch die Stadt die Patroziniums- und Feldmärkte der Umgebung in ihre Mauern.

Zuerst mußte Haunshofen daran glauben. Dieser Ort war marktberechtigt wie Weilheim und sein *Gallimarkt* hatte sich wegen der „großen Pferde- und Viehzucht" der Umgebung rasch zu einem vielbesuchten Warenmarkt entwickelt, der unter dem Schutz der Edlen von Haunshofen stand. In der Regierungszeit Ludwig des Bayern starb nun dieses Geschlecht aus und der Ort wurde vom Kaiser dem Kloster Bernried geschenkt. Wahrscheinlich damals schon kam der Gallimarkt nach Weilheim, denn als er zum ersten Male in einer städtischen Urkunde im Jahre 1426 erwähnt wird, ist er bereits schon als herkömmlich bezeichnet. Damit ist der Gallimarkt als der älteste Krämermarkt Weilheims anzusprechen. In späteren Jahren war er sogar auf drei Tage ausgedehnt und noch im 18. Jahrhundert wurde am Vorabend von St. Gallus, am Tage selbst und am Tage darauf das Marktglöcklein vom Stadtkirchturm herab geläutet.

Den zweiten Markt erhielt Weilheim im Jahre 1413, es hatte den Hl. Kreuz-Markt von Polling in seine Mauern gezogen. Doch blieb es nur 21 Jahre im glücklichen Besitz desselben, denn es mußte ihn auf Befehl des Herzogs Ernst wieder nach Polling zurückgeben. Dieses kurze Gastspiel des Pollinger Marktes in Weilheim berechtigt uns nicht, ihn als Weilheimer Markt anzusprechen und so scheidet er aus dieser Reihe aus.

Aber von der Wessobrunner Gegend zog die Stadt den Warenmarkt herein. Zu Ried bei Rott hatte sich sowohl wegen der Nähe des Klosters als auch wegen der Nähe der großen Straße von Kempten her am 26. Juni der St. Vigilien-Markt entwickelt. Nun hatten die Weilheimer im Jahre 1453 von Herzog Albrecht einen Markt verliehen erhalten, der zunächst *Neumarkt* genannt und am 26. Juni abgehalten wurde. Am gleichen Tage aber fand der alte Markt zu Ried bei Rott statt. Das war nun eine schlimme Konkurrenz. Weilheim blieb Sieger, der St. Vigilien-Markt schlief ein. Um aber eine Versöhnung herbeizuführen, machte der Herzog den Weilheimern die Auflage, die Straße nach Rott zu unterhalten, so ganz ohne Opfer ging es also noch nicht ab. Das war im Jahre 1521, wo der Tagelohn eines Straßenarbeiters, wie die Stadtkammerrechnung von 1522 ausweist, nicht ganz 5 Kreuzer betrug.

Diese beiden Märkte, der Galli- und der Neumarkt, der später Johannimarkt hieß, waren nach der Weilheimer Chronik des Jahres 1699 die einzigen Märkte der Stadt in diesem Jahrhundert. Erst am Ende des 18. Jahrhunderts, im Jahre 1793 kam der *Lorenzimarkt* nach Weilheim und zehn Jahre später, nach Aufhebung des Klosters Polling, der *Andreasmarkt* von Etting. Dieser letzte Markt kostete die Weilheimer aber auch wieder ein kleines Opfer. Die Ettinger mußten für den Entgang der Einnahmen aus diesem Markte entschädigt werden und erhielten das Standgeld zugebilligt. Da gingen bis fast in unsere Zeit herein zwei Ettinger durch die Standreihen des Weilheimer Marktes und erhoben ihren Obolus.

Der *Palmmarkt* nun, der heute den Jahresreigen der Weilheimer Krämermärkte eröffnet, war bis in das 18. Jahrhundert herein am Donnerstag vor dem Palmsonntag ein Getreide- und Viehmarkt und scheint erst im Laufe des 19. Jahrhunderts sich als Krämermarkt entwickelt zu haben. Alle Märkte aber hatten bis ins vorige Jahrhundert einen Nachmarkt, an dem auch die Krämer feilhalten durften.

Der Platz, wo die Krämermärkte abgehalten wurden, gab ihm den Namen: Marktplatz. Der war dann übersät von Buden, deren Reihen nach den verschiedenen Straßen ausmündeten, zur Pöltnerstraße, gegen die Obere Stadt zu und zur Schmiedstraße hinaus.

Noch im ersten Drittel unseres 20. Jahrhunderts stauten sich die Massen auf dem Platze und nur langsam kam man durch die wogenden Menschenmassen. Der Geschirrmarkt vorm Luckerbräu, das Kasperltheater dort in der Nähe oder beim Stadtbrunnen, das Karussell auf dem Platze neben dem Spernbräugarten, die Zauberbude auf dem Postplatze, der Moritatensänger in der Herrenstraße, sie alle waren Anziehungspunkte besonderer Art. Und in den Sommermärkten waren der Postgarten, der Luckerbräugarten, der Spernbräugarten, selbst der Demmel- und Guttmanngarten gedrängt voller Leute und im Bräuwastlkeller gab es noch die Abschiedsmaß vor Abgang des Zuges.

Pfleger und Landrichter

1440 erhielt Weilheim vom Herzog die Rechte, Freiheiten und Gewohnheiten bestätigt. Der innere und der äußere Rat wachten eifersüchtig über deren Einhaltung. Auf den Landtagen waren die Weilheimer nicht nur durch einen, sondern durch zwei Abgeordnete vertreten wie andere bedeutende Plätze auch. Aber der eigentliche Herr der Stadt war und blieb der Landrichter oder Pfleger. Im Auftrage seines Herzogs übte er die höchste richterliche und polizeiliche Gewalt aus.

Georg Rückert erzählt von der Tätigkeit des Richters auf Grund einer Urkunde vom 12. Februar 1449:

„Ich Bukhart Halder, derzeit Landrichter zu Päl und in der Stadt Weilham, bekenn offentlich von Gerichtswegen mit dem Brief, als ich zu Weilham an offener Landtschrannen gesessen bin und den Stab in der Hand gehabt han, und den gesworn Schreiber bei dem Puch, da ist für mich komen Herr Ulrich Propst des Gotzhauß ze Pollingen" usw. Dieser Propst Ulrich klagte gegen Hans Tabertzhofer den Älteren von Eglfing wegen eines Viehtriebs auf „das Volckfeld zwischen Eglfing und Spatzenhausen".

Auf Antrag des Klägers werden frühere Gerichtsverhandlungen vorgelesen, die Fürsprechen (Rechtsbeistände) angehört, ein Augenschein an Ort und Stelle vorgenommen, die ältesten Männer nach der Gepflogenheit verhört und beeidigt. Zuletzt wird vom Landrichter auf Grund des „Buchs" das Urteil gesprochen. „Das Buch" war das 1346 von Kaiser Ludwig dem Bayern erlassene Bayerische Landrecht. Bei jeder Amtshandlung mußte es der Richter bei sich haben, wenn er nicht selbst einer Strafe von fünf Pfund verfallen wollte.

Im Jahre 1469 war Hanns der Heseloher Richter in Weilheim. Sein Vater hatte dieses Amt bereits 1450 innegehabt. Die Heseloher besaßen zwei gefreite Höfe, einen zu Pähl und einen zu Weilheim. Es scheint ein vermögendes Geschlecht gewesen zu sein; denn die beiden Brüder Andree und Hanns kauften vom Domkapital Augsburg „etliche Güter", zudem verschrieben ihnen die Herzöge Johann und Sigismund im Jahre 1460 für ihre treuen Dienste die Pflege Pähl samt Umgelt auf Lebensdauer.

Hanns der Heseloher kann als wirklicher Weilheimer angesprochen werden. Er hatte hier ein Haus in der Wiggesgasse (Hofgasse) und hatte eine Tochter des Jörg Pauß geheiratet, der im Jahre 1469 Weilheimer Bürgermeister war. Deren Tochter Barbara heiratete wieder in ein angesehenes Weilheimer Geschlecht, den Nachbarssohn Hanns von Schellenberg, der 1480 Land- und Stadtrichter in Weilheim wurde.

Wenn ich von den vielen Landrichtern dieses Jahrhunderts gerade den Hanns von Heselohe anführe, so geschieht das, weil er als Minnesänger seiner Zeit berühmt war. Er verfaßte allerlei Schwänke, Kurzweil- und Abenteuergesänge und ist in seinen Arbeiten beinahe zu vergleichen mit Neidhart von Reuental, dem österreichischen Bauerndichter. Besonders sein „Pawrentantz" (Bauerntanz), der in ein regelrechtes Gefecht ausartet, spiegelt das damalige Leben des ganz gewiß nicht zimperlichen Bauerntums.

Wenige seiner Werke sind erhalten. Ein Spinnliedlein, das dieser Minnesänger und Heimatdichter in einer melancholischen Herbststimmung verfaßte, soll hier als Probe angeführt werden:

Waz soll ich beginnen
die froid wil mir zerrinnen
kayn bulen khan ich gewinen
der sumer wil von hinen
die zeyt hat sich gerekt
der winter ist aufgwekt.

Da samment sich die schonen tokhen
vnd bringen daz werkh an ihren rokhen
wenn sy zu ainander hokhen
so hebt sich eyn frohlich lokhen
mit wolgemuetem schreyn
chum, Haizl, Chunzl hereyn!

Auch die Edlen von Häring, die im 14. Jahrhundert in Uffing und Ohlstadt vorkommen, gehören zu den Familien, die damals des öfteren den Landrichter in Weilheim stellten. Sie hatten sämtliche Güter bei Dietlhofen zusammengekauft und damit eigentlich den Grund gelegt für den späteren dortigen Großbesitz des Weilheimer Spitals.

Das Bürgertum im 15. Jahrhundert

Im 15. Jahrhundert gelangte das Bürgertum allmählich zu Macht und Ansehen. In den ersten zwei Jahrhunderten der Stadtgeschichte fallen die vielen Namen der Adeligen auf, die in der Stadt saßen. Aus ihren Reihen wurden die herzoglichen Räte und Beamten gewählt. Daneben gab es angesehene bürgerliche Geschlechter, die sich zu den Patriziern rechneten. Sie stellten Kämmerer und Räte der Stadt. Viele von ihnen waren mit Adeligen aus der Stadt und der Umgebung verwandt oder verschwägert und erwarben Landgüter. Andererseits erwarben Mitglieder der „landmäßigen Rittergeschlechter" das Weilheimer Bürgerrecht – wie die Taininger zu Wessobrunn-Haid, die Häring von Uffing und Ohlstadt, die Raspe zu Zell bei Großweil. Mehr und mehr vollzog sich ein Ausgleich zwischen alten Adelsgeschlechtern und vornehmen Bürgerfamilien.

Ein Blick auf das Weilheimer Wirtschaftsleben des 15. Jahrhunderts zeigt ein Erstarken des Handwerks und wachsenden Handel. Die Bedürfnisse der Klöster ringsum aber auch die des reichen Bürgertums haben dem Handwerk immer mehr Aufträge gebracht. Es schloß sich in diesem Jahrhundert zu Zünften zusammen. Diese waren ursprünglich aus kirchlichen Bruderschaften herausgewachsen und hatten religiöses Gepräge getragen. Ihre Aufgaben sahen sie darin, das eingesessene Handwerk zu stärken und vor fremdem Wettbewerb zu schützen.

Jede Zunft hatte ihre Satzung, die von der Obrigkeit bestätigt werden mußte. Eigene Zunfthäuser gab es in Weilheim nicht; die Handwerker kamen in besonderen Räumen der Brauhäuser oder der Gastgeb zusammen. Urkundlich erwähnt sind im Jahre 1442 die Lederezunft, 1481 die Schneiderzunft, 1491 die Schuhmacher. Man darf jedoch annehmen, daß sich jedes Handwerk zur Zunft zusammengeschlossen hat, daneben dürfte es eine Müllergilde gegeben haben.

Wegen seiner zentralen Lage im Oberlande und seiner glücklichen Stellung im Pfaffenwinkel hat sich Weilheims Handel besonders rege entwickelt. Zur Zeit des levantinischen Handels führte von Italien über Mittenwald und Partenkirchen nicht nur die Rottstraße nach Ammergau, Schongau und Augsburg. Auch über Murnau führte eine Reichs- und Rottstraße durch Weilheim nach München. Gegen Ende des Jahrhunderts mag zwar ein schmerzhafter Rückschlag eingetreten sein, als im Jahre 1492 die Kesselbergstraße gebaut wurde. Sie verkürzte den Weg von München nach Innsbruck wesentlich, und das Weilheimer Rottwesen war weitgehend ausgeschaltet.

Seine Stellung als führender Marktplatz des Oberlandes hat Weilheim trotzdem nicht verloren. Es hatte seine große Schranne und die wöchentlichen Getreidemärkte, hatte schon 1453 einen zweiten Jahrmarkt hinzubekommen. Für adelige Hofbesitzer, für die Klöster und die Bauern der weiten Umgebung blieb Weilheim der große Umschlagplatz, an dem man kaufen und verkaufen konnte. Wegen der Schranne wuchs in dieser Zeit auch die Zahl der Weilheimer Mühlen.

Die meisten Bürger innerhalb der Stadt betrieben neben ihrem Handwerk auch die Landwirtschaft. Das Vieh wurde gemeinschaftlich auf die Weideplätze der Umgebung getrieben. Wegen dieses „Viehtriebes und Blumbesuchs" gab es öfter Meinungsverschiedenheiten mit benachbarten Gemeinden. So entstand schon im 14. Jahrhundert jener Streit mit Haunshofen, auf den die Hardtkapellengründung zurückgeführt wird. 1407 gab es ähnliche Irrungen mit Längenlaich, später mußten Schiedssprüche mit den Oderdingern, Raistingern und Deutenhausenern Frieden stiften.

In der Stadt war zwar ein Schulmeister, es gab aber keinen Schulzwang. Die Klosterschulen von Polling und Benediktbeuern sorgten damals für die höhere Schulbildung der Stadtsöhne.

Wo heute die Stadtapotheke steht, wurden damals zwei neue Badhäuser errichtet. Nach den freizügigen Badesitten des Mittelalters werden sie wohl ebenso beliebte Treffpunkte der Weilheimer gewesen sein, wie es etwa zur gleichen Zeit um die berühmte Agnes Bernauer zu Augsburg geschildert ist.

Die Ratswahl in alter Zeit

Von den großen Kriegen abgesehen, gab es im alten Weilheim keine allzu erregten politischen Zeiten. Die herzoglichen oder später kurfürstlichen Erlasse und „Bevelche" sowie die strengen Gesetze der Zünfte haben das Wirtschaftsleben der alten Stadt genau begrenzt und in diesem Raume floß, geschützt durch die hohe Obrigkeit, das Leben ohne wesentliche Aufregung dahin, wenn auch manch einer vor dem Richterstuhl des Rates für seine Vergehen Mauersteine berappen oder gar in den Turm wandern mußte. Aber einmal im Jahre warf das politische Bächlein, das sonst ruhig durch die Stadt und die zwei Vorstädte plätscherte, erregte Wellen. Das war die Zeit um Weihnachten, in der alljährlich der Rat gewählt werden mußte. Der Wahltag war jahrhundertelang immer der 26. Dezember, der Stefanitag. Natürlich mag schon einige Wochen vorher in den Zunftstuben und in den zwei Dutzend Bräuhäusern von Weilheim ein wenig in Kirchturmpolitik gemacht worden sein.

Der Rat der Stadt teilte sich bekanntlich in den inneren und äußeren Rat mit je sechs Mitgliedern. Im inneren Rat saßen die vier Bürgermeister, von denen jeder ein Vierteljahr Amtsbürgermeister war, und außerdem zwei Beisitzer, die sechs Mitglieder des äußeren Rates wurden vom Gemeinderedner geführt. Am zweiten Weihnachtsfeiertag versammelte sich nun die „Ganze Gmain“, d. h. alle wahlberechtigten Bürger, im Rathaus, um zunächst die wichtigste Person des Tages zu wählen, den Gemeinderedner. Nach altem Brauche wurden die beiden Beisitzer des alten Rates vorgeschlagen, von denen einer als Gemeinderedner von den Versammelten bestätigt wurde. Unter Leitung dieses Mannes wurden dann zwei Wahlmänner bestimmt, welche die Mitglieder des neuen Rates zu wählen hatten. Vor ihrer Tätigkeit wurden diese Gewählten in Pflicht genommen und leisteten den vorgeschriebenen Eid, daß „sie einen Rat wählen, der der Herrschaft, der Stadt und dem Lande nützlich sei, und sich an keine Gnade halten wollen“. Das Ergebnis der Wahl wurde dann sofort dem hochlöblichen Hofrat in München zur „gnädigsten Konfirmation“ geschickt.

Am zweiten oder dritten Tag des neuen Jahres vollzog sich dann in feierlicher Weise der Endakt der Ratswahl. Wiederum versammelte sich die ganze Gmain mit dem neuen Rat, sowie die Vertreter der kurfürstlichen Obrigkeit im Rathaus. Die neuen Bürgermeister und die Ratsherren schworen nun feierlich, daß „sie auf das Jahr getreulich raten und taten wollen zum Besten der Herrschaft, der Stadt und des Landes und sich nicht durch Furcht, Freundschaft, Gunst und anderes davon abhalten ließen.“ Darauf leistete der kurfürstliche Pfleger oder dessen Stellvertreter einen Eid vor der Versammlung, daß er „gemainer Stadt, den Bürgermeistern, dem Rate und der Gmain die Freiheiten und Gesetze, so sie von allen vergangenen Herren, Kaisern, Königen und Herzogen von Baiern erhalten haben, bewahren werde“.

Nach diesem Eide wurden dann von ihm alljährlich öffentlich die „20 Punkte vorgehalten“, die man als eine Art von Disziplinarsatzung für die Bürger betrachten könnte. So wurde unter anderem verlangt, daß ohne Consens des Rates keine Hochzeit stattfinden dürfe (es gab damals nur kirchliche Trauungen), daß die Hochzeiten nur mit einer genau von der Polizei festgelegten Zahl von Gästen abgehalten werden dürfen, daß die Musikanten dabei nur bis 8 Uhr abends aufspielen sollten, daß ferner jeder Bürger, der vor den Rat gerufen würde, bei Strafe pünktlich zu erscheinen habe, daß jedes Schelten, Fluchen, Gotteslästern bei strenger Strafe verboten sei, daß jede Person beim Aveläuten kniend das Gebet verrichte, auch wenn man sich gerade auf der Straße befinde, daß die jungen Leute nicht zu lange im „Hoamgarten“ sich aufhalten sollten, daß der Bettlertag der Freitag sei und sonst keiner, daß die restlichen Steuern sofort bezahlt werden sollten usw. Zum Schluß stellte er der Gmain den Prokurator des Jahres vor, der die kurfürstlichen Belange in der Stadt zu überwachen hatte.

Den Abschluß dieser feierlichen Sitzung bildete alljährlich die Neuanstellung sämtlicher Beamten und Bediensteten der Stadt. Es gab nämlich in diesen Zeiten in Weilheim keinen Beamten auf längere Zeit oder gar auf Lebenszeit. Mit Schluß des Jahres war sämtlichen Angestellten der Stadt gekündigt, sie mußten aufs neue um ihre weitere Verwendung bitten. Doch erfolgte die Wiederanstellung für alle, vom Stadtschreiber angefangen bis zum Schergen, durch Verlesung des Protokolls in Bausch und Bogen, wobei freilich manchmal besondere Wünsche der Bediensteten zu besprechen waren. So hat z. B. wie der Wahlakt von 1641/42 aufweist, der Stadtschreiber um Erhöhung seines Gehaltes von jährlich 60 fl auf 80 fl gebeten. In Anbetracht der schlechten Zeiten (30jähriger Krieg) wurden ihm 70 fl zugebilligt mit dem Bemerken: wenn die Zeiten besser würden, erhalte er 80 fl.

Mit der Wiederanstellung der bisherigen Beamten war die Sitzung des Rates beendet. In der nächstfolgenden ersten Ratssitzung waren sämtliche Diener der Stadt zur Eidesleistung vorgeladen. Die Eidesformeln, die 1563 auf Pergament geschrieben wurden und heute im Stadtarchiv aufbewahrt sind, geben einen Einblick in den großen Stab der städtischen Bediensteten. Da gab es neben dem Stadtschreiber-, Amtmann-, Eichmeister-, Waagmeister-, Aufschläger-, Gerichtsschreibereid auch besondere Eidesformeln für die Bader, Bier-, Wein-, Fleisch-, Roß-, Leder-, Schuhbeschauer, weiter für die Handwerker, soweit sie im Dienste der Stadt standen, wie den Baumeister, den Rotgerber und Ziegler, und dann die Eide für die Mesner, Wächter, Zöllner, Torhüter, Schergen, Pfänder, Wald- und Feldhüter, Kornmesser und auch für die Hebamme.

Mit diesen Eidesleistungen war dann endgültig das neue Jahr in der Stadtverwaltung eingeleitet, die etwa vierzehn Tage dauernde politische Hochkonjunktur beim Jahreswechsel war vorüber und das gewohnte zünftige Bürgerleben für ein weiteres Jahr in die alten Gleise geschoben.

Weilheims mittelalterliche Trutzwehr

Was die mittelalterliche bayerische Stadt von dem Markt oder Dorf unterschied, war nicht nur die größere Anzahl von Häusern und deren gewerbetreibenden Bewohnern, sondern vor allem die Umwallung und Befestigung mit Mauer, Verteidigungstürmen und Graben, also seine Wehr.

Man erzählt, daß die alte Gögerlburg dazu ihre Quadersteine hergeben mußte. Mag sein, aber jene Behauptung, daß auch die von den Weilheimern im Jahre 1388 niedergebrannten Burgen der Seefelder Herren ihre Steine dazu lieferten, ist nicht stichhaltig. Denn Weilheim hatte damals schon längst seine Stadtmauer. Möglich ist, daß die Steine dieser Burgen dazu hergenommen wurden, die vielleicht durch den Kampf beschädigte Mauer auszubessern, wie ja auch die Weilheimer vom Herzog damals die Erlaubnis erhielten, für ihre abgebrannte Stadt aus den zum Peißenberg gehörigen Wäldern Holz zu holen, soviel sie wollten. Sie haben freilich diesen unentgeltlichen Holzbezug im Laufe der folgenden Jahrzehnte allzu kräftig ausgenützt, so daß der Vogt von Schongau Klage gegen die bösen Weilheimer führte und der bequeme Holzbezug später aufhören mußte.

Im Laufe der Jahrhunderte war es selbstverständlich, daß die Stadtmauer immer wieder einer Ausbesserung bedurfte. Da half sich aber die Stadt auf sehr bequeme Weise. Das Ratsgericht verurteilte die Bürger für ihre Vergehen zu Steinen. Und diese Steine wurden von den Stadtvätern alle meist zur Ausbesserung der Stadtmauer bestimmt, für die gute Erhaltung der Mauer sorgten also auch die Weilheimer „Schwerverbrecher".

Wie war nun die Stadtmauer beschaffen? Die Höhe derselben können wir heute noch an den erhaltenen Stellen sehr gut erkennen, aber ein großer Teil dessen, was einst noch zur wehrhaften Mauer gehörte, ist verschwunden. Die Mauer stand rings um die Stadt frei, kein Gebäude durfte von innen her angebaut sein. Erst zu einer Zeit, als die Mauer zu Verteidigungszwecken nicht mehr brauchbar war, hat der Rat die Erlaubnis zum Anbau gegeben. Das erste Gebäude, das an die alte Stadtmauer sich anlehnen durfte, war die in den Jahren 1690–94 neuaufgebaute Burg des Pflegers am südlichen Ende der Hofgasse.

An der inneren Mauer zog sich um die ganze Stadt ein Wehrgang. Schießscharten, die heute noch zu sehen sind, zeigten sich nach außen, nach der Stadt zu war auf dem Gang eine hölzerne Brüstung. Man konnte auf diesem Wehrgang rings um die ganze Stadt gehen, wie das heute noch in Nördlingen oder Rothenburg zu sehen ist. Hölzerne Stiegen führten an bestimmten Stellen von innen zum Wehrgang hinauf, das war besonders bei den Toren und Türmen der Fall. Es muß ein ungeheurer Holzvorrat gewesen sein, der zum Bau dieses Ganges nötig war, denn starkes Balkenwerk führte rings um die Stadt. Da ist freilich die Annahme verlockend, daß Weilheim bereits im Jahre 1236 zur Stadt gemacht worden sei. Damals hat nämlich nach einer Urkunde Herzog Otto der Erlauchte dem Pollinger Kloster widerrechtlich einen großen Wald abgeholzt, von dem die Klostergeschichte annimmt, daß er zur Befestigung der jungen Stadt diente. Leider berichtet die Urkunde nichts über die Verwendung des Holzes.

Außerhalb der Stadtmauer zog nun als weitere Wehr der große Graben, der in gefährlichen Kriegszeiten mit Wasser angefüllt wurde. Der Stadtbach wurde da vor dem Oberen Tor in den Graben eingeleitet, daß ein Herankommen des Feindes an die Mauer erschwert werden sollte. In normalen Friedenszeiten gingen über diesen Stadtgraben drei Zugbrücken, jede vor einem Tore. Sie konnten zur Sicherung der Stadt in Epidemie- und anderen gefährlichen Zeiten des Nachts immer aufgezogen werden.

Die Stadtmauer hat drei Tortürme: Gegen Norden das Untere Tor, später Schmiedtor, auch Münchener Tor benannt, war 22 m hoch, das Obere Tor gegen Osten wies eine Höhe von 14 m, das Pöltner Tor gegen Süden eine solche von 25 m auf. Sämtliche drei Tortürme waren aus starken Quadersteinen im römischen Stile aufgebaut, die viereckige Form schloß in der Höhe ein Kranz von fünf Zinnen auf jeder Seite ab. Dieser Zinnenkranz blieb bis zum Abbruch der Tore, nur das Pöltner Tor machte eine Ausnahme, man hat hier später nämlich, als die Mauer nicht mehr zu Verteidigungszwecken herangezogen werden konnte, die Zinnen durch eine luftige Schindelkuppel ersetzt, die dann im Jahre 1794 einer solchen mit Zinkblech weichen mußte. Das Pöltner Tor war das zierlichste und schönste der drei Tore in den späteren Jahrhunderten. Jedes Tor war übrigens auch mit einem Schlieftürlein versehen, durch das die Leute zur Nachtzeit ein- und ausgelassen werden konnten.

Wenn man durch eines dieser Tore in die Stadt gelangen wollte, mußte man zunächst über die Schlagbrücke gehen, links und rechts begleitete später ein niedriges, dickes Mäuerlein zu beiden Seiten den Ankommenden. Jedes Tor hatte auch ein sogenanntes Vorwerk mit zwei runden Türmchen, die sozusagen als Wächter vor dem Haupttore standen. Noch im Jahre 1871 beim Abbruch des Oberen Tores stand ein Teil eines solchen Vortürmleins. In das Stadtinnere gelangte man durch eine starke Flügeltüre aus Eichenholz, die mit eisernen Bändern versehen war.

Neben diesen drei Türmen gehörte zur Weilheimer alten Wehr noch ein vierter Turm. Er bildete einen Teil der Stadtbefestigung und war bestimmt, die nördliche und östliche Stadtmauer zwischen dem Oberen und Unteren Tor zu flankieren. Es war der Feilturm, der gegenüber dem späteren, im Jahre 1521 erbauten Bruderhause, sich aus der Mauer erhob. Auch er war in Quadratform aus Quadersteinen ausgeführt und in der Höhe mit Zinnen abgeschlossen. Der Name Feilturm oder Veylturm ist aber keine besondere Weilheimer Bezeichnung, sondern bedeutet Fehlturm oder Schuldturm, wie ihn manch andere alte bayerische Städte auch hatten. Bis zu seinem im Jahre 1794 erfolgten Abbruch wurde er in den vergangenen letzten Jahrhunderten als Gefängnis für Verbrecher benützt und auch als Schuldgefängnis für säumige Schuldner, die bekanntlich so lange in Haft behalten werden konnten, bis die Schuld bereinigt war.

Zwischen dem Veylturm und dem Unteren oder Schmiedtor befanden sich auf der Mauer noch zwei schlanke, halbrunde Türmchen, die ebenfalls mit Zinnen versehen waren.

An der westlichen Ringmauer befand sich ein weiterer Turm, der über einem kleinen Nebentor, dem Stadtthürl, sich nicht allzu hoch erhob. Ob dieser Thürlturm schon zur alten Stadtbefestigung gehörte, ist fraglich. Heute hat sich das alte Stadtthürl zu einem Torbogen unter dem Gefängnis erweitert, der Turm ist 1835 ins Gefängnisgebäude eingebaut worden.

Lange Jahrhunderte stand diese Weilheimer Wehr. Als mit dem Aufkommen der Feuerwaffen die Mauer für Verteidigungszwecke allmählich wertlos wurde, hat man diese stolzen Zeugen einer alten Stadt noch immer liebevoll behandelt. Die Weilheimer schätzten ihre Mauer und ihre Türme, besonders die Tore wurden von ihnen geschmückt, in jedem fanden sich im Torbogen an den Seitenwänden Bilder, die wohl in der Künstlerzeit entstanden sind. Besonders das Pöltnertor war ein Schmuck des Städtchens und von luftiger Höhe erklang dort tagtäglich die Stimme des Rates herab in Form eines Glöckleins – der Fronglocke –, das die Bürger an die Weisungen der Stadtväter zu erinnern hatte.

Die Napoleonische Zeit machte diesem mittelalterlichen Stadtidyll aber ein Ende. Die Einstellung der Bürger war in dieser Zeit eine andere geworden. Daß ihnen an der Erhaltung der Mauer und der Türme nicht mehr allzuviel gelegen war, erzählt ein Magistratsbeschluß aus dem Jahre 1808, der bestimmte, daß zur Aufstellung des Steingadener Brunnens auf dem Maximiliansplatz – so hieß kurze Zeit unser Marienplatz – die Steine der westlichen Stadtmauer verwendet werden sollten. Aber es ist trotz dieses Beschlusses nicht so weit gekommen, der damals gekaufte Brunnen wurde wegen finanzieller Schwierigkeiten erst im Jahre 1860 aufgestellt.

Von 1806 an war es den angrenzenden Bürgern aber gestattet, Teile der Stadtmauer und des Grabens käuflich zu erwerben. Der Graben wurde aufgefüllt, die Mauer schlug man stellenweise durch, um bequeme Einfahrten zu schaffen. Zu Beginn der siebziger Jahre des vorigen Jahrhunderts mußten die drei schönen Tore verschwinden. Sie fielen den Forderungen des damals neuzeitlichen Verkehrs zum Opfer. Immerhin stehen heute noch Teile der alten Stadtmauer und erinnern uns, altersgrau und verträumt, an die trutzige Zeit der Stadtwehr.

Im 16. und 17. Jahrhundert

Stadt Weilheim auf der Großen Karte von Bayern von Apian 1580

Residenzstadt Weilhaimb

Das Jahr 1521 war für die Stadt von ausschlaggebender Bedeutung. In Bayern herrschte die Pest und hatte in den beiden Städten Ingolstadt und München über 4000 Menschen dahingerafft. In diesen gefährlichen Zeiten siedelten die beiden Herzöge Wilhelm und Ludwig mit ihren Hofräten nach Weilheim über und residierten hier längere Zeit. Es mag ein buntbewegtes Bild geherrscht haben, denn die beiden Hofhaltungen brachten eine stattliche Zahl von Leuten mit.

Die Anwesenheit der Herzöge und ihrer Räte brachte für die Stadt manche Veränderung, denn die hohen Herren konnten an Ort und Stelle selbst nach dem Rechten sehen. So hat wohl auf eine herzogliche Anregung hin der Friedhof mitten in der Stadt in diesen Pestzeiten nicht mehr fortbestehen können und wurde auf den Betberg verlegt. 1524 war er vollendet.

Herzog Wilhelm war ein leidenschaftlicher Jäger und war in Weilheims Umgebung viel auf der Hirschjagd. 1523 erlegte er einen Bären von ungeheurer Größe, den er dem Kloster Wessobrunn zum Geschenk machte.

Er scheint sich überhaupt bei seinen Jagdausflügen in diesem Kloster besonders wohl gefühlt zu haben. So gelang es dem Abt auch, dem Herzog die Straße von Weilheim nach Rott darzustellen, die „so ergangen und zerrissen sey, das die fuerleut und ander solchen Weg nit wohl und ohne Schaden besuchen haben mögen". Nach einer Urkunde, gegeben zu Weilhaimb am hl. Pfingstabend 1521, verfügte der Herzog „Burgermaister unnd Räthe haben ain zollhaus bei zell (Zellsee) zu errichten. Darin sol ain zollner hauslich sitzen und wonen und einnemen: von einem beladenen Wagen 4 pfenning, von einem Karren 2, von einem Saumroß 1 pf, von jedem Weiderind 1 pf, von mageren Kaufsauen 2 Heller, von einer feisten Sau 1 pf ..."

Als Gegenleistung mußten die Weilheimer die Straße von ihrer Stadt nach Rott instandsetzen und unterhalten, „auf das kain manngl daran erfunden werde".

Schließlich brachte der Aufenthalt der Herzöge noch mit sich, daß der Sitz des Pflegers, der im Schlosse zu Pähl war, nach Weilheim verlegt wurde. Sie kauften zu diesem Zwecke im Jahre 1527 von den Schellenbergern die Weilheimer Burg. Darin wohnten seit 1529 die Weilheimer Pfleger oder Landrichter. Mit ihnen zog eine beträchtliche Anzahl von herzoglichen Beamten, darunter auch der Umgelter, in die Stadt. Sie brachten neues wirtschaftliches und gesellschaftliches Leben in die Mauern mit.

Neben dem Pflegschloß wurde an die Ostseite der Wiggesgasse – die nunmehr Hofstraße genannt wurde – das landesfürstliche Kastengebäude zur Aufnahme des Giltgetreides erbaut. 1533 war, nach den Aufzeichnungen des letzten Weilheimer Eremiten Gebhard, das Baujahr für das neue Rathaus. Damit bekam der Hauptplatz ein wesentlich anderes Aussehen.

Unruhige Zeiten

Die Erhebung der Bauern gegen die Grundherren hatte ihre Wellen auch nach Bayern geworfen. Forderungen nach Aufhebung der Leibeigenschaft, des großen und kleinen Zehnten, der Frondienste und dergleichen fanden bei den „Herren" kein Verständnis. Sie hielten die herrschenden Machtverhältnisse für ein geheiligtes, uraltes Recht.

Die bayerischen Bauern waren allerdings nicht so kriegerisch gestimmt wie ihre Nachbarn in Salzburg, Tirol und im Allgäu, das noch nicht zu Bayern gehörte. Gefährlich wurden jedoch die Allgäuer Bauern. Sie waren schon bis zum Lech vorgedrungen und hatten Klöster und Herrschaftssitze niedergebrannt. Herzog Ludwig stand seit März 1525 mit der bayerischen Hauptmacht, die freilich nicht allzu groß war, in Landsberg, um die Grenze zu schützen. Im Mai 1525 rückten die Bauern bei Füssen in großer Anzahl – es wurde von 10000 Mann geredet – über den Lech. Sie wollten die bayerischen Bauern für sich gewinnen und sahen eine lockende Beute in den reichen Klöstern und Stiften des Pfaffenwinkels.

So gut es in der Eile ging, zog Herzog Ludwig seine Truppen um Weilheim zusammen und machte die Stadt zu seinem Hauptquartier. Er ließ in den weniger gefährdeten Gebieten, so in den Gerichten von Dachau, Starnberg und Tölz, jeden vierten Mann aufbieten. Diese Scharen zogen nach Weilheim, das einem Heerlager geglichen haben muß. Die Gefahr erreichte ihren Höhepunkt, als nach Weilheim die Nachricht gelangte, daß die Allgäuer das Kloster Steingaden geplündert und in der Kirche entsetzlich gehaust hätten, daß sie den Vormarsch nach Rottenbuch schon begonnen und daß sich bayerische Bauern bewaffnet auf dem Hohenpeißenberg versammelt hätten. Die Klosterherren von Steingaden und Rottenbuch hatten in Polling Zuflucht gesucht.

Weil aber die Allgäuer einerseits von den Truppenversammlungen um Weilheim erfuhren und andererseits Kunde bekamen, daß ihre schwäbische Hauptmacht in Württemberg eine große Schlappe erlitten hatte, zogen sie sich wieder über den Lech zurück. Ohne große Kampfhandlungen war der Bauernkrieg vorübergegangen.

Auch im Schmalkaldischen Krieg haben fremde Truppen Weilheim nicht erreicht. Erst als das Augsburger Domkapitel am 13. August 1546 fliehen mußte und in Weilheim für ein halbes Jahr Schutz suchte, bekam Weilheim auf beinahe vorteilhafte Weise etwas mit den Kriegsläuften zu tun.

Ein Jahrhundert des Wohlstandes

Für die Stadt war das ganze 16. Jahrhundert eine Zeit des bürgerlichen Wohlstandes. Die alljährliche Hauptabrechnung der Stadtkammer hielt sich mit geringen Schwankungen auf einer Höhe, welche die außerordentlich gute Lage der Weilheimer Wirtschaft beweist. Der Landrichter war bei den Finanzkontrollen mit seinen Bürgern zufrieden.

Die folgenden Ausführungen nehmen als Beispiel das Jahr 1569 heraus. Da betrugen die Einnahmen 2767 Gulden, die notwendigen Ausgaben 1252. Mit dem stattlichen Überschuß ließ sich etwas anfangen. Der Gulden hatte 6 Schilling, 1 Schilling zählte 60 Pfenning und ein Pfenning 2 Heller; drei Pfenning wiederum machten einen Kreuzer aus. Der Taglohn eines Maurer- oder Zimmerergesellen betrug 6 bis 9 Kreuzer. Der Stadtschreiber hatte ein Jahresgehalt von 20 Gulden, der Turmwächter 17 und sein Gehilfe 13 Gulden. Die jährlichen Ausgaben für alle Bediensteten der Stadt vom Stadtschreiber über die Torwärtl bis zum Wegmacher betrugen 125 Gulden. Der Deutsche und der Lateinische Schulmeister erhielten alle Quartal je einen Gulden, sonst waren sie auf das Schulgeld angewiesen, das die Eltern zu zahlen hatten.

Die Einnahmen bestanden zunächst aus den städtischen Betrieben und Besitzungen. Unter anderem brachten: die Ammermühle 30 Gulden, das Färbhaus 20, die beiden Badhäuser 34 und das Ammerfischwasser 2 Gulden. Die höchsten Erträge bezog der Stadtsäckel aus dem Zoll: Ungeld von Wein, Branntwein und Salve-Meth 203 Gulden, Zoll 89 und Pflasterzoll 53, Weggeld 35, Jahrmarkt-, Vieh-, Tuch-, Leinwand- und Schmalzzölle 32 Gulden. Der städtische Ziegelstadel erbrachte so viel Überschuß, daß die Stadt ihren Bedarf daraus kostenlos beziehen konnte. 59 Gulden kamen durch die Verleihung des Bürgerrechts herein und – abgesehen von den Steinen, die zur Buße geleistet werden mußten – betrugen die Strafgelder immerhin 48 Gulden. Die Steuer, die der Rat in diesem Jahr 1569 von den Bürgern erhob, nimmt sich dagegen recht bescheiden aus: 280 Gulden bei etwas über 2000 Einwohnern.

Daß der Rat nicht zu geizen brauchte, liegt auf der Hand. Die Ämterneubesetzungen, die Einsammlung des Ungeldes, die vierteljährliche Öffnung der Zollbüchsen, die Einbringung des Standgeldes bei den Märkten, Feuerschau, Prüfung der Maße und Gewichte, Steuereinhebung und Abrechnung mit den Handwerkern – das alles und noch mehr gab Anlaß zu einem Umtrunk mit Zehrung, den die Stadt ausgab. 70 Gulden haben die Ratsherren in diesem einen Jahr 1569 dafür gebraucht. Auch sonst hat sich die Stadt nicht lumpen lassen. Ob es die Darsteller bei den Weilheimer Passionsspielen waren oder die

Stadtthurner – die Stadtmusikanten – von Weilheim oder anderen Städten, die Büchsenschützen oder wer auch immer zum kulturellen Leben beitrug, die Stadt geizte nicht mit Honorar.

Auch für eine bessere Wasserversorgung war Geld übrig. Gab es vordem in den Häusern nur Pumpbrunnen, so ist in diesem Jahrhundert das „Röhrenwasser“ von den Quellen zwischen Gögerl und Deutenhausen in die Stadt geflossen. Ein städtischer Brunnenmeister hatte die Holzröhren zu betreuen. Öffentliche Brunnen standen auf der Hofstatt (Rathausplatz), vor dem Neuchingerhaus (Admiral-Hipper-Straße), in der Schmiedgasse, im Pfleghof (Hofstraße) und auf dem Markt (Marienplatz).

Der Wohlstand war die Grundlage, auf dem sich Weilheim zur Handwerker- und Künstlerstadt entwickeln konnte.

(Die Bildhauer, Maler, Kistler, Kunstschlosser- und Schmiede, die Elfenbeinschnitzer, Kupfer-, Gold- und Silberschmiede zählten alle zu den Handwerkern. Auf eine Zusammenstellung, ihre Biographien und Werke wird in diesem Buch verzichtet. Die Erkenntnisse aus den Nachforschungen der letzten Jahrzehnte gehen weit über das Material hinaus, das Dr. Hans Rid zur Verfügung stand.

Wer sich einen Überblick verschaffen will, sei auf das Buch „Stadtmuseum Weilheim“ von Reinhardt Helm verwiesen. Einzelbeiträge sind in den „Weilheimer Heimatblättern“ zu finden, die alljährlich vom Heimat- und Museumsverein Weilheim i. OB. und Umgebung e.V. unter der Redaktion von Reinhard Schmid, Max Biller, Georg Findler und Gregor Spannagl herausgegeben werden.)

Gemeindeland und Gemeindewald

Die Gesamtheit der Weilheimer Bürgerschaft besaß seit den ältesten Jahrhunderten rings um die Stadt das Gemeindeland, bestehend aus Wiesen, Acker, Wald und Moosgründen, die nach patriarchalischem Brauch gemeinsam genutzt wurden. Es war die Allmende, ein Rest des altgermanischen Gemeindeeigentums an Grund und Boden, wobei im alten Weilheim besonders die Wald- und Weidebenutzung von Bedeutung war.

Die Nutznießung des Weilheimer Gemeindelandes stand nur dem Bürger zu. Je ausgedehnter daher dieser Gemeindebesitz war, desto besser stand es um die Wirtschaft des Bürgers und desto mehr war der einzelne vor völliger Verarmung geschützt. Und so sahen auch die Weilheimer strenge darauf, das Gemeindeland in der Gesamtheit zu erhalten.

Es gab wenig Häuser in Weilheim, in denen keine Stallung sich befand, fast jeder Bürger betrieb entweder ausschließlich oder neben seinem Beruf die Landwirtschaft, angefangen von den Behörden bis zu den Tagwerkern. War doch in der unentgeltlichen Nutznießung von Grund und Boden die Grundlage hierfür geschaffen. Und das Gemeindeland bot dem einzelnen gewiß nicht wenig, denn als es aufgeteilt wurde, erhielt jeder Bürger 17½ Tagwerk Grund.

Diese wirtschaftlichen Vorteile waren wohl auch die Ursache, warum man die Erwerbung des Bürgerrechtes sehr erschwerte; hatte doch der Rat ein Interesse, die Zahl der Nutznießer an Grund und Boden nicht zu hoch anwachsen zu lassen. Wenn daher ein neuer Bürger sich hier niederlassen wollte, mußte er eben ein Bürgerhaus erwerben und eine verhältnismäßig große Summe für das Bürgerrecht entrichten. Durchschnittlich waren es 20 bis 40 Gulden zu einer Zeit, wo man für zwei Gulden ein Rindl kaufen konnte. Vielleicht waren gerade neben dem Zunftzwang diese wirtschaftlichen Vorteile des Weilheimer Bürgers mit ein Grund, warum jahrhundertelang die Einwohnerzahl sich auf der gleichen Höhe, ungefähr 2000 Bewohner, gehalten hat.

Die Bewirtschaftung des Gemeindelandes war alljährlich für den Rat keine leichte Sache, wenn jeder Bürger zufrieden gestellt werden sollte. Eine große Zahl von Ratsdienern benötigte man, um diesen Großbetrieb durchzuführen. Feld und Wald wurden für die einzelnen Stadtviertel in Parzellen eingeteilt, die durch das „March" (Grenze) angezeigt waren. Diese ständig zu überwachen war die Aufgabe der geschworenen Grundherren, die alljährlich im Januar neu gewählt wurden.

Ein Großteil des Weilheimer Gemeindelandes bestand in den Waldungen, die am Hechenberg und im entfernteren Westen (Gollner,

Lichtenau, Seeleiten usw.) sich ausbreiteten. Sie lieferten für die Stadt sowohl das Bauholz, das man bei den vielen Holzhausbauten des alten Weilheim benötigte, als auch das Brennholz. Und der Brennholzbedarf war bei dem Fehlen von Kohle und Torf in diesen Jahrhunderten besonders groß für den Rat und die Bürger.

Was abgeholzt werden sollte, wurde alljährlich durch eine Ratskommission, bestehend aus einigen Ratsherren, dem Stadtkämmerer, dem Stadtschreiber, dem Baumeister und dem Holzhey, bestimmt. Bei diesen Waldgängen wurde im Frühjahr „das alljährliche Bürgerholz und das Almosenholz angezeigt", im Herbst erfolgte von der gleichen Kommission „die Visitation im Walde, wie es gemacht wurde und wie darin gehaust worden". Die Eichbäume erfreuten sich dabei einer besonderen Pflege und wurden jedes Jahr genau abgezählt. Diese Besichtigungen – es waren im Jahre zehn Waldwanderungen zu machen – fanden dann immer nach altem Brauche in einer „Zöhrung" bei irgend einem Bräuer ihren Abschluß. Das war das lustige Honorar des Rates für die Bemühungen der Holzbeschauer.

Der vom Rate aufgestellte Holzaufseher, der Holzhey, ist in den früheren Jahrhunderten eine gefürchtete Persönlichkeit gewesen. Er war es, der nach den Weisungen der Holzkommission die bestimmten Bäume den Holzern anzugeben, das Holz zu messen und die Verteilung desselben im Walde zu regeln hatte. Seine Aufgabe war es auch, im Walde nach dem Rechten zu sehen und alle die Bürger, die „ungerecht und heimblich Holz hackten", zu pfänden und dem Rate zu melden.

Und das kam häufig vor; das Strafregister der Stadt weist eine Unmenge von Turmstrafen für die bürgerlichen Holzsünder auf. Eine außerordentlich benötigte Holzration wurde jedem Bürger in der Weise erteilt, daß dieser einen Zettel im Rathaus einlegte und dort dann die nachgewiesene dringende Holzmenge zugewiesen erhielt. Da hat der Färber Kipfinger im Jahre 1585 es besonders schlau anstellen wollen, um mehr Holz zu bekommen. „Er hat ohne Vorwissen anderer Zettl um Holz im Rathaus einlegen lassen und das Holz zu seinen Handten genommen." Für diesen Betrug erhielt er die Turmstrafe und mußte noch dazu 5 Schilling berappen.

Eine große Arbeit machte dem Holzhey das für den Rat selbst benötigte Holz. Die Besoldung der vielen Ratsbediensteten, angefangen beim Stadtschreiber bis zu den Nachtwächtern, der Bürgermeister und der Ratsherren, des lateinischen und deutschen Schulmeisters, der beiden Pfarrer und Mesner, der Brot-, Fleisch-, Bier- und Lederbeschauer usw. erfolgte neben einer kleinen Guldenbezahlung auch in Brennholz, und die Mengen waren nicht zu gering bemessen; bekam doch z. B. von den zwölf Ratsherren jeder jährlich zehn Klafter Holz. Man muß staunen, wie man alljährlich aus dem Gemeindewald solche Mengen herausbrachte, es handelte sich um Hunderte von Klaftern. Freilich waren die Waldungen früher auf den westlichen und östlichen Höhen ausgedehnter, reichte doch noch im 16. Jahrhundert der Gögerlwald bis ungefähr zur heutigen Rastkapelle herein.

Wenn dann die Zeit der allgemeinen Holzabgabe kam, mußten die vier Holzbuben in den Gassen der Stadt „das Holz ausschreien". Dann hatte der Holzhey alle Hände voll zu tun, wobei er von den Kornmessern unterstützt wurde. Zum Holzfällen und zum Klaftermachen sind vom Rate jeweils die Bürger und Bürgersöhne bestimmt worden, ihnen gehörte ja das Holz und sie hatten daher unentgeltlich zu tagwerken. Und das war oft eine schwierige Sache. Im Jahre 1606 z. B. wurden im ganzen 23 Bürger zusammen mit 9 Gulden bestraft, „weil sie auf Befehl des Ersamen Rates Klafterholz nit machen wollen". Bei der Arbeit selbst kamen auch kleine Schwindeleien vor. Jedem war eine bestimmte Zahl von Klaftern zur Bearbeitung vorgeschrieben. Um Zeit und Arbeit zu sparen, haben manche die Klafter zu klein gemacht. So wurde 1582 von Georg Zwicker angegeben, 13 Klafter Holz gemacht zu haben, der Holzhey aber „hat nit mehr denn 9 davon gericht", weshalb unser Georg in den Turm wanderte. Da es im Walde auch dem Holzhey gegenüber oft „böse Worte" gab, hatte in dieser Holzzeit der Turm immer einen stattlichen Besuch aufzuweisen. Zum Glück wurden diese Strafen nicht allzu schmachvoll angesehen. Da kam es vor, daß der Bürgermeister oder ein Ratsherr, Handwerker und Künstler im Turme beisammen saßen. Fast möchte man unter Travestie eines bekannten Wortes sagen: Wer niemals in dem Turme saß, der ist kein braver Mann. Und der ominöse Turm führte daher auch, selbst in den Urkunden, den Namen Bürgerturm.

Diese ganze aus dem Mittelalter stammende Idylle im Weilheimer

Gemeindeland mußte leider – Bürgermeister und Stadtkämmerer werden damals im Interesse der Stadt den Kopf geschüttelt haben – mit einem Schlag verschwinden. Bereits im Jahre 1804 hatte Pater Eliland, ein ehemaliger Benedikbeurer Klosterherr, im Auftrag des Rates die ganze Gemeindeflur vermessen. Am 26. April 1805 kam dann nach Weilheim der kurfürstliche Befehl, alle diese Waldungen, Wiesen und Filze (Mooswiesen) an die Weilheimer Bürger zu verteilen. Jeder erhielt nun einen Zettel, auf dem seine Anteile in der Größe von 17½ Tagwerk genau beschrieben waren.

Die Totenstätten der Weilheimer Geschlechter

Wo sind sie, jene starken Geschlechter, die vor 1000 Jahren einst die Holzpalisaden um den Ort zogen, um einem wilden, feindlichen Reitersturm zu begegnen, und jene, die dann die junge Stadt mit festen Mauern und Türmen bewehrten, dem Feinde mit Erfolg trotzend, jene edlen Geschlechter ferner, die in Treue verbunden mit ihrem Herzog hier ihre schönen Bürgerhäuser erbauten und jene, die später den Ruhm Weilheimer Kunstfertigkeit hinaustrugen weit in die Lande, alle jene, die in Zünften vereinigt das Handwerk zur mächtigen Blüte entfalteten, die den Fruchtboden ringsum bebauten und Wald und Moor im Laufe der Jahrhunderte zum Siedlungsland machten, die hinausfuhren mit ihren Botenfuhrwerken und ihre Stadt zum Handelszentrum des Oberlandes gestalteten und vollends jene, die im vorigen Jahrhundert die Errungenschaften einer neuen Wirtschaft für die Stadt sicherten und die Grundlage zu ihrem heutigen Wachstum geschaffen haben?

Laßt uns einmal kurze Rückschau halten in der mehr als 1000jährigen Geschichte Weilheims an der Hand der gewissenhaften Forschung des Weilheimer Chronisten A. Schmidtner.

Draußen, im einstigen Friedhof von St. Pölten, haben die ältesten

Siedler unseres Ortes ihre Toten bestattet. Einsam stand da ein Kirchlein, wohl eine Gründung des Klosters Polling. Die Ungarnstürme, die das Kloster wegfegten, haben auch dieses Kirchlein zerstört, aber der Freithof ringsum hat wohl die Toten des Ortes noch immer aufgenommen, auch zu der Zeit, als der Bayernherzog Arnulf Weilheim befestigte und mit Palisaden umzog. Im Jahre 1080 aber finden wir neben dem wieder aufgebauten Kloster Polling auch hier an der gleichen Stelle des alten Kirchleins eine neue schöne Kirche, im romanischen Stile erbaut. Es war die erste Pfarrkirche des Dorfes Weilheim, dem heiligen Hippolyth geweiht – St. Pölten.

Die Kirche war befestigt, eine Mauer umzog den Ort der Toten. Wie spätere Grabungen zeigten, lagen die Toten in der Richtung von West nach Ost gebettet, sie waren ohne Sarg eingesenkt, in Tücher gehüllt, das Haupt ruhte häufig auf einer Tuffplatte. Manche Gräber wiesen sogar in der Tiefe eine Grundlage und vier Seitenwände aus Tuff auf, vielleicht waren das die Gräber vornehmer und begüterter Geschlechter. Im Westen des im Jahre 1511 erbauten St. Agatha-Kirchleins stand das Beinhaus. Beim Abbrechen desselben im Jahre 1852 fand man unter diesem Totenkerkerlein, wie es noch genannt wurde, viele Gebeine, die in einem tiefen ausgemauerten Schachte lagen. Im Norden des Agatha-Kirchleins war der sogenannte Unschuldigen-Freithof, wohin die ungetauften Kinder aus der Stadt und der weiteren Umgebung zur Bestattung gebracht wurden. Als nach oder vielleicht schon vor der Stadterhebung Weilheims eine zweite Pfarrkirche an der Stelle der heutigen Stadtpfarrkirche erstanden war, wurden auf dem Pöltner Friedhof nur die Angehörigen der Vorstadt beerdigt, und jahrhundertlang nahm die geweihte Erde dort die toten Vorfahren auf, bis im Juli 1876 der Betberg auch zum Begräbnisplatz der Pfarrei St. Pölten wurde.

In der Zeit von 1224–1238, dürfen wir annehmen, ist Weilheim zur Stadt erhoben worden und wohl gleichzeitig (nach Meinung anderer sogar schon früher) wurde die älteste Stadtpfarrkirche erbaut, jedenfalls stand sie bereits im Jahre 1244, denn damals wurde die Stadtpfarrei vom Herzog Otto dem Erlauchten mit dem „vollen ihm zustehenden Rechte“ dem Kloster Wessobrunn übergeben. Und unweit der neuen Kirche war auch der neue Friedhof. Da diese älteste Kirche viel kleiner war als die heute dort stehende, war auch für den Friedhof ein größerer Raum gegeben. Das Beinhaus stand in der Mitte, ungefähr da, wo heute die Stiege zum alten Rathaus emporsteigt.

Mitten in der Stadt also, wo auf dem nahen Marktplatz das Leben pulsierte und der Handel der Stadt flutete, war die Ruhestätte der Weilheimer Toten. Aber die Bevölkerung in der durch die Mauern beengten Stadt nahm immer mehr zu, und als dann die Zeiten kamen, wo der schwarze Tod im Lande unheimlicher Gast wurde, da konnten sich die Weilheimer nicht mehr entschließen, innerhalb der Mauer die Todesopfer zu bestatten. Man trug sie weit hinaus außerhalb der Stadt auf den Betberg, wo heute der Weilheimer Freithof sich befindet. In einer Urkunde vom Jahre 1349 wird dieser dritte Begräbnisplatz der Stadt, den wir nun kennen, als Pettparen bezeichnet, was ein zum Beten eingefriedetes Feld bedeutet. Dort stand seit uralten Zeiten ein hölzernes Kreuz, wohin die alten Weilheimer ihre Anliegen trugen. Dort begrub man also in der Mitte des 14. Jahrhunderts die Toten, welche die Pest hinweggerafft hatte. Aber in den gesunden Zeiten barg man sie wieder innerhalb der Mauer auf dem Stadtpfarrfriedhof.

Ja es war sogar inzwischen in Weilheim eine vierte Begräbnisstätte aufgemacht worden. Schon im Jahre 1365 war das neue Spital innerhalb der Mauer, und zwar zwischen der Stadtpfarrkirche und dem Bache, erbaut. Jenseits des Baches war der Spitalbauhof, der alle heutigen Häuser gegenüber der Kirche umfaßte und sogar weit in die Hofgasse hineinreichte. An das Spital war im Osten eine eigene Kirche angebaut und die Gunst des damaligen Abtes von Wessobrunn gestattete nach einer Urkunde des Jahres 1357, daß das Spital „seinen besonderen Freithof und Gräbniß“ habe. Er reihte sich östlich an die Spitalkirche an, war sehr klein, hatte aber trotzdem ein Beinhäuschen. Bis zum Jahre 1594 begrub man dort die Spitalbewohner, bis man auch sie hinaustrug auf den im Jahre 1521 am Betberg angelegten Friedhof der Stadt.

Noch ein fünfter Friedhof erscheint im 15. Jahrhundert in Weilheim. Von den vielen Adeligen, die dem Herzog zu Gefallen im 14. Jahrhundert in die neue Stadt zogen, hatten die Herren von Tolrin ihren Sitz in Töllern. Dort erstand später wahrscheinlich unter „Kathrey der Tolrinn“ ein Kirchlein, das 1409 schon erwähnt ist. Die um diese Zeit dort von der Stadt aufgerichtete Leprosenstiftung machte dieses Kirchlein zum Gotteshaus der Sondersiechen. Ringsum erstand das heute so idyllische Freithöflein, von einem Mäuerlein umzogen. Freilich haben darin keine Weilheimer Geschlechter ihre letzte Ruhe gefunden; nur die Ärmsten der Armen wurden hier begraben. Dieser Friedhof diente auch als Begräbnisstätte der Hingerichteten. Nicht weit vom Kirchlein entfernt, auf der gegenüberliegenden Seite der Straße stand auf einem Hügel der Galgen. Da die Justiz der Alten sehr streng war, machte man mit den Delinquenten kurzen Prozeß und so baumelte da drüben am Galgen verhältnismäßig häufig ein Toter. Diese wurden, wenn sie „bußfertig" starben, im Töllernfriedhof beerdigt. Auch die, welche mit dem Schwerte beim Köpflindlein an der Straße zwischen der Stadt und Töllern hingerichtet worden waren, fanden in diesem Freithof ihre letzte Ruhestätte. Ein im Kirchlein aufbewahrter Kopf aus Holz, der das Haupt des hl. Johannes des Täufers vorstellen soll, ist wahrscheinlich jener Kopf, den man bei der Seelenmesse für den Enthaupteten auf die Tumba legte. Dieser Töllernfriedhof wurde im Jahre 1785 aufgelassen.

Und sogar eine sechste Totenstätte hat es in Weilheim gegeben. Als im Jahre 1640 das Franziskanerkloster hier erbaut ward, begrub der Orden seine Brüder beim Kloster und die Patres im Kreuzgang dortselbst.

Das Jahr 1521 war eines der bewegtesten der Weilheimer Geschichte. Da in kurzer Zeit in den beiden Hauptstädten Ingolstadt und München 4000 Tote beerdigt werden mußten, zogen die beiden Herzöge Ludwig und Wilhelm mit ihren Hofräten nach Weilheim. Der längere Aufenthalt dieser Herren mag Veranlassung gegeben haben, in den sanitären Verhältnissen der Stadt etwas nach dem Rechten zu sehen. Ein besonderes Augenmerk war auf den Friedhof mitten in der Stadt gerichtet. So liest man im Ratsprotokoll vom Jahre 1521, daß der Stadtpfarrmesner den Befehl erhielt, „die Gräber bey der Pfarrkirche auff dem Freythof tiefer zu machen". Weil dies immer noch nicht genügte, beschloß der Rat der Stadt die Anlage eines neuen Friedhofes am Betberg und die Auflassung des alten. Schon zwei Jahre später wurde dann auf dem alten Friedhofsgrund im Norden der Stadtpfarrkirche das Weilheimer Rathaus erbaut, das von der Straße her einen

Durchgang zum Freithof hatte. Auf der westlichen Seite des alten Friedhofes wurde im Jahre 1538 die Katharinenkapelle errichtet, die eine Verbindung zwischen Kirche und Rathaus darstellte.

Die Grabkreuze standen noch lange auf dem alten Freithof, wurden aber immer weniger, besonders als eine neue größere Stadtpfarrkirche an Stelle der alten im Jahre 1631 erstanden war und der Raum zwischen Rathaus und Kirche immer kleiner wurde. Im Jahre 1710 verschwand auch das letzte Grabkreuz am Friedhof, er wurde in diesem Jahre mit Kieselsteinen gepflastert.

Nach dem Ratsbeschluß des Jahres 1521 wurde also mit der Anlage des neuen Friedhofes am Betberg begonnen und nach drei Jahren war die Mauer um ihn gezogen und das Beinhaus im Norden des Kirchleins errichtet. Dort war inzwischen im Jahre 1449 ein gotisches Kirchlein in Achteckform von der Witwe Seizin erbaut worden, das nun zur Friedhofskirche wurde. Schon im Jahre 1481 war dort ein eigener Benefiziat angestellt. Der erste Geistliche, der dieses Amt erhielt, war der einstige Propst des Stiftes Habach namens Ulrich Rüd, der im Jahre 1516 starb.

Der Weg von der Stadt zum Friedhof wurde durch einen von der Stadt zu diesem Zwecke aufgekauften Anger angelegt. Er ging von dem im Jahre 1521 erbauten Bruderhaus wie heute noch in gerader Richtung zum Friedhofseingang. An diesem Wege baute man im Jahre 1661 die heute noch bestehende Angerkapelle. Eine Wohnung für die Einnaderin (Seelennonne) wurde dort an die Kapelle angebaut.

Die im Jahre 1524 vollendete Friedhofsmauer umfaßte aber einen viel kleineren Raum als heute, die Nordmauer war nicht allzu weit vom Kirchlein entfernt. Die Zeit machte daher im Laufe der folgenden Jahrzehnte und Jahrhunderte manche Änderung notwendig. Die Kirche wurde nach Osten zu vergrößert, der Turm erstand im Jahre 1584. Zehn Jahre darauf wurde die Nordmauer vorgeschoben bis ungefähr dahin, wo heute das große Kreuz steht. An der Stelle des heutigen großen Kreuzes erhob sich an der Mauer im Jahre 1716 eine Kapelle. Das alte Beinhaus verschwand im Jahre 1849, im Jahre 1861 erfolgte die Erweiterung des Friedhofes nach Osten und 15 Jahre später eine solche nach Norden, Westen und Süden. Die Kreuzkapelle wurde niedergelegt, an ihrer Stelle das große Friedhofskreuz gesetzt, an der

Nordmauer erstand das heutige Leichenhaus, und die alten Grabsteine von lokalhistorischer Bedeutung wurden an der neuen südlichen Mauer angebracht. Da sich aber die Einwohnerschaft Weilheims in neuester Zeit außerordentlich vermehrte, mußte man an die Erweiterung des Friedhofes nach Osten herantreten. Ein Durchbruch durch die östliche Friedhofsmauer verbindet den von Architekt Simbeck angelegten neuen Teil mit dem alten Friedhof.

Wie man den Weilheimer Stadtzoll umging

Es war im Jahre 1620. Die kriegerischen Ereignisse berührten damals das bayerische Oberland noch nicht. Handel und Wandel gingen den gewohnten Gang und auf der Landstraße von München ins Werdenfelser Land zogen die Getreidefuhrwerke ungestört ihren Weg. In der Münchener Schranne wurden sie beladen und fuhren durch die Forstenrieder Waldungen dem Starnberger Schlosse zu und über Pöcking, Weilheim, Murnau weiter ins Gebirge. Von allen Stationen auf dieser vielbefahrenen Landstraße aber ist Weilheim die wichtigste und auch die gefürchtetste gewesen.

Denn hier mußten der große Zoll und das Pflastergeld entrichtet werden, jedes durch die Stadt geführte Getreide kam zur Waage in der Schranne. Das war ein uraltes Recht der Weilheimer, das sie durch den fürstlichen Gnadenbrief der regierenden baierischen Herzöge Ernst und Wilhelm am Montag Laetare anno 1399 erhalten hatten. „Für durchgetriebene Roß, Vieh, Getraid, Wein, Pier und ander Waaren“ wurde der Zoll eingefordert. Ein fürstlicher Rezeß bestimmte außerdem noch, daß die Fuhrleute „von der ordentlich Landstraß nit abweichen dürfen“, um etwa den Weilheimer Zoll zu umgehen. Dieser betrug im 17. Jahrhundert jährlich durchschnittlich 170 Gulden, dazu kam noch das Pflastergeld bei den drei Stadttoren mit etwa 30 Gulden. Diese 200 Gulden bildeten eine ganz beträchtliche Einnahme der Stadtkammer, sie konnte damit die Jahresgehälter zahlreicher Stadtdiener und -angestellter bezahlen.

Daß die Fuhrleute, die von München ins Oberland fuhren, auf alle möglichen Schliche kamen, um den Weilheimer Zoll zu sparen, kann man sich leicht vorstellen. Sie suchten die Stadt zu umfahren und benützten Seitenwege, z. B. den Weg vom Dietlhofer See ab (die heutige Römerstraße), durch die Obere Stadt und zur Ettinger Straße. Ja, der Spatzenhausener Wirt hat sogar, als er einmal seinen Wein von Landsberg holte, mit dem Wagen die Ammer durchfahren, um Brükke und Weilheim nicht zu berühren. Aber der Rat wußte genau Bescheid von diesen Umtrieben und wies seine Feld- und Waldhüter sowie die Wächter besonders an den Markttagen an, die Verkehrssünder abzufangen. Das Strafregister im Weilheimer Stadtarchiv kann davon manches erzählen.

Besonders schlau machte es im Jahre 1620 der Puechwis Hanns von Garmisch. Er lud in der Münchener Schranne 20 Scheffel Roggen auf und fuhr damit lustig auf der Forstenrieder Straße gegen Starnberg. Dort machte er aber halt, weiter wollte er sich diesmal nicht der Stadt Weilheim mit seiner wertvollen Ladung nähern, denn er hatte heute den kühnen Entschluß gefaßt, den „Seeweg" nach Garmisch zu benützen. Und so fuhr er mit seinem Getreide auf dem Würmsee nach Seeshaupt; wie er das praktizierte, darüber geben die Akten leider keinen Aufschluß. Die Mühen dieser Schiffahrt und des umständlichen Weges von Seeshaupt nach Garmisch nahm der Hanns somit in Kauf, um die Weilheimer und auch die Murnauer Schranne zu umgehen. Aber er hatte doch nicht mit den Spähern des Weilheimer Rates gerechnet, denen hat man die abenteuerliche Fahrt des Garmischers zugetragen, und so erging vom Gericht des Weilheimer Rates folgendes Urteil: „Umb daß er wider den fürstl. Rezeß 20 Schafl Traidt auf dem Würmbsee nach Seeshaupten geführt und von der gewöhnlichen Landstraßen gefahren, hierdurch Gemeiner Statt den Zoll und das Pflastergeld entzogen, ist er gestraft worden umb 4 Gulden."

Aber in der Folgezeit haben noch manche Fuhrleute vom Oberland den gleichen Heimweg von München wie der Hanns eingeschlagen und sind zu ähnlichen Strafen vom Weilheimer Rat verurteilt worden. Es läßt sich daher vermuten, daß diese Art der Umgehung der Weilheimer Schranne doch manchmal gelungen ist. Das ganze Botengeschäft war übrigens ziemlich einträglich, denn der Scheffel Weizen, der in München beispielsweise 13 Gulden kostete, notierte an der Weilheimer Schranne 15 und an der Murnauer schon 17 Gulden. Man versteht es daher, wenn die ehrsame Botenzunft die Köpfe hängen ließ, als sich später die Schienenstraße von der bayerischen Hauptstadt aus dem Werdenfelser Ländchen allmählich näherte.

Kriegs- und Notzeiten im Dreißigjährigen Krieg

Die glücklichen Zeiten des ausgehenden 16. Jahrhunderts haben Weilheim noch einige Jahrzehnte begleitet. Die Kriegsschauplätze des Dreißigjährigen Krieges waren zunächst fern. Aber dann flackerte da und dort im Herzogtum die Pest auf. Weilheim blieb auch davon lange verschont. „Die Gefahr der Sterbsläuf halber war nit so groß, als man vielleicht machen thut“ meldet ein Brief noch vom August 1628. Aber einige verdächtige Sterbefälle veranlaßten den Rat, die Stadt vom 11. September 1628 bis zum 23. Januar 1629 von jedem Verkehr nach außen abzusperren.

1633 rückten die Schweden an. Sie fanden die Wassergräben gefüllt und die Stadt verteidigungsbereit. Innerhalb der Mauer wimmelte es von Flüchtlingen aus den beiden Vorstädten und umliegenden Dörfern. In der Oberen Vorstadt brannten 40 Häuser nieder. Zusammen mit von Polling kommenden Kroaten wurde der schwedische Heerhaufen vertrieben.

1646 erschien am 25. September plötzlich ein größerer schwedischer Haufen unter der Führung des Rittmeisters Andersohn in der Stadt. Es war eine vom Heeresgros losgelöste Abteilung, die auf eigene Rechnung plünderte. Sie verlangte 300 Dukaten und 100 Pferde als Brandschatzung. Die erschreckten Bürger ließen sich in Verhandlungen ein, und man einigte sich auf 300 Gulden und 3 Pferde. Dafür ließen die Feinde eine Salva Guardia zurück, eine kleine Abteilung als Schutz. Kaiserliche Reiter hoben sie nach kurzer Zeit wieder auf und Weilheim war wieder schutzlos wie zuvor.

Am gleichen 25. September war von der schwedischen Kommandantur in Landsberg der Befehl erteilt worden, Weilheim habe 35000 Pfund Commißbrot oder 100 Säcke Kern zu liefern. Weil die Weilheimer die Verhandlungen darüber hinzogen, rückten 4000 Schweden und Franzosen von Landsberg auf Weilheim vor. Darüber berichtet der Zeitgenosse Abt Maurus Friesenegger von Andechs in seiner *Chronik von Erling und Heiligenberg:*

„Im Jahre 1646 den 8. November marschierten 4000 Schweden und Franzosen auf Weilheim los und forderten die Stadt zur Übergabe auf, welches ihnen aber mit Verachtung abgeschlagen wurde. Der Feind setzte sich in die Vorstadt, machte Anstalt zur Belagerung und beschoß den andern ganzen Tag die Stadt mit Stucken und Musketen, welches zu bewundern. Allein die Besatzung von Soldaten, Bürgern und Bauern antwortete mit Mut und Standhaftigkeit gar nicht faul, so daß der Feind sich selbst verwunderte, daß solch ein Ort ihnen so viel zu schaffen geben könne. Der feindliche Kommandierende ließ der Stadt nochmal Warnung und die letzte äußerste Drohung machen auf den Fall, wenn sie gezwungen werden sollten, die Stadt mit Gewalt und Sturm zu erobern. Aber das alles schreckte die Belagerten noch nicht, und sie blieben fest auf ihrem Mut und auf ihrer Mauern. Spät Abends überstiegen die Feinde auf Leitern die Stadtmauer, versprengten die dort aufgestellten Musketiere, überfielen die Stadt und massakrierten alles, was ihnen in den Weg kam, bis die Commandierenden in die Stadt kamen: diese erlaubten, jeden zu morden, den sie in Waffen antreffen würden, und die Stadt auf einige Stunden zu plündern. Auf ihren Befehl mußten die Weiber und die Kinder in das Pfarr-Gotteshaus und noch in ein und das andere Privathaus gebracht und an Ehre und Leben unverletzt erhalten werden. Ein Prädikant (schwedischer Feldgeistlicher) selbst bewachte hindurch die ganze Nacht die in der Stadtpfarrkirche Versammelten und machte gleichsam ihre salva guardia. In diesem Sturm sind ungefähr 30 Bürger und Bauern geblieben. Während der Belagerung sollen 200 der Feind tot geblieben sein. Da die Schweden gleich den anderen Tag wieder abmarschierten, so begehrten sie als Contribution 5000 fl (Gulden), wenn sie nicht lieber wollten, daß ihre Stadt mit Feuer und Schwert ganz verheert werde, und zur Versicherung nahmen sie 7 Bürger als Geiseln mit. Diese Summe wurde ganz bald erlegt und dagegen wurde Weilheim für die Zukunft von aller Sorgen und Gefahr freigesprochen."

Die Chronik der Franziskaner von Weilheim ergänzt diese Darstellung: „Anno 1646. Den 8. November ist die Stadt Weilhaimb von denen Schweden eingenommen und solche in Asche zu legen schon resolviert worden. Auf fußfällig und unaufhörliche Bitten aber, so der damalige Guardian (Klostervorsteher) Pater Ambrosius Kirchmair bei dem Commandirenden Obristen Schlagenhauffer gethan, wurde endlich dieselbe in Ansehen der Franziskaner mit dem Brand verschont ..." Das Sterberegister der Stadtpfarrei meldet dreizehn Bewohner der Stadt, die von den Schweden getötet worden sind, darunter war „der durch Kunst und großen Fleiß ausgezeichnete Herr Elias Greither."

Die Bezahlung der Brandschatzung erfolgte am 25. Januar 1647. Der Eintrag in der Contributionsrechnung der Stadt lautet: „Bezahlt der Schwedischen Generalität, Und anstatt deren dem Generalmajor, Herrn Friedrich Christofen von Hammerstein, die accordierten 3000 Reichsthaler Prantschätzung. Von Ro. Duglas laut Quittung ampfangen. thun 4500 fl."

Herumstreifende Truppen beunruhigten das Land auch 1647 und 1648. Und noch einmal kam eine Aufforderung des Feldmarschalls de Lamet und des Generalmajors Beauvau um eine weitere Bezahlung von 3000 Gulden. Mitten in diese Verhandlungen kam der heißersehnte Friedensschluß des Jahres 1648. Die vorsichtigen Weilheimer richteten noch am 20. Oktober 1648 eine Anfrage an den Kurfürsten, ob die Contribution zu bezahlen sei, „indem sie dem Feinde die Bezahlung von 3000 fl Brandschatzung neuerdings hatten versprechen müssen, dermalen aber der Feind in die Ferne gezogen sei und derselbe Feind ohnehin durch Wegnahme von Geld und Pferden bei Bürger und Bauersleut einen Schaden von 5000 Gulden verursacht habe." Die Antwort des Kurfürsten lautete: „Da der Frieden bereits geschlossen und publiziert worden, wird die französische Generalität von Weilheim nichts weiter zu begehren haben."

Nach verschiedenen Quellen ist der Schaden, den die Stadt und ihre Bürger von 1632 bis 1648 erlitten haben, mit 158.530 Gulden angegeben. Darin sind wohl auch die Werte eingerechnet, die der einzelne durch Brand und Plünderung verloren hat.

Die Summe für Brandschatzung und andere Kriegskosten belief sich auf 8005 Gulden. Sie wurde durch eine außerordentliche Steuer getilgt und auf alle Hausbesitzer umgelegt. Weil in dieser Contributionsrechnung nicht nur die Namen und die Abgabenhöhe, sondern auch die Berufe aufgeführt sind, erhalten wir daraus ein vollkommenes Bild über die wirtschaftlichen Verhältnisse Weilheims gegen Ende des Dreißigjährigen Krieges.

Handwerk und Gewerbe nach dem großen Krieg

Die Kontributionssumme von 8005 fl wurde auf die Bürger und Hausbesitzer umgelegt und jeder wurde nach seinem Hausbesitz versteuert. Die Veranlagung zeigt, daß damals in der Unteren Stadt 191 Häuser und Herbergen, in der Oberen Stadt 125 und in der St. Pöltner Vorstadt 19 sich befanden. Die Stadt hatte also im Jahre 1648 mit den öffentlichen Gebäuden und den zu den Klöstern Polling, Wessobrunn und Habach gehörigen Wohnstätten, die eigens aufgeführt sind, 350 Häuser. Auf die Zahl der Bewohner dieser Zeit kann man nicht gut schließen, weil nur die Namen der Bürger und Hausbesitzer angegeben sind.

Es gab in Weilheim damals 21 Bierbräuer, 16 in der Unteren Stadt, 4 in der Oberen Stadt und 1 in der Vorstadt St. Pölten. Ein Name, der heute noch in der Stadt vertreten ist, lautet Hipper. Der „Pierpreu Hipper" wurde damals mit 100 Gulden belastet. Der Höchstbesteuerte war der Bierbräuer Fuerthuber mit 150 fl, der Bräuer Strobl scheint aber nur einen ganz kleinen Betrieb gehabt zu haben, er zahlte nur 3 fl.

Dagegen scheinen die Gastgeb (Wirte) ein gutes Fortkommen gehabt zu haben. Der Gastgeb Koch und der Gastgeb Schägger bezahlten je 100 fl und der Gastgeb und Bürgermeister Pänzinger sogar 200 fl. Er war der höchstbesteuerte Hausbesitzer in Weilheim. Der Weißbierzäpfler wurde mit 30 fl registriert.

Müller gab es in der ganzen Stadt 7, der Marktmüller war der bedeutendste, bei ihm mußten sämtliche Weilheimer Bäcker mahlen lassen. Peck (Bäcker) gab es in der Unteren Stadt 13, in der Oberen Stadt 4. Die St. Pöltner mußten sich mit Brot innerhalb der Mauer eindecken, dort war kein Peck vertreten. Der höchstbesteuerte Bäcker war ein Fuerthuber mit 90 Gulden. Lebzelter gab es in der ganzen Stadt 3 und 1 Zuckerbäcker. Metzger waren es im ganzen 11.

Es gab weiter 6 Schuhmacher, 5 Schneider, 9 Kramer und 1 Handelsmann namens Spaiser, der mit 100 Gulden eingereiht wurde, 7 Rotgerber, 3 Weißgerber, 1 Schwarzfärber, 5 gewöhnliche Färber, 3 Tuchscherer (später Tuchmacher genannt), 5 Sailer, darunter der Fischer-Sailer, 4 Huetterer (Hutmacher), 4 Kürschner, 1 Säckler, 1 Riemer, 3 Sattler, 1 Sporer (Spornmacher), 6 Kupferschmied, 7 Messerschmied, 1 Waffenschmied, 5 Hufschmied, 1 Zinngießer, 4 Goldschmied, 1 Gabler (Verfertiger von Gabeln), 4 Schlosser, 1 Gürtler, 1 Pixenmacher (Büchsenmacher), 1 Eisenkramer, 5 Hafner, 3 Glaser, 3 Kistler (Schreiner), 8 Zimmermann, 3 Schäffler, 1 Drechsler, 4 Bildhauer, darunter die Namen der Künstler Degler und Stainhart, 2 Maler (Georg Pendl), 1 Korbmacher, 1 Holzwart, 1 Baumeister, 10 Maurer, 1 Mertlrierer usw.

Alle Gewerbe anzugeben ist im Rahmen dieser kurzen Abhandlung nicht möglich, aber ein Überblick über die damaligen Verhältnisse in der Oberen Stadt ist sehr lehrreich. Dort finden sich, was innerhalb der Mauer nicht anzutreffen ist, 29 Tagwerker. Es sind wohl die Besitzer der kleinen Häuser längs des Baches, von denen ein jeder eine kleine Landwirtschaft betrieb. Nur einer von ihnen wurde mit 15 fl angelegt, die meisten von ihnen mußten den Wert eines Rindls, meist 3–4 Gulden beisteuern, was immerhin eine gewaltige Leistung für sie gewesen sein mag. Ferner gab es dort 8 Kornführer, sie wurden höher eingeschätzt, 40–50 Gulden zahlte jeder, 4 Fuhrmann, 5 Bauersmann, einer davon angelegt mit 75 Gulden (also Großbauer!), 2 Kuhhirten, 2 Roßhirten, 1 Roßhändler, 2 Jäger, 1 Ölschlager, 1 Ziegler und 4 Weber. Alles Berufe, die in der Unteren Stadt nicht vertreten waren. Man sieht, dort war das ausschließlich ländliche Weilheim, wie es sich bis in unser Jahrhundert erhalten hat. Doch gab es auch in der Unteren Stadt Gewerbetreibende, und zwar sehr viele, die nebenbei auch eine kleine Landwirtschaft betrieben.

Die vier Bürgermeister der Stadt, die Rotgerber Raith und Bilmann, der Adam Dietmair und der Gastgeb Pänzinger hatten demnach eine riesengroße Aufgabe zu bewältigen, wenn sie die Kontributionsgelder hereinbringen wollten. Es ist ihnen auch gelungen, die Summe bis auf 811 fl 21 kr einzutreiben, aber dieser Rest war, „weil seither vil Burger gestorben und verdorben und Armuthshalber sich anderwerts hinbegeben mueßten, gewißlich nit mehr einzubringen und allerdings verlohren".

Die Zünfte

Die Weilheimer blieben auch nach dem großen Krieg in Zünfte zusammengeschlossen. Jede Zunft hatte ihre eigene, entweder vom Rate oder vom Landesherren genehmigte Satzung.

Nur wenn ein Bub ehrlich geboren und gut beleumundet war, durfte er ein Handwerk lernen. Nach einer vierzehntägigen Probe wurde er im Beisein der Zunftmeister in aller Form „Aufgedingt". Dafür mußte er eine Gebühr in die Zunftkasse entrichten und dem ehrsamen Handwerk einen Trunk geben. Entlief ein Lehrling seinem Meister, so durfte ihn kein anderer mehr in die Lehre nehmen.

Nach der Lehrzeit erfolgte die Freisprechung, die feierlich vor sich ging und oft mit derben Späßen verbunden war. Der neugebackene Geselle erhielt einen Kundschaftsbrief, ein Zeugnis. Als Abschluß der Freisprechung folgte ein solider Trunk in der Zunftstube, dessen Kosten der junge Geselle zu bestreiten hatte. Dann ging's auf die vorgeschriebene Wanderschaft.

Kam ein Geselle in eine fremde Stadt, so wandte er sich an die Herberge seines Handwerks. War für ihn keine Stelle in der Stadt frei, so wurden ihm vier Kreuzer zur Zehrung überreicht, und er konnte weiter seines Weges gehen. Nahm ihn aber ein Meister, so hatte er Gelegenheit, manches zu lernen, was man in seiner Heimat nicht kannte. Das Arbeitsverhältnis zwischen Meister und Gesellen konnte nur an Samstagen durch „Aufsagen“ gelöst werden. Eine Arbeit auf eigene Rechnung ohne Meister war bei strengen Strafen untersagt.

Wollte ein Geselle in Weilheim Meister werden, so mußte er „stukken“, das heißt ein Meisterstück herstellen. Voraussetzung war, daß er in der Stadt mehrere Jahre ehrlich und redlich gedient hatte und ledigen Standes war. Diese Forderung bezweckte, daß „keine Jungfrau mit ihm angeführt werde, so er mit dem Stucken nicht bestünde“. Die Meisterstücke mußten in einer von den Zunftmeistern angewiesenen Werkstatt in einer bestimmten Zeit gefertigt werden. Ein oder zwei Beschaumeister führten dabei die Aufsicht. Aus der großen Zahl der im Stadtarchiv vorhandenen Zunftordnungen seien hier einige Vorschriften für die Anfertigung von Meisterstücken ausgewählt:

Die *Hufschmiede* schrieben nach der Ordnung von 1509, erneuert 1567 vor: So ein Hufschmied stucken will, soll man ihm ein Roß vor die Schmiede reiten, soll er die Hufe besehen und nach Besichtigung in Abwesenheit des Rosses vier Eisen samt den dazugehörigen Nägeln gerecht und gut, ohne besonderes Strecken und Abschroten, machen und darnach aufschlagen. Ferner soll einer einen zwölfspeichigen Wagen, daß jede Speiche ihre Nägel und acht Brustringe habe, nach aller Notdurft ungestreckt unabgeschrotet ziehen können.

Ein Schlosser soll drei Schlösser machen, alle nach der Meister Heißen und Angaben. Ist er dann ein Uhrmacher neben dem Schlosserhandwerk, soll er eine Uhr nach seinem besten Verständnis und nur ein Schloß dazu machen.

Ein Messerschmied soll machen ein langes Messer, ein Weidmesser, einen Degen, alles mit verschrotetem Werk, gerecht und gut.

Die Bader und Wundärzte hatten nach der Ordnung von 1673 in einem Examen vor dem Herrn Landschaftsmedikus in München zu zeigen, ob sie sich auf die Beinbrüche, Gliederverrenkungen, Hauptwunden und andere Leibesgebrechen der Gliedmaßen, selbige wieder an ihre Stelle zu bringen, verstehen, auch wie die Arzneien hiezu bereitet werden. Außerdem hatte jeder zwei Emplastra und zwei Unquenta (Pflaster und Salben) zu machen.

Die Goldschmiede verlangten einen getriebenen Kelch mit aufgeschmolzenen Platten gemacht und dieser nach gewöhnlicher Art karmesiert (kleinere Steine um einen größeren gruppiert). Zweitens sollte ein mit einem oder mehreren Steinen besetzter Ring gemacht werden.

Die Beurteilung nahmen neben den Beschaumeistern auch noch andere Meister des Handwerks vor. Hatte der Geselle die Prüfung nicht bestanden, konnte er sie nach einem halben Jahr wiederholen. Wurde er anerkannter Meister, so konnte er aber noch lange keinen selbständigen Betrieb aufmachen. Dazu mußte er das Bürgerrecht erwerben und sich verehelichen. Er mußte ferner einen „eigenen Rauch" führen, einen eigenen Herd, ein Haus und eine Werkstatt besitzen. Die Zahl der Werkstätten in der Stadt war aber genau festgesetzt; die Gründung einer neuen war untersagt. Der junge Meister konnte entweder die Werkstatt des Vaters übernehmen, die Tochter oder Witwe eines Meisters heiraten oder er mußte warten, bis er eine erledigte Handwerkergerechtigkeit kaufen konnte.

Alljährlich wurde bei den einzelnen Zünften ein Jahrtag abgehalten, und zwar am Tage des Zunftheiligen. Ein Seelenamt, bei dem die Zunftkerzen brannten, eröffnete den feierlichen Tag. Dann versammelte sich das Handwerk in der Herberge, die sich in einer Wirtschaft befand, vor der „offenen Lade" die Zunftangelegenheiten zu verhandeln. Nach den Beratungen folgte das gemeinsame Mahl. Ein Tanz beschloß den Jahrtag. In ihren Zunftzeichen hatten die Bäcker und Müller eine besondere Auszeichnung: Wegen ihrer erwiesenen Tapferkeit in der Schlacht bei Gammelsdorf (1313) durften sie den bayerischen Löwen in ihrem Gewerbeabzeichen tragen.

So blieb es im Weilheimer Handwerk bis in die Napoleonische Zeit. Sie brachte nicht nur die Säkularisation der Klöster, sie änderte auch das Leben in der Stadt.

Die ärztliche Betreuung Weilheims

Der Rat der Stadt erachtete es seit den ältesten Zeiten als eine seiner ersten Pflichten, den Gesundheitszustand der Bürger zu überwachen. Bei den schlimmen sanitären Verhältnissen des Mittelalters und der folgenden Jahrhunderte war es für ihn aber keine leichte Sache, vor allem in den häufig auftretenden Epidemiezeiten, die Bewohner Weilheims zu schützen. Schon im 14. Jahrhundert stellte er sich zum Kampfe gegen den Aussatz, die Lepra. Er errichtete in Töllern das Leprosenhaus und baute einige Jahrzehnte später für die Leprosen, die von jedem Verkehr abgesperrt waren, das bereits im Jahre 1409 urkundlich erwähnte Töllernkirchlein. Drakonische Vorschriften erließ der Rat in den folgenden Jahrhunderten bei auftretenden Epidemien. Die Stadt wurde öfters vollständig von jedem Verkehr abgeschlossen, niemand kam durch die Tore herein, niemand hinaus. Schwere Strafen gab es für jene, welche sich heimlich in die „sterbenden Orte“ wagten. So wurden im Epidemiejahr 1563 die Bürger Gebhart und Hanns Mayr mit dem Turm bestraft, weil sie „in sterbenden Zeiten Pelzwerk von München nach Weilheim bringen“. Ebenso erging es dem Bürgermeister Schrävogl, der „Bettgewandt und anderes aus Augsburg in sterbenden Zeiten und heimlich hereingeführt hat“. Der Lederer Zwink wurde sogar mit dem Amtshaus bestraft, weil er „in der Zeit des Sterbens zu Huglfing dem Metzger die Häut abkauft hat“.

Ein Krankenhaus gab es im Mittelalter in Weilheim nicht, erst um das Jahr 1521 wurde das erste Krankenhaus erbaut als Bruderhaus für Kranke und Fremdlinge. Es stand an der Stelle des heutigen Landratsamtes. Die Betreuung der Kranken war einem Brudermeister und dessen Ehefrau übertragen, einem älteren Bürger, der zugleich der Weilheimer Totengräber war. Einen Arzt, einen Mediziner im heutigen Sinne kannte man damals in Weilheim noch nicht. Es gab der Zeitsitte gemäß in der Stadt zwei Badehäuser in der Herrengasse (Admiral-Hipper-Straße). Die Inhaber dieser Bäder, welche auf diesen städtischen Behausungen die Freistiftsgerechtigkeit hatten, waren die offiziellen „Ärzte“ der Stadt. Nach ihren Anweisungen mußte der Brudermeister im Krankenhause seine Dienstleistungen verrichten, und wenn der Rat ein „ärztliches Gutachten" brauchte, war der Stadtbader zur Stelle.

Um ein Beispiel aus vielen herauszugreifen: Im Jahr 1644 ist ein „krankes Mensch, so von Dürnhausen herabkommen ist, allwo etlich Personen bald gestorben sind und man nicht weiß, was es für eine Krankheit ist", vor dem Pöltnertor erschienen. Da das Mädchen sich kaum mehr aufrecht halten konnte, wurde es in das nächste Haus vor dem Tore gebracht. Der geschworene Stadtbader Höck – die beiden Bader mußten alljährlich in der ersten Ratssitzung einen Pflichteid leisten – hatte nun im Auftrag des Bürgermeisters das kranke Mädchen zu untersuchen. Sein Bericht lautete, „er habe es mit Fleiß besichtigt und Gottlob nichts Böses gefunden, das Mensch habe aber ein hitziges Fieber und muß sterben, wenn man es nicht pflegt". Bei diesem ärztlichen Bescheid hat der vorsichtige Bürgermeister, der Goldschmied Eysvogel, angeordnet, daß der Hausbesitzer „dem Mensch ein sonderbares Zimmer anweisen und ihm eine Aufwartfrau geben soll, damit nicht etwa die Krankheit weiter einreiße."

Von der Stadt erhielten die beiden Stadtbader im Jahre 9 Gulden 8 Kreuzer als Wartegeld. Ihr eigentliches Einkommen bekamen sie aus ihrer Privatpraxis. Ihre Honorare erscheinen ziemlich hoch. So verlangte im Jahre 1643 der Bader Caspar Mayr vom Georg Alber 8 Gulden 30 Kreuzer „Arzterlohn". Da Alber die Zahlung verweigerte, hat der Rat entschieden, daß die Summe „nach Stadtgebrauch" zu erlegen sei. Ähnliche Forderungen finden sich viele in den Akten des Archivs. Außerdem wurde auch die Tätigkeit der Bader in den Badhäusern besonders vergütet. Dort standen die großen Badewannen, teils aus Holz, teils aus Stein. In den Baderäumen lagen und hingen die unentbehrlichen Schröpfeisen, Laßeisen, Aderlaßbinden, Schröpfgläser und an der Wand der wichtige Kalender für die besten Laßzeiten, was alles eben zum Betrieb einer Badestube der früheren Jahrhunderte notwendig war. Die Badhäuser wurden von den Bewohnern der Stadt fleißig benützt. An bestimmten Wochentagen war die eigentliche Badezeit vorgesehen, wobei das Wasser vom vorbeifließenden Bach benützt wurde. In den allen Weilheimern bekannten Badestunden mußte daher der offen durch die Stadt fließende Bach sauber gehalten werden. Es durfte von den Bachanwohnern in diesen Stunden nichts hinein gewaschen oder geschüttet werden, wie es sonst Gewohnheit war. Wer sich dagegen verfehlte, wanderte in den Turm, wie einige Urteile zeigen. Von den beiden Badehäusern erhielt übrigens der Stadtkämmerer alljährlich ganz nette Einnahmen, sie betrugen z. B. im Jahre 1569 aus beiden Häusern 34 Gulden.

Daß neben den Badern von den Kranken auch der Rat und die Hilfe bestimmter Personen männlichen oder weiblichen Geschlechtes in Anspruch genommen wurden, die einen gewissen Ruf als Heilkundige besaßen, war eine selbstverständliche Sache. Der Rat der Stadt billigte nicht nur deren Tätigkeit, sondern schützte sie auch. Einen großen Zulauf hatte alljährlich die Quacksalberbude auf den beiden Weilheimer Jahrmärkten der alten Zeit.

Die Quacksalberbude auf diesen beiden Märkten war schon von weitem erkenntlich. Sie war mit grotesken und mitunter gar schreckhaften Dingen ausgestattet. Da sah man Mißgeburten in Spiritus, ausgestopfte Affen, von der Decke hingen Schlangenhäute usw. Ein eigener Marktschreier unterstützte die Reklame des Heilkünstlers, der an Ort und Stelle kurierte. Da gab es Pillen gegen Podagra, Pulver gegen Kröpfe, Wurmmittel verschiedener Art, blaues Wasser gegen Viehsterben und was der Mittel mehr waren, die nun einmal zur Quacksalberei und Kurpfuscherei gehörten. In späteren Jahrhunderten hat diese übertriebene Art der Reklame auf den Märkten aufgehört, aber die Buden mit Allheilmitteln aller Art haben sich bis auf den heutigen Tag erhalten können.

Das Jahr 1644 – es war ein Epidemiejahr im Schwedenkriege – war entscheidend für die Weiterentwicklung der Gesundheitsfürsorge. Aber es war ein großer Kampf, der diese neue Ära einleitete, der weniger in dem zähen Festhalten der Weilheimer am Althergebrachten, sondern mehr in den schwierigen Geldverhältnissen der Stadtkammer in diesen Zeiten seinen Grund hatte.

Mehrere Mitglieder des innern und äußern Rates der Stadt Weilheim unter Führung des Bürgermeisters Pänzinger waren sich im Epidemiejahr 1644 darüber einig, daß die ärztliche Betreuung der Stadt durch die beiden geschworenen Stadtbader nicht mehr ausreichend sei, man müsse einen doktor medizinae berufen. Vorverhandlungen mit dem kurfürstlichen Landgericht ergaben, daß auch die hohe Aufsichtsbehörde mit einem solchen Vorhaben nicht nur einverstanden, sondern es in jeder Weise zu fördern gewillt war. Und nun fehlte nur noch die Zustimmung des Weilheimer Rates, der in seiner Gesamtheit aber wegen finanzieller Bedenken nur zögernd an dieses neue Problem herantreten wollte.

In der ersten Ratssitzung, die Pänzinger als neugebackener Amtsbürgermeister einberief, kam die Angelegenheit zur Sprache. Da stellte es sich nun heraus, daß „man zwar allhie nit abgeneigt wäre, einen medikus zu haben, wann man vermöcht einen solchen Stadtdiener zu besolden, weil alles übl ruiniert worden“ (30jähriger Krieg). Aber es kam doch ein Angebot für den doktor medizinae Simon Atlberger zustande, der sich bereits beworben hatte und persönlich anwesend war. „Eine ehrliche Herberg ohne Entgelt, 4 Klafter feichts Holz von der Stadt, 1 Klafter Buachats vom Spital, 1 Schäffl Roggen und ein halb Schäffl Kern, an Geld 18 Gulden. Das gilt vorläufig auf ein Jahr und nit länger.“ Man ging von der Meinung aus, daß der Medikus für seine Krankenhaustätigkeit (Bruderhaus, Töllern und Spital) mit den wenigen Patienten damit genügend bezahlt sei, zudem die Ausübung der Privatpraxis in der Stadt seinen „Nahrungsstand vollkommen sicher stelle“. Dr. Atlberger war auch damit zufrieden und „bedankt sich“.

Schon im nächsten Monat, Oktober 1644, meldete sich auf Veranlassung des neuen Arztes der erste Stadtapotheker. Er hieß Johann Haller und kam aus Wels in Österreich. Der bisherige Apotheker Schlaich in der Pöltnergasse, der nur auf die Bedürfnisse der Stadtbader eingestellt war, erhielt also eine schwere Konkurrenz.

Die offizielle Bezeichnung des neuen Stadtarztes war Stadtphysikus, eine Bezeichnung, die in den Akten des Archivs bis 1803 geführt wurde. Das Jahr 1645 war nun zunächst eine Art Probejahr sowohl für den Arzt wie auch für die Stadt. Aber diese Probe wurde nicht bestanden, am Ende des Jahres 1645 verließen Arzt und Apotheker wieder die Stadt. Ob der Grund hiefür in einer Unzufriedenheit des Stadtphysikus mit seinen Einnahmen aus der Privatpraxis lag oder in einer Art Konservatismus der Weilheimer, die, seit Jahrhunderten an ihren Stadtbader gewöhnt, dem Medikus vielleicht zu wenig entgegen kamen, mag dahingestellt sein.

Da mit dem Physikus auch der Stadtapotheker aus Weilheim verschwunden war, ist der Apotheker Schlaich wieder Alleinherrscher auf diesem Gebiete geworden. Aber der alte Herr scheint doch mit seinen Medikamenten nicht mehr ganz auf der Höhe gewesen zu sein, denn die Stadtkammerrechnungen weisen in jener Zeit des ausgehenden 30jährigen Krieges und in den folgenden Jahren größere Beträge von Münchener Apotheken auf.

28 Jahre lang lag nun wieder die ärztliche Betreuung Weilheims bei den geschworenen Stadtbadern. Schwierige wirtschaftliche Verhältnisse nach dem großen Kriege haben die Berufung eines neuen Physikus hinausgeschoben, aber es scheint doch ein kleiner Druck der kurfürstlichen Regierung ausgeübt worden zu sein. Denn im Jahre 1673 wurde als Stadtphysikus ein Doktor med. Johann Georg Rohrer berufen, der „mit Consens des kurfürstlichen Rates und Herrn Rentmeisters" von der Stadt neben der üblichen Naturalabgabe 16 Gulden Jahresgehalt „als Hauszins und Besoldung" erhielt. Von dieser Zeit ab sind nun in ununterbrochener Reihe wissenschaftlich vorgebildete Ärzte in Weilheim. Doch haben die Stadtbader ihre Praxis weiter ausgeübt, sie werden von da ab als Stadtchirurgen in den Akten bezeichnet, was darauf schließen läßt, daß ihre hauptsächliche Tätigkeit neben Aderlaß- und Schröpfmethoden in kleinen Operationen bestand, angefangen vom Zahnziehen bis zu den Kuren von Arm- und Beinverletzungen.

Die Weilheimer Apotheke paßte sich den neuen Bedürfnissen unter dem Stadtmedikus ebenfalls an. In den Archivakten verschwinden die Rechnungen von den Münchener Apotheken allmählich.

Im Jahre 1803 kam ein zweiter Arzt nach Weilheim. Ein Dr. Dosch wurde auf die in der Stadt neu errichtete Gerichtsarztstelle berufen. Er war der spätere Bezirksarzt, der ebenfalls Privatpraxis in Weilheim ausübte. Der bisherige Name Stadtphysikus verschwand dann vollends, als in Weilheim das neue Krankenhaus im Jahre 1828 an der Münchener Straße (ein Teil des heutigen Bürgerheimes) erbaut worden ist, nachdem das Bruderhaus seinen Zweck nicht mehr erfüllen konnte. Im Laufe des 19. Jahrhunderts ließen sich dann noch zwei weitere Ärzte hier nieder, so daß Weilheim im ausgehenden 19. Jahrhundert von vier Ärzten betreut werden konnte.

Radikalmittel zur Kur böser Ehen

In der Weilheimer Schmiedgasse beim Tor gab es wieder einmal den berüchtigten Spektakel. Der Weißbierzäpfler Melchior Sitterer und seine Ehefrau Dorothea vollführten den gewohnten ehelichen Krach, aus den geöffneten Fenstern flogen aber diesmal nicht nur die unflätigsten Schimpfworte, sondern sogar ein Bierglas, das auf der Gasse in tausend Scherben zerschellte. Wieder einmal waren der Streitgrund die beiden Kinder, ein halberwachsener Bub und ein Mädel, die unter dem mütterlichen Schutz Dorotheas zum Ärger des Melchior im Hause herumfaulenzten.

Da gab nun ein Wort das andere und beide Streitteile waren gar gewaltig mit ihren Zünglein, wie erst kürzlich Verhandlungen vor dem Rat der Stadt gezeigt hatten. Da hat der Prackenhofer, der dem Sitterer 30 Gulden Zins schuldete, sich geweigert, rechtzeitig zu zinsen, weil ihn die Sitterin so erbärmlich geschimpft habe, daß er nicht eher zahle, bis „sie ihm seinen ehrlichen Namen wieder gebe“. Und der Melchior hat den Stadtpfarrer auch „wie einen gemeinen Mann heruntergekanzelt, so daß er mit dem Amtshaus abgestraft wurde“. Da kann man sich freilich vorstellen, daß die ehelichen Auseinandersetzungen mit Verbalinjurien nur so gepfeffert waren.

Diesmal hatten sie es aber besonders stark getrieben, so daß sogar der gegenüber wohnende Kupferschmied Erlacher, dem die Glassplitter an das Haustor geflogen waren, auf die Gasse kam und gehörig seine Meinung zu den Sitterer Fenstern hinüberschrie. Selbst die Gäste des benachbarten Bierbräus Huetterer (im späteren Bräuwastlhause) ließen ihr Glas stehen, stürzten auf die Gasse und schauten belustigt den zwar nicht seltenen aber immer wieder interessanten ehelichen Auseinandersetzungen zu. Aber an diesem heißen Julitage ist es dem Sitterer doch zu bunt geworden. Sein Beschluß stand fest, er rief den Rat um Hilfe an. Am 29. Juli 1644 wurde denn auch für ihn ein Ratstag gehalten.

Da klagte der Melchior wider seine Ehefrau, daß „sie gar kein gueth tue, nur dem Spazierengehen, dem Fressen und Saufen nachgehe, ihn aus dem Hause jage und allerlei Nämen gebe“. Er berichtete weiter, daß er nichts zu essen bekomme, daß sie „alles mit den Kindern verthue, das Sein und das Ihrige“ (Vermögen). Mit der Feststellung, daß er mit ihr nit hausen könne, schloß der Melchior seine Anklagerede. Die Sitterin war in ihrer Verteidigung kurz und bündig: Er sei überhaupt kein Mannsbild, bringe nichts herein und man soll sie „nit weiter mit ihm beschweren“.

Es war für den Rat schwierig, hier ein Urteil zu finden. Diese Unglücksehe zu scheiden, stand, wie er im Urteilsspruch ausführte, nicht in seiner Gewalt, es war in jener Zeit unmöglich. Aber nach einer strengen Mahnung an die Sitterer, sie sollten einen besseren Haushalt führen, glaubte er, durch Beseitigung der Hauptstreitursache wenigstens den Weg zum ehelichen Frieden bahnen zu helfen. Er bestimmte „kategorisch, weil die kinder vil Ungelegenheiten causieren, solle der Sohn zum Handwerk gehen und die Tochter in den Dienst geschickt werden“.

Aber so gut es der Rat gemeint hatte, Streit und Lärm gingen von früh bis spät nicht aus und nahmen solchen Umfang an, daß die Nachbarschaft besonders nachts gestört wurde. Da beschwerte sich der Bierbrauer Huetterer, der um den Schlaf seiner Gäste besorgt war, da beschwerte sich der Nachbar beim Schmiedtor, der Hafner Stempfl, dessen Nachtruhe dahin war, und selbst die Nachbarn gegenüber, der Kupferschmied Erlacher und der Goldschmied Raith, machten dem Sitterer Vorwürfe. Aber alles half nichts, bis die ganze Nachbarschaft endlich sich entschloß, beim Rate Beschwerde zu erheben.

Der ließ nun die beiden Streithähne vor seinen Richterstuhl kommen und erklärte ihnen, daß „ihr unruhiges Hauswesen, ihr Zanken, Poltern, Schlagen und Raufen, sonderlich bei nächtlicher Weile das große Geschrei auf der Gassen sofort aufhören müsse. Sollten sie innerhalb acht Tagen sich nit bessern, so soll er (der Melchior) in die Eisen und sie (die Dorothea) in die Geigen geschlagen werden, endlich beide auf einen Karren geschmiedet und an einen Ort geführt werden, wohin sie gehören“. Das war die rauhe Sprache der alten Jahrhunderte im Weilheimer Rathaus. Der Melchior mußte die eiserne Fessel an den Händen oder Füßen über sich ergehen lassen, der Dorothea winkte die gewöhnliche Strafe für die bösen Weiber, die Geige. Das war ein um den Hals geschlossenes Holzbrett. Angetan mit dieser „Geige“

wurde die Delinquentin vom Stadtamtmann durch die Gassen der Stadt geführt. Der Ort, wohin sie auf dem Karren gemeinsam geführt werden sollten, war das Amtshaus (Gefängnis), dort mußten sie in einem Raum zusammen leben und sich an „den Frid“ gewöhnen. Ob das alles half oder ob der Weilheimer Rat zum letzten Mittel greifen mußte, das er in früheren Jahrhunderten öfter anwandte, nämlich zu einem kürzeren oder dauernden Stadtverbot, darüber geben die Akten keinen Aufschluß.

Die Bierbrauer im 17. Jahrhundert

Sie hatten es nicht allzu leicht, die Weilheimer Bierbrauer, in der sogennannten guten alten Zeit. 21 waren es zu Beginn des 17. Jahrhunderts in der Stadt mit ihren etwa 2000 Einwohnern, und im Jahre 1650, nach dem 30jährigen Kriege, ist ihre Zahl auf 27 hinaufgeklettert, wozu sich noch 2 Gastgeb (Wirte ohne Braubetrieb) gesellten. Der Rat der Stadt war wirklich sonst nicht freigebig in der Erteilung neuer Gerechtsamen – heute würden wir Lizenzen sagen –, dafür sorgten schon eifersüchtig die Zünfte, die den Zuzug eines neuen Meisters mit allen Mitteln zu verhindern trachteten. Doch scheint der Rat die Bedürfnisfrage gerade bei den Bierbrauern leichter genommen zu haben, sei es daß die Brauerzunft keinen allzu großen Widerstand leistete im Gegensatz z. B. zur Bildhauer- und Malerzunft, sei es aber, daß die Güte und Bekömmlichkeit des Bieres der damaligen Brauerzunft zu wünschen übrig ließ. Denn gerade dem Bier galt die besondere Fürsorge des Rates, zählte es doch neben Fleisch und Brot zu den wichtigen ständig unter seiner Kontrolle stehenden Nahrungsmitteln.

Und so waren die Vorschriften, die beim Bierausschank die Brauer und Gastgeb einzuhalten hatten, sehr streng, und ihre Ausführung wurde während des ganzen Jahres unter scharfe Aufsicht gestellt. Diese Kontrolle hatten die Bierbeschauer zu übernehmen, sie leisteten wie die Brot-, Fleisch-, Leder- und Roßbeschauer alljährlich nach Neujahr in einer Ratssitzung den Eid, daß sie „getreulich beschauen wollen“, und die geschworenen Bierbeschauer hatten kein leichtes Amt. So schrieb der Bildhauer Ignaz Degler Ende des 17. Jahrhunderts in sein Tagebuch: „Bin von Herrn Bürgermeister und Rat allhie zu einem Bierbeschauer gesetzt worden, habe aber solches Ambt auf keine Weise annehmen wollen, habe mich aber davon nit kundten abwerfig machen. Bin drei Jahre Bierbeschauer gewesen, kann nit sagen, obs mir Nutzen oder Schaden gebracht hat.“ Etwas hat es aber dem guten Degler und all seinen Vorgängern bestimmt gebracht: Ärger und schlimme Worte von den unzufriedenen Brauern. Die Weilheimer Ratsprotokolle berichten es getreulich.

Im Jahre zwölf Mal mußte der Bierbeschauer in den Weilheimer Trinkstuben nach dem Rechten sehen. Er probte das Bier und stellte den amtlichen Preis dafür fest, der je nach der Güte des Stoffes sich änderte bei den verschiedenen Brauern. War das Bier beschaut, wurde ein Ring mit dem Schankpreis angebracht. Unbeschautes Bier auszugeben war bei strenger Strafe verboten. Es ist daher leicht erklärlich, daß es nicht nur häufig zu Meinungsverschiedenheiten zwischen Beschauer und Brauer kam, sondern daß auch die Brauer manch unerlaubtes Mittelchen zu ihrem Vorteil anwendeten.

So ist z. B. der Bierbrauer Bartlmä Mair mit dem Turm und 1 fl bestraft worden, „umb daß er über der geschworenen Pierbeschauer Beschau und Satz den Ring hinein getan hat (weggenommen) und umb den Satz nit hat das Pier ausgeben welln“. Der Brauer Hans Schwäller wurde mit Turm und 2 fl bestraft, weil er „den Pierbeschauern, als sie das Märzenbier beschauen welln, böse Worth gegeben“. Und als sich der Gastgeb Jakob Land wegen seiner Strafe bei der hohen Obrigkeit in München beschwerte und dort abgewiesen wurde, hat ihn der Rat, weil er „nach München zog und zu Hofe klagte“, mit 2 fl Geldstrafe in den Turm gesetzt. Im Jahre 1637 ist es sogar zu einem Bierstreik gekommen, aber nicht der Bürger, sondern der Brauer. Da schritt aber der Rat ganz energisch ein. Das ganze Handwerk der Brauer ward vor sein Gericht geladen und „umb daß sie kein Pier gehabt“, kamen sämtliche Brauer in den Turm und mußten 14 fl Strafe berappen.

Ein Ereignis während des Jahres war der Ausschank des „Merzenbieres". Es durfte nur an dem vom Rat bestimmten Tag damit begonnen werden, gab einer vor oder nach dem Termin ab, erfolgte die Strafe des Rates. Ohne Erlaubnis des Rates durfte auch kein Bier außerhalb des Stadtbereiches geliefert werden, da wurde z. B. der Bierbrauer Gistl „umb daß er übers Verbot des Amtsbürgermeisters Pier aufs Land hat geben", mit dem Turm und 1 fl geahndet.

Wenn dann am Abend das Hußausläuten, das Glöcklein vom Pöltner Torturm ertönte, da mußten die Trinkstuben geleert werden. Wehe, wenn einer der vier Wächter auf den Straßen noch zechende Gesellen in der Trinkstube traf! Zu all dem kamen aber noch viele peinliche Vorschriften des Rates über die Beherbergung der Fremden, über die Stallkontrollen, über Küchenführung, über Musik- und Tanzunterhaltungen usw., welche die allgemeine Meinung über die zünftige, gute alte Zeit in einem anderen Lichte erscheinen lassen.

Nun darf man sich nicht vorstellen, daß die 27 Weilheimer Bierbrauer ausgedehnte Betriebe hatten, vielleicht nicht einmal ein Dutzend davon hatte größere Braustätten, die meisten werden sich neben ihrer Trinkstube mit einem kleineren Raum zur Herstellung ihrer Biere begnügt haben. Dazu reichte gerade der Hopfen, der vor der Weilheimer Mauer noch im 17. Jahrhundert gebaut wurde. Hopfengärten gab es vor dem Stadttürl (beim heutigen Gefängnis), am Öfele, beim Hechenberg, und vor dem Schmiedtor besaß noch im Jahre 1700 der Bierbrauer Huetter einen Hopfengarten gegenüber dem Franziskanerkloster. Erst zu Beginn des 18. Jahrhunderts wurde der Weilheimer Hopfen vom böhmischen verdrängt, und der „Wenzeslaus Kern aus Böhmb" mußte 1717 das Gericht des Weilheimer Rates anrufen, um seine 312 fl betragende Hopfenrechnung beglichen zu erhalten.

Der Weilheimer Palmesel

Schon längst führt er ein beschauliches Dasein, der Palmesel von Weilheim. Still und bescheiden hat er sich nach jahrhundertelanger Tätigkeit in die Räume des historischen Museums der Stadt zurückgezogen und steht dort, umgeben von den Zeugen alter Tage, die seine Herrlichkeit einst gesehen, friedvoll und ruhig, „als dächt er vergangener Zeiten". Und er kann auch auf eine reiche Geschichte zurückblicken. Erschien er vor dem Volke, so war immer bewegtes Leben in den Straßen des Städtchens.

Die uralten Mysterien- oder Kirchenspiele, die zur Verherrlichung der hohen Kirchenfeste besonders in der Passions- und Osterzeit nicht nur im Kirchenraum, sondern auch auf den öffentlichen Plätzen und Straßen der Stadt vom Volk unter Anleitung und Mitwirkung der Geistlichen aufgeführt wurden, sind in der 700jährigen Stadt Weilheim mit besonderer Liebe gepflegt worden und haben im weiten Umkreis eine Rolle gespielt, selbst der herzogliche Hof mit Herzog Wilhelm dem Frommen kam im 17. Jahrhundert einmal zu den Weilheimer Passionsspielen. Machten doch auch die Oberammergauer aus dem berühmten Weilheimer Passionsspiel des Jahres 1600, das den Prediger und späteren Stadtpfarrer Aelbl zum Verfasser hatte, für den Text ihrer Spiele von 1680 bis 1750 eine Anleihe!

Was war also natürlicher für die Weilheimer, als am Palmsonntag den feierlichen Einzug des Herrn in Jerusalem mit festlichem Gepränge darzustellen? Umbraust vom Halleluja des gläubigen Volkes wurde der aus dem Anfang des 16. Jahrhunderts stammende, aus Holz geschnitzte Esel mit der segnenden Christusfigur auf dem Rücken am Sonntag Palmarum durch den Ort gezogen.

Weit außerhalb der Mauer, im Norden der Stadt bei einem Hügel, der heute noch den Namen Eselsberg führt, sammelte sich das Volk am frühen Morgen des Palmsonntags. Von da aus ging es im feierlichen Zuge vorbei am alten ummauerten Friedhof, vorbei am Veylturm und der Stadtmauer durch das Obere Tor in die Herrengasse. Es mag ein anheimelndes Bild gewesen sein, wenn an einem schönen

Vorfrühlingstage der malerische Zug in den Marktplatz einbog, wo die Bürgerhäuser mit ihren Giebeln, Erkerchen und den berühmten Fassadenmalereien auf das buntbewegte Treiben herabgrüßten.

Das Eselein wurde immer liebevoll gepflegt, und wenn die Jahre sein Äußeres entstellt hatten, so sorgte man für eine würdige Erneuerung. Rechnungen aus den Jahren 1616, 1716 und 1776 erzählen uns, daß die Bürger bei der Renovierung der auf vier Rädern laufenden Eselsfigur nicht geizten.

Die Zeiten liefen für das Städtchen im 17. und 18. Jahrhundert nicht gut. Krieg und Brandschatzung, Hungersnot und verheerende Volksepidemien ließen das Interesse der Erwachsenen an den Palmsonntagsumzügen wesentlich erlahmen, aber um so eifriger setzte sich die Jugend dafür ein, wobei die jugendliche Freude am Spiel und Außertäglichen maßgebend war. Wurden doch jahrzehntelang auf dem Marktplatz nach dem Umzug unter die Buben und Mädchen Brezen verteilt, was für die Teilnehmer als der schönste Abschluß ihres Palmsonntagsvergnügens gelten mochte.

Und so trappte resp. rollte auf seinen Rädern unser Eselein, umgeben von einer fröhlichen Kinderschar, noch am Ausgang des 18. Jahrhunderts durch die Straßen der Stadt. Diesem alljährlichen Treiben machte die Säkularisation im Jahre 1803 ein plötzliches Ende, wie auch dem Aufklärungssturm in Bayern die Wallfahrten und ähnliche religiöse Umzüge zum Opfer fielen, bis König Ludwig I. sie wieder zu neuem Leben weckte.

Und was war mit unserem Palmesel, dem Freunde der Jugend, inzwischen geworden? Er wurde aus den Trümmern dieser Zeit glücklich gerettet. Der alte Stämmele war es, der Münchener Bote, der dem Weilheimer Palmesel in dieser stürmischen Zeit Herberge und Heim verschafft hatte.

Eines schönen Tages verschwand er aber auch von dort. Der Drechsler Höck, der alte Museumsvater, hatte ihn in das Magistratsgebäude geholt, in dessen oberen Räumen die ersten Anfänge der historischen Sammlung in Weilheim sich befanden.

Der rabiate Turmwächter

Balthasar Vischer hieß er und war Wächter auf dem Weilheimer Kirchturm. Man zählte das Jahr 1644, die schwedischen Reiterhaufen streiften schon verdächtig in der Nähe des bayerischen Oberlandes und führten Krieg auf eigene Faust. Da fürchteten die Weilheimer nicht mit Unrecht, daß auch ihre Stadt einmal mit diesem gefährlichen Kriegs- und Raubgesindel nähere Bekanntschaft machen müßte. Der Bürgermeister Peter Fasser hat daher den sechs Wächtern der Stadt besondere Aufmerksamkeit ans Herz gelegt und insbesondere den beiden Turmwächtern strengen Auftrag gegeben, fleißig Ausguck von der Turmgalerie zu halten und jede verdächtige Annäherung an die Stadt sofort zu melden. Und alle taten ihre Pflicht, nur beim Vischer Balthasar fehlte es.

Der hat das gute Bier beim Heimererbräu in der Obertorgasse halt gar so gern getrunken, hat auch viel vertragen können, aber doch nicht so viel, wie er öfter trank. Seine Ehefrau Appollonia, die ihre Herberge in der Lederergasse gut beisammen hielt und jeden Kreuzer und Heller zweimal umdrehte, ehe sie ihn ausgab, machte ihm oft darob bittere Vorwürfe, aber was tat dann der Balthasar? Er gab überhaupt keine Antwort, ging lautlos aus der Stube und schnurstracks zum Heimererbräu. Dort hörte man ihn von einem Hausdrachen etwas brummen, und bald war bei ihm jener Zustand erreicht, den man im allgemeinen einen Rausch nennt. Und da kam nun leider sein Temperament als Choleriker besonders zur Geltung, niemand durfte ihm da widersprechen, sonst ging eine Art Raserei bei unserem Balthasar hoch auf.

Nun war wieder einmal schweres Aprilwetter nicht nur im Freien, sondern auch in der Herberge der Appollonia. Da packte der Balthasar seine Sachen zusammen und fort gings wie gewohnt zum Heimererbräu. Nun war aber schon die Zeit nahe gerückt, wo er den Dienst auf dem Turm beginnen sollte. Rasch hat er daher das Bier hinuntergestürzt, und da es ihm gar so gut schmeckte, nahm er drei volle Maßkrüge mit auf den Turm. Der Jörg Glück, sein Wachkollege, machte große Augen, als der Balthasar mit seiner Last dahergeschnauft kam.

Der aber setzte sich ins gemütliche Wächterstüblein und wurde bald ungemütlich. Der Jörg kannte ihn schon, er war still und machte seine Runden auf der Galerie. Als er dann nach seiner Zeit den Balthasar zum Dienst mahnte, rannte dieser polternd zur Tür hinaus und trug seinen inzwischen hochentwickelten Kanonenrausch zunächst nicht zur Galerie hinaus, sondern hantierte im Turm bei der Uhr herum und suchte sich dort Ziegelbrocken und Mörteltrümmer zusammen. Mit diesen ging er nun zur Galerie hinaus und warf in höchster Wut die Steintrümmer hinab auf die Straße. Ob er damit in seiner geistigen Verfassung die gute Appollonia oder den Bräumeister vom Heimerer oder gar einen der Ratsherren zu treffen glaubte, ist schwer zu beurteilen. Zum Glück waren die Gassen in dieser Zeit menschenleer, aber durch das Gepolter öffneten sich die Fenster und manch zipfelhaubentragender Kopf schaute furchtsam zum nächtlichen Aprilhimmel hinauf. Der Morgen enthüllte bald den Weilheimern Balthasars grausige Tat, denn rasch sprach es sich in der Stadt herum, daß dieser Turmwächter im Rausch Straße und Häuser beim Turm gefährdet hat.

Noch am gleichen Tage, den 19. Aprilis 1644, rief der Bürgermeister Fasser den Rat zu einer Gerichtssitzung zusammen, und da es sich um eine verbrecherische Tat handelte, war, was selten vorkam, auch der kurfürstliche Herr Pflegsverwalter und Gerichtsschreiber anwesend. Dem Delinquenten wurde vorgehalten, „wie er sich vermessen könne, bei nächtlicher Weil mit Steinen und Ziegeltrümmern vom Thurm auf die Gassen zu werfen und die Uhr zu zerschlagen". Der ernüchterte Balthasar gab nun weinerlich zu, „er sei bezecht gewesen und wisse nichts mehr umb die Sache. Die Uhr habe er nicht angerührt, die habe ihm nichts angegangen. Ob er einen Stein heruntergeworfen habe, wisse er nicht, aber wenn der Jörg das sagen könne, wolle er es nicht leugnen. Man solle ihm doch verzeihen, er wolle sich hinfüro bessern und solches nit mehr tun".

Aber alle Reue und guten Vorsätze halfen diesmal unserem Balthasar nichts mehr, die Ratsherren hielten ein gar strenges Gericht. „Weil er vil Ziegl und Mörtltrümmer vom Thurm auf die Gaßn geworfen, also daß man sich auf der Gaßn bald des Lebens nit sicher gewußt", wurde er sofort seines Dienstes entsetzt und mußte die Uhr auf seine Kosten wieder instandsetzen lassen. Dann wurden ihm „zwei Eisen angeschlagen und er ins Zwingerstübl gesetzt". Wie lange er im Zwingerstübl – das war das Narrenstübl im Amtshaus, dem heutigen Gefängnisgebäude – an Händen oder Füßen gefesselt zu bleiben hatte, darüber entschied erst noch das kurfürstliche Landgericht. Von der Strafzeit wird weiter nichts gemeldet, doch war das Urteil hart. Ob es den Balthasar gebessert hat, darüber hätte nur die Appollonia Aufschluß geben können.

Das Stadtbild ändert sich

Die Stadtpfarrkirche, deren Bau nach den Stilformen des unteren Turmteiles in die Zeit der Stadtgründung zu setzen ist, muß zu Beginn des 17. Jahrhunderts in einem besorgniserregenden Zustand gewesen sein. Im Jahre 1624 berichtete der damalige Stadtpfarrer Johann Weiß an den Augsburger Bischof, daß „die uralte Pfarrkirch allhie also paufellig und zerkloben, daß wir nit sicher sein, daß solch einfallen thuet, daher solche nothwendig abgebrochen und neu erbaut, und weilen selbige klein, erweitert werden muß". Über die Baugeschichte berichten Dr. Damrichs eingehende Forschungen.

3500 Gulden kostete der Bau, eine Summe, die Weilheim allein nicht aufbringen konnte. Zahlreiche Spender, darunter der Kurfürst Maximilian, Herzog Wilhelm, der Augsburger Bischof, die Stadt Landsberg und die weit von der Vaterstadt weilenden Künstler Jörg Petel, Christoph Angermayr und Hanns Krumpper waren darunter.

Der Maurermeister, dem der Bau übergeben wurde, war Georg Praun von Wessobrunn. Der mußte in eigener Person oder durch einen Palier die Arbeiten ständig überwachen. „Und wenn er selbst bei der Stell ist, soll ihm wöchentlich 3 Gulden gegeben werden, wenn er einen Palier anstellt, dem soll täglich 30 Pfenning und einem Gesellen 20 Pfenning gegeben werden."

Es muß nach dem Abbruch der alten Kirche im Winter 1624/25 ein eigenartiger Anblick gewesen sein, wie auf dem großen freien Platz zwischen Rathaus und Spital allein noch der massive Turm stand. „Kirchenbaudirektor“ war Bartlmä Steinle. Die Vollendung seines Werkes, die in das Jahr 1628 fällt, erlebte er nicht mehr. Die Einweihung der Kirche erfolgte unter großen Feierlichkeiten im Jahre 1631, als die Kriegshandlungen schon auf das Land übergegriffen hatten.

Mit der neuen Stadtpfarrkirche hatte Weilheim ein Gebäude, das mit seinem Dach weit über die Bürgerhäuser hinausragte und dem Marktplatz ein stolzes Gepräge gab. 1686 wurde auch noch das Spitalgebäude abgebrochen und an der gleichen Stelle ein neues erbaut, „3 Gaden hoch“ und mit zwei großen Kornböden im Dachraum. Nur das Spitalkirchlein blieb bestehen.

Zusammen mit den reichen Figuren und Freskogemälden, die in diesem Jahrhundert die Fassaden der Bürgerhäuser schmückten, mag der Hauptplatz einen eindrucksvollen Anblick geboten haben.

In der Hofgasse, dem vornehmsten Viertel Weilheims, gab es ebenfalls eine große Veränderung. Die uralte Weilheimer Burg, seit 1529 Sitz des Pflegers, war baufällig geworden. Sie wurde abgebrochen und von 1690–94 neu aufgebaut. Auf den Wehrgang, der an der Mauer um die ganze Stadt lief, legte man anscheinend keinen allzugroßen Wert mehr. Der Kornkasten, der sich nördlich an das Schloß anlehnte, erhielt einen mit Schindeln bedeckten Erker und wurde rot getüncht. Bauherr war der kurfürstliche Hauptpfleger Philipp Karl von Berndorff.

Außerhalb der Mauer brachte das Jahr 1639 eine große Veränderung. Vor dem Schmiedtor, an der Münchener Straße und gegen die Ammer zu waren bis dahin nur Hopfen-, Baum- und Krautgärten gewesen. Nun wünschten die Weilheimer, daß sich Ordensleute niederließen, wie in anderen großen Orten auch. Die Mehrzahl der Bürger entschied sich für den Orden der Franziskaner. Die Platzfrage machte anfangs Schwierigkeiten. Der Probst von Polling hatte bereits seine Zustimmung gegeben, daß die Kirche von St. Pölten dem Orden überwiesen werden sollte. Aber sein Kapitel war damit nicht einverstanden.

Schließlich wählte man den Platz vor dem Schmiedtor. Der ganze

Platz, auf dem heute das Bürgerheim steht, wurde käuflich erworben, der Rat der Stadt gab 100 Gulden Bausteuer und – eine besondere Auszeichnung – „Brunnenwasser von der Stadt Wasser“. Kurfürst Maximilian war mit seiner Gemahlin bei der Grundsteinlegung anwesend, gab 1000 Gulden Bausteuer und 350 Gulden für einen Altar.

So entstand die Kirche, wesentlich kleiner als die Heilig-Geist-Kirche von heute, und das Klösterlein, das im Quadrat einen Hofraum umschloß, um den sich ein Kreuzgang zog. 1648 wurde an das Kloster das Bräuhaus angeschlossen, dessen Klosterstüberl die Weilheimer Bürger gern aufsuchten. Schon 1677 wurde die Kirche erweitert, 1688 stand der ganze Komplex. zwölf Patres, zahlreiche Brüder und Novizen waren darin, als es auf das Jahr 1700 zuging.

Aus der Oberen Vorstadt und aus St. Pölten werden für das 17. Jahrhundert so gut wie keine baulichen Veränderungen gemeldet. Nur an der Hofstatt (Rathausplatz) wurde – wohl um einem dringenden Bedürfnis abzuhelfen, weil es damals in Weilheim ja nur 21 Brauereien gab – 1693 eine kurfürstliche Weißbierbrauerei errichtet. Sie befand sich in einem der beiden Häuser, die östlich des Kaufhauses Echter stehen.

Entwicklung der Weilheimer Postverhältnisse

Im Jahre 1520 hatte Kaiser Karl V. den Franz von Taxis ohne Rücksicht auf die Territorialrechte der Fürsten zum Generalpostmeister ernannt. Kaiser Matthias hat dann im Jahre 1616 den Lamoral von Taxis zum Reichsgeneralpostmeister gemacht. Die von diesem in den einzelnen deutschen Ländern aufgestellten Postmeister führten mit Genehmigung des Kaisers den Titel „Kaiserlicher Postmaister“. Die deutschen Fürsten fanden sich zwar durch diese kaiserlichen Verordnungen in ihren Territorialrechten beeinträchtigt, zudem sie wußten, daß Taxis durch seine Posten ein äußerst einträgliches Geschäft machte, aber sie wurden durch den schlauen Reichsgeneralpostmeister dadurch gewonnen, daß er ihre Briefschaften unentgeltlich besorgte. Doch haben dann manche deutschen Fürsten während dieser mehr als ein Jahrhundert dauernden Streitigkeiten wegen des kaiserlichen Postreservates sich von den Reichsposten losgemacht und ihre eigenen Landposten eingerichtet, weil sie auf diese Einnahmequelle nicht verzichten wollten. In Bayern blieb aber die Taxispost bis zum Zusammenbruch des ersten Deutschen Reiches im Jahre 1806, dann wurden auch hier die Taxisposten abgelöst und durch die Königliche Bayerische Post ersetzt.

Hannß Christoph Rebstain, der im Jahre 1601 in Weilheim sich das Bürgerrecht erworben hatte, besaß am Hauptplatz eine Brauerei mit Hofstatt, Stadel, Stallung und außerdem nördlich der heutigen Eisenkramergasse noch eine zweite Stallung und einen Garten, der bis zur Stadtmauer reichte (heute ungefähr Hotel Vollmann). Dieser Besitz ging im Jahre 1639 über auf den Gastgeb Martin Gropper, der in den Weilheimer Urkunden als Postmaister bezeichnet wird. Es ist aber nicht ausgeschlossen, daß auch Rebstain bereits den Poststall hatte, da schon 1601 in einem Steuerbuch von der Weilheimer Post die Rede ist. Aber Martin Gropper wird in den Urkunden als erster in Weilheim tätiger kaiserlicher Postmeister bezeichnet.

Der Weilheimer Postmeister Martin Gropper scheint sein neues Amt gewissenhaft verwaltet zu haben. Er hat die von seinem Hausvorbesitzer betriebene Brauerei aufgegeben, um sich anscheinend seinem Postmaisteramte von Taxis' Gnaden besonders widmen zu können. Die zweite Stallung, die er in der Nähe der Stadtmauer hatte, ist wohl der offizielle Poststall in diesem Jahrhundert gewesen. Sein Haus war das Absteigequartier der hohen Besuche der damaligen Zeit und im Jahre 1648 die Wohnung des Quartiermeisters, des Obristen Cassar. Gropper war ein für jene Zeit wohlhabender Mann, mußte er doch bei der Schwedischen Brandschatzung der Stadt die Summe von 40 Gulden bezahlen, während durchschnittlich die Bürger damals 5–10 Gulden beizusteuern hatte. Freilich hat das Plünderungsjahr 1646 ihm und seinem Betriebe schwer geschadet, denn die Schweden raubten auch ihn aus, so daß er, wie das Contributionsregister erzählt, nach seinem eigenen Geständnis nur mehr 200 Gulden Barvermögen besaß.

120 Jahre war der Weilheimer Schrannen- oder Hauptplatz zugleich

der Postplatz. Freilich darf man den damaligen Postverkehr mit dem der späteren Jahre in keiner Weise vergleichen. Die Beförderung der Briefe aus der Stadt erfolgte meist durch die Boten oder durch Bekannte, die zufällig eine Reise machten. Hat doch der Weilheimer Rat gerade in diesem Jahrhundert seine eigenen Briefboten z. B. nach München, wohin der Hauptbriefverkehr ging, geschickt. Für den Weilheimer Postmeister war wohl die Hauptsache damals die Beförderung von Personen und vielleicht von Gepäckstücken, er hatte für die Postpferde zu sorgen und beim Verkehr auf weite Strecken den Pferdewechsel vorzunehmen.

Der Weilheimer Postbetrieb scheint intensiver geworden zu sein, als im Jahre 1760 die Posthaltung auf die Hofstatt verlegte wurde. In diesem Jahre ist der Gastgeb und Ratsherr Dionys Daffner zum Kaiserlichen Posthalter ernannt worden. Es muß das für Weilheim ein Ereignis gewesen sein, denn das zeitgenössische Tagebuch des Oberstadtler Kornführers Lindner führt diese Verlegung der Weilheimer Post auf die Hofstatt als besonders wichtig an. Der Kornführer hat auch zugleich in seinen Ausführungen bemerkt, daß der neue Posthalter vor seinem Hause eine Linde pflanzte, die heute noch steht und als Postlinde bekannt ist.

Über 100 Jahre ist dann die Weilheimer Post auf der Hofstatt geblieben, der Platz erhielt von da ab den Namen Postplatz (heute Rathausplatz). Durch geschickte Wirtschaftsführung ist das Weilheimer Posthaus sehr viel besucht gewesen, es war eines der ersten Häuser der Stadt und auch das Absteigequartier von hohen Besuchen in Weilheim. Im Laufe des Jahrhunderts wechselten natürlich auch hier die Besitzer.

Die im Jahre 1851 eröffnete Dampfschiffahrt auf dem Würmsee und die neue Bahnlinie von München nach Starnberg im Jahre 1855 haben einige Änderungen im Weilheimer Postwesen insofern herbeigeführt, als Starnberg eine Bahnstation wurde. Erst von Starnberg aus gingen ins Oberland wieder die Postfahrten, die der damalige Weilheimer Posthalter betreute. Auch die Dampfschiffahrt auf dem Würmsee hat für den Weilheimer Postverkehr eine Rolle gespielt. So wurde im Jahre 1856 von der K. Regierung von Oberbayern an den Weilheimer Landrichter das Ersuchen gestellt, die Weilheimer Lohnkutscher und

Stellwagenbesitzer durch den Magistrat auffordern zu lassen, sich bei der Generaldirektion der K. Verkehrsanstalten um eine Stellwagenkonzession von Seeshaupt nach Weilheim zu bewerben. Darauf meldete sich der Weilheimer Lohnkutscher Benedikt Lindner, der auch der neue Weilheimer Postillion wurde. Von dem K. Oberpost- und Bahnamt München wurde dann bestimmt, daß täglich nur eine Postomnibusfahrt zwischen Seeshaupt und Weilheim stattfinden solle, „nämlich jene, die zwischen Seeshaupt und Mittenwald per Weilheim besteht. Sie muß aus Seeshaupt um 9 Uhr 40 früh und aus Weilheim 2 Uhr 15 nachmittags gehen und in Seeshaupt auf das 1. Dampfschiff von Starnberg und auf das 2. Schiff nach Starnberg anschließen".

Die Weilheimer Postverhältnisse wurden dann aber gründlich geändert, als die Bahn nach den Kohlenorten Penzberg und Peißenberg gebaut worden ist. Am 1. Februar 1866 lief der erste Zug von München in Weilheim ein. Die k. Postexpedition in Weilheim wurde nun von der Hofstatt in das Bahnhofsgebäude verlegt und der Brief- und Paketverkehr setzte in größerem Maße ein. Die Briefe mußten aber alle zum Bahnhof getragen werden, wo man auch die Postwertzeichen erhielt. Das paßte den Bewohnern der Oberen Stadt, denen von St. Pölten und der Pollinger Straße gar nicht. Daher lief bereits im Februar dieses Jahres eine Eingabe des Stadtmagistrates an die Generaldirektion der Verkehrsanstalten um Errichtung von Briefkästen in der Stadt. Und die Weilheimer erhielten dann auch ihre Briefkästen. Der Posthalter Orterer bekam damals wohl als Entschädigung für den Teil seines Verdienstentganges die neue Bahnhofsrestauration übertragen, er soll sie nach zeitgenössichen Berichten musterhaft geführt haben.

Die Postverhältnisse Weilheims blieben, abgesehen von der inneren Weiterentwicklung der Post, bis Ende der achtziger Jahre, dann wurde der Wunsch der Weilheimer immer dringender, im Stadtinnern eine Postexpedition zu haben.

Auf die Eingabe einer großen Anzahl von Bürgern an das Oberpostamt um Verlegung der Postexpedition vom Bahnhof ins Stadtinnere, ging im Jahre 1890 von dieser Behörde an den Weilheimer Magistrat eine Anfrage, ob bei einer Verlegung der Postexpedition ins Stadtinnere die Aufgabe der Bahnpostexpedition ohne Interessenschädigung geschehen könne. Der Magistrat war mit der Aufhebung einverstanden und nun ging es an die Platzfrage. Da kamen einige Häuser am Hauptplatz, in der Pöltner- und Ledererstraße in Frage, aber der Oberpostrat Zimmermann entschied sich für das Erdgeschoß des Rathauses. Nach langen Verhandlungen, in die sich auch der Bezirksamtmann Engl einschaltete, kam endlich in einer Kumulativsitzung der beiden Kollegien der Beschluß zustande, das Brothaus und das daran anstoßende Nachtwächterlokal umzubauen. Zudem wurde vom Oberpostamt die Postexpedition beim Bahnhof belassen, so daß Weilheim mit seinen 4000 Einwohnern im Jahre 1892 das Glück hatte, zwei Postämter zu besitzen.

Die bedeutende Inanspruchnahme der Weilheimer Stadtpost machte einige Male eine Vergrößerung der Posträume notwendig, beim ersten Umbau im Jahre 1896 befand sich unter Postexpeditor Geymann für einige Zeit die Weilheimer Stadtpost im Hause des ehemaligen Straßen- und Flußbauamtes an der Münchener Straße gegenüber der Evangelischen Kirche.

Die schrittweise Einführung der Sonntagsruhe bei der Post berührte hauptsächlich die Weilheimer Geschäftswelt. Bereits im Jahre 1897 wurde der bisher durchlaufende Postdienst an Sonntagen nach Anfrage beim Stadtmagistrat dahingehend geregelt, daß die Schalterdienststunden an Sonn- und Feiertagen auf die Zeit von 10–12 Uhr vormittags und 2–4 Uhr nachmittags festgesetzt wurden.

Mit dem Anwachsen der Poststückzahl und dem Postverkehrsbedürfnis der Weilheimer Geschäftswelt wuchs die Arbeit der Post so heran, daß die Oberpostdirektion München im Jahre 1920 an den Bau eines eigenen Postgebäudes beim Bahnhof heranging. Vergebens mühte sich auf Drängen des Weilheimer Handels- und Gewerbevereins sowie der Grund- und Hausbesitzer der Stadtrat, die Rathauspost trotzdem zu erhalten, aber selbst das Ersuchen um Belassung wenigstens eines Schalters für den Postwertzeichenverkehr sowie für das Telefon wurde zurückgewiesen.

Seit 1921 befindet sich also die Weilheimer Post in ihrem Eigenheim am Bahnhof. Der 2. Weltkrieg versetzte der Weilheimer Post einen schweren Schlag. Am 19. April 1945 vormittags 10 Uhr erfolgten kurz vor Beendigung der Kampfhandlungen zwei Bombenangriffe auf das

Bahnhofsviertel. Dabei wurde das schöne Postgebäude in nächster Nähe des Bahnhofes so vollständig zerstört, daß nur mehr ein Trümmerhaufen übrig blieb. Da an einen Aufbau zunächst nicht zu denken war, erhielt die Post einige bescheidene Räume im alten Rathaus, wo sie früher schon mehrere Jahre untergebracht war.

Im 18. Jahrhundert

Stadtplan um 1700

Rechts oben: Friedhof; oben: Obere Stadt; links: Pflegschloß und Pöltner Tor; unten: Türl; rechts: Schmiedtor.

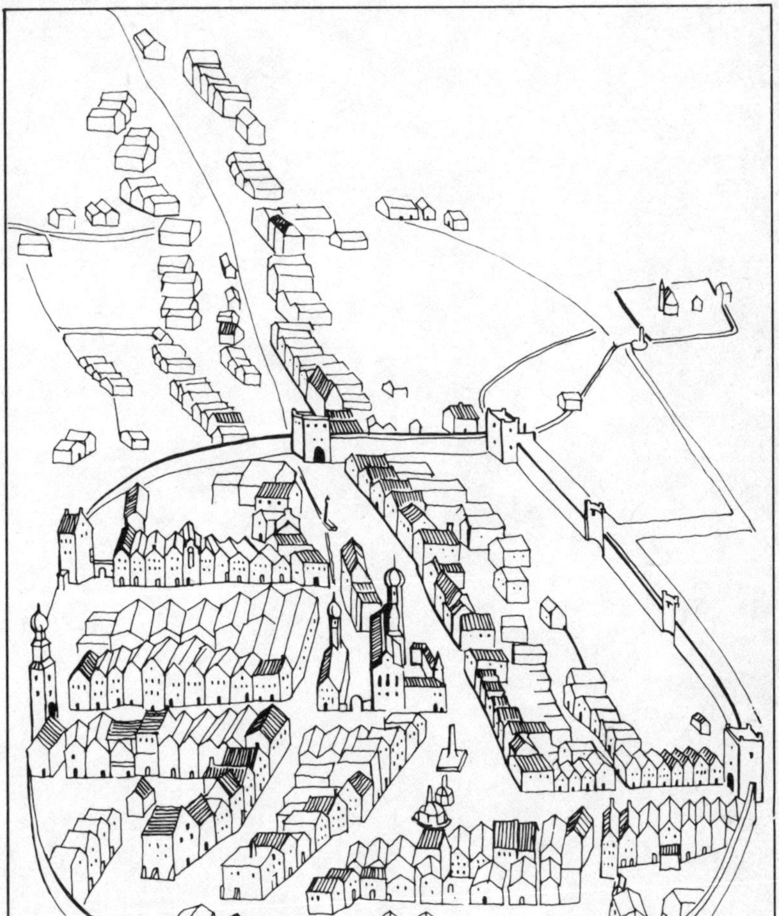

Im Spanischen Erbfolgekrieg (1700–1714)

Im Spanischen Erbfolgekrieg war das Glück nur kurze Zeit auf der Seite des bayerischen Kurfürsten Max Emanuel. Schon im September 1702 herrschte in der Stadt große Furcht vor den österreichischen Husaren. Im darauffolgenden Monat mußten sich die Weilheimer Schützen in München zur Musterung stellen, neunzehn von ihnen wurden sofort nach Schongau zur Sicherung der Lechgrenze geschickt. Für jedes Schaff Treid oder Korn mußte ein halber Gulden Kriegssteuer abgeführt werden. Vom November bis Weihnachten lagen die Weilheimer Schützen am sogenannten steinernen Brückl bei Oberau, wo eine neue Schanz von Palisaden gemacht war.

Im Juni 1703 wurden die Schützen nach Rosenheim befohlen, zum Einsatz gegen Stadt und Festung Kufstein. „Wie wir nach Kobfstein seind gekommen, haben wir das schreckliche Spektakel gesehen, wie daß die ganze Stadt sammt der Vestung und Schloß alles verprunnen und in Asche gelegt" schrieb der Weilheimer Bildhauer Ignaz Degler in sein Tagebuch. Er berichtet auch von seinem zweiten Einsatz am steinernen Brückl bei Oberau, wie die Kaiserlichen über die Berge stiegen und so die bayerischen Stellungen überrumpelten. „6 Schüsse und einen Hieb in die Achsel" trug Degler davon. Damit konnte er sich zunächst ins Kloster Ettal zur Behandlung schleppen.

Murnau ist in der darauffolgenden Nacht in Asche gelegt worden. Der Feind kam bis ins Kloster Polling, „bis nach Weilheim hat er nicht gekonnt".

In die Stadt kam die Kriegsnot erst 1704. Schon im Juni hatten die Kaiserlichen Schongau genommen und geplündert, in Peiting und Peißenberg furchtbar gewütet, und dann rückte der Obrist von Haindl mit 800 Mann gegen die Stadt. Die Benediktbeurer Chronik berichtet, daß die bayerischen Soldaten, die in Weilheim lagen, abzogen, weil sie sich der Übermacht nicht gewachsen fühlten. Um die Stadt wenigstens vor der Zerstörung zu retten, öffneten die Bürger, wie es auch die Schongauer gemacht hatten, die Tore. Dazu Degler: „Ist unser Glück gewesen! Die Kaiserlichen haben weder gebrennt noch gemordet, sondern von hiesiger Stadt begehrt 18.000 Gulden Brandschatzung, welches man ihnen auch bezahlen müssen. Weil das Geld nicht gleich bei Handen, so haben sie 6 Mann von hier in die Geisel genommen ..."

Danach ist Bayern wieder von bayerischen Truppen befreit worden, die vier Wochen lang mit 2000 Mann in der Gegend blieben. Nachdem sie abgezogen waren, kamen die Kaiserlichen wieder. Das sah zunächst hoffnungslos, aus „zudem der Herr Obrist Haindl innerhalb drei Stunden das Geld begehrt, will er nicht die Stadt ausrauben lassen und alsdann in Brand stecken. Es hat weder Bitten noch Beten geholfen, bis man Herrn Obrist 2000 Gulden versprochen hat und innerhalb 8 Tagen das Geld zu liefern. Unser 25 Bürger haben schwören müssen auf dem Rathause. Unterdessen hat Herr Obrist einen Paß hergegeben für diejenigen Bürger, so nach München um das Geld sind gegangen. Wie aber nach 8 Tagen bei zehn Bürger welche sind mit dem Geld heraufgereist nächst Hausen (Unterhausen) in das Feld gekommen, haben 7 Husaren dem Gelde aufgepaßt, dasselbige von dem Wagen genommen, das Fäßl aufgeschlagen, 1700 Gulden herausgenommen und darmit auf und darvon. 300 Gulden haben sie in einem Ranzen liegen lassen. Wie solches ist allhier gehört worden, ist ein größeres Elend als zuvor gewesen. Das Geld ist zwar allem Anzeichen nach dem Herrn Obristen in die Hand gekommen, hat aber Solches nicht gestanden, sondern hat noch über 2000 Gulden gekostet, bis der Vergleich gemacht worden ist".

Im August 1704 wurde Max Emanuel in der Schlacht bei Höchstätt entscheidend geschlagen. Bayern kam unter österreichische Verwaltung, Weilheim war nun eine kaiserliche Stadt. Unerschwingliche Kriegssteuern und unerträgliche Quartierlasten nahmen kein Ende. Als dann noch grausame Rekrutenaushebungen kamen und die jungen Leute, oft sogar bei Nacht, aus den Häusern geholt, nach Österreich geschleppt und dort gewaltsam in die kaiserlichen Regimenter eingestellt wurden, da schlossen sich die Oberländer zusammen. Die Mordweihnacht von Sendling im Jahre 1705 fand allerdings ohne das Weilheimer Aufgebot statt. Danach, so berichtet Probst Albert von Polling, ist das Elend erträglicher geworden.

Im Österreichischen Erbfolgekrieg (1741–45) kamen Kroaten und

Panduren. Es gab wieder Brandschatzung und Kriegssteuer, Fouragelieferungen und Erpressungen, Einquartierungen und eine Durchsuchung der Häuser nach „Kriegsmaterial“, bis der Friede zu Füssen endlich Ruhe brachte.

Wie der Kurfürst den Weilheimern im Jahre 1733 zu Hilfe kam

Wie kaum eine andere bayerische Stadt ist Weilheim im 18. Jahrhundert vom Brandunglück verfolgt worden. Obwohl sechs Wächter, zwei auf dem Turm, je zwei in der Oberen und Unteren Stadt, das nächtliche Weilheim hüteten, obwohl der Rat strenge Vorschriften über die Handhabung der Lichter in den Häusern, Ställen und Stadeln gab und für deren Durchführung durch Kontrollen ständig sorgte – es gab alljährlich zahlreiche Strafen für die sogenannten „Feuersünder“ –, brach doch bei der Bauart der Holzhäuser und bei den gefährlichen Talglichtern in den Ställen und Stadeln häufig Feuer aus.

Gar oft schlug während eines Jahres die „Glocke an“, die einen Brand in der Stadt meldete. Dann liefen die Bürger mit ihren Feuerkübeln herbei – und meist konnte dann ein größeres Umsichgreifen des Brandes noch verhindert werden. Doch hatte der Übeltäter, in dessen Haus die Feuersgefahr entstanden war, nichts zu lachen, er wanderte unfehlbar auf mehrere Tage in den Turm.

Aber gerade in diesem Jahrhundert kam es zu fünf Großbränden in Weilheim. Im Jahre 1723 brannten sieben Bürgerhäuser mit den Stadeln ab, 1733 wurde die ganze östliche Schmiedgasse mit allen Stadeln der Eisenkramergasse und dem hölzernen Wehrgang an der Stadtmauer bis hinauf zum Veylturm in Asche gelegt. 1739 brannten in der Pöltner Vorstadt neun Häuser mit den Scheunen nieder und am 26. Mai 1744 wurden 115 Häuser und viele Stadel in der Oberen Stadt in einer einzigen Nacht ein Raub der Flammen. Während im Jahre 1760 nur ein großes Haus, die zum Hl. Geist-Spital gehörige Bernmühle, samt Stadel in der Oberen Stadt niederbrannte, vernichtete im Jahre 1793 ein Großfeuer in der Pöltner Vorstadt, veranlaßt durch Blitzschlag, 20 Häuser mit dem Pfarrhof und dem oberen Teil des Turmes.

Wie in früheren Jahrhunderten die Herzöge, so halfen in diesem Jahrhundert die Kurfürsten, die äußerste Not zu lindern. Kurfürst Karl Albrecht, der spätere deutsche Kaiser, hat im Jahre 1733 „der abgeprenten Burgerschaft" Weilheims nach dem Muster seiner Vorfahren zunächst große Steuererleichterungen gegeben. Einem Schriftstück, das im Jahre 1735 aus der kurfürstlichen Kanzlei dem Weilheimer Rate zuging, ist zu entnehmen, daß „Von Gottes Gnaden Carl Albrecht, in Ob- und Nidernbayrn, auch der Obern Pfalz Hörzog, Pfalzgraf bey Rhein, des heyl. Römischen Reichs Erztruchseß und Churfürst, Landgraf zu Leuchtenberg etc." durch seinen Weilheimer Pflegskommissar über das Ausmaß des Brandunglücks wohl unterrichtet war.

Am Mittwoch, den 30. September 1733, nachts zwischen 11 und 12 Uhr, war der Brand ausgebrochen, der die östliche Schmiedgasse mit den dahinter liegenden Stadeln vernichtete. Ein Stadtplan aus dieser Zeit zeigt 11 Häuser in dieser Reihe, davon waren 8 mit Schindeln und nur 3 mit Dachziegeln bedeckt. Vom Pflegskommissar wurde der Brandschaden mit 51.944 Gulden angegeben „ohne der zum 5. Thail verbrunnenen Stadtmauer, zu deren wiederumbigen Reparierung gleichfalls eine große Summe erfordert werde".

Der Kurfürst bestimmte nun, daß zunächst den Weilheimern der „Vaßgroschen", wohl eine Biersteuer, die jährlich ungefähr 100 Gulden betrug, auf zehn Jahre in Gnaden erlassen werde. Ferner bewilligte er für weitere sechs Jahre den Nachlaß des „Servisgeltes", eine Art Militärsteuer, welche jährlich für die Stadt 450 Gulden ausmachte. Zudem verzichtete er auf die Bezahlung der rückständigen Steuern vom Jahre 1732 in Höhe von 450 Gulden. Auch das Herdstättgeld – wir würden es heute vielleicht Haussteuer benennen – wurde für die gleiche Zeit den „Abgeprennten" erlassen.

Der Nachlaß galt aber nur den Abbrändlern, die „Unabgeprennten" mußten wie sonst ihre Steuern bezahlen; diese Gelder hatte jeweils der Landrichter unter die Verunglückten, „der Proportion ihrer erlittenen Brunstschäden nach“ zu verteilen. Die erste Verteilung der nachgelassenen Steuer von 450 Gulden nahm im Jahre 1733 in Weilheim „Hochwürdten und Gnaden Herr, Herr Prälat von Ettal“ im Auftrag der hochlöblichen Landschaft persönlich vor. Die wirksamste Hilfe aber für die Weilheimer war die Erlaubnis des Kurfürsten, daß sie in ganz Bayern für die Verunglückten Geld sammeln durften. Der Hofrat erhielt den Befehl, „der verunglückten Burgerschaft die erforderlichen Sammlungspatenta auf die vier Rentämter München, Burghausen, Landshut und Straubing auszustellen“. In jedes Rentamt wurden zwei „vertrautte“ Bürger zur Sammlung geschickt, die eingegangenen Gelder aber mußten an den Weilheimer Pfleger abgegeben werden. Der verteilte die Summe entsprechend den Brandschäden unter die Bürger.

Ob der Wehrgang damals wieder instandgesetzt wurde, bleibt dahingestellt. Sein Wert für die Stadtbefestigung war nicht mehr so groß wie in früheren Jahrhunderten. Vielleicht machte gerade dieser Teil der Mauer den Anfang zur Niederlegung des gesamten Wehrganges, die am Ende des Jahrhunderts fast vollendet war.

Eine Hinrichtung anno 1746

An der Nordost-Ecke der Weilheimer Stadtmauer stand einst der Feilturm. Er hatte die gleiche Größe wie die Tortürme der Stadt, war quadratisch angelegt, aus starken Quaderstücken erbaut und mit Zinnen bewehrt.

Der Feilturm war aber kein Torturm, sondern gehörte zur alten Stadtmauerbefestigung, er war mit dem um die ganze Stadt ziehenden Mauerwehrgang verbunden. Sein Name ist keine lokale Benennung, denn Feiltürme gab es in manchen bayerischen Plätzen, so unter anderem auch in Pähl, wo der älteste Weilheimer Landrichtersitz bis zum Jahre 1529 sich befand. Es waren die Schuldtürme (Schuld = Fehle =

Feile), hier wurden nicht nur die säumigen Schuldner von ihren Gläubigern in Haft gehalten, der Feilturm enthielt auch die Zellen für die Schwerverbrecher, die nicht durch den Rat der Stadt, sondern durch den Landrichter selbst abgeurteilt wurden. Bei den drakonischen Gesetzen des Mittelalters waren es vielfach Todeskandidaten, die hier ihr letztes Stündlein abwarteten. Besonders zwei Arten von Todesstrafen wurden in Weilheim bis fast zum Ende des 18. Jahrhunderts vollzogen: Die Hinrichtung durch den Strang, die am Galgenberg östlich von Töllern erfolgte, und die Hinrichtung durch das Schwert auf der Richtstätte an der Münchener Landstraße.

Im Jahre 1746 wartete die Maria Geislerin im Weilheimer Feilturm auf ihr letztes Stündlein. Im Pfleghof an der Hofgasse hatte der gestrenge Pflegskommissarius Anton Ott, der übrigens 47 Jahre lang der oberste Richter in der Stadt war, den Stab über sie gebrochen. Sie wurde wegen „Kindsverthuung“ zum Tode durch das Schwert verurteilt. Die Vollstreckung des Urteils mußte der Rat der Stadt übernehmen. Der Richtplatz befand sich an der Münchener Landstraße ungefähr in der Höhe des heutigen Bahnhofes; unter einer Linde, die in den Urkunden als Köpflinde bezeichnet ist, wurde dort der Hinrichtungsakt vollzogen.

Der Kistler Martin Segmüller verfertigte im Auftrag des Rates das benötigte „Gstell und Truhen“, der Wasenmeister Trenkler hatte den Richtplatz herzurichten und die nötigen Vorbereitungen zu treffen. Als dann vom Pöltnertorturm das Hußausglöcklein bimmelte, in diesem Falle das Armesünderglöcklein, wurde die Kindsmörderin von vier durch die Stadt bestellten Wächtern aus dem Feilturm geholt und durch den Wehrgang an der Stadtmauer zum Schmiedtor und auf die Straße geführt. Vor dem Tor erwarteten den traurigen Zug die vier von der Stadt beauftragten Bürger, die nach altem Herkommen mit der Hellebarde bei der Hinrichtung als Zeugen zu erscheinen hatten. Und der Rat sah strenge auf die Einhaltung dieser Vorschrift. Als früher einmal der Hafner Abraham Goppeltsrieder im gewöhnlichen Anzug ohne Hellebarde zu diesem Akt erschien, wurde er vom Rate zur Strafe zwei Tage in den Turm gesperrt.

Nach der Hinrichtung wurde vom Wasenmeister der tote Körper mit dem Kopfe in die Truhe gelegt und zum Töllern-Friedhof gefahren. Dort auf dem kleinen, heute noch mit einem Mäuerlein umgebenen Platz war die Begräbnisstätte der in Weilheim durch den Strang oder durch das Schwert Hingerichteten. Das Grab dortselbst durfte aber nicht der Weilheimer Brudermeister, der Stadttotengräber, schaufeln, sondern das war die Arbeit des Wasenmeisters, der hierfür eine Gratifikation von 2 fl erhielt.

Die Hinrichtung der Maria Geislerin durch das Schwert in Weilheim dürfte wohl eine der letzten Hinrichtungen dieser Art gewesen sein, denn mit dem ausgehenden 18. Jahrhundert hörten in der Stadt die Hinrichtungen vollends auf. Bei der humaner werdenden Rechtssprechung wurden die Todesurteile, die in früheren Jahrhunderten wegen Verbrechen nach unseren heutigen Begriffen geringerer Art, z. B. wegen schweren Diebstahls, ausgesprochen wurden, seltener und zudem nur an größeren Plätzen durch das Fallbeil vollzogen.

Aus der Blütezeit der Weilheimer Goldschmiede

Franz Kipfinger übergibt seinem Sohne Josef Anton Haus und Goldschmiederechtsame

Die Weilheimer Goldschmiede spielten einst in bayerischen Landen eine große Rolle. Sieben Goldschmiede arbeiteten als Meister hier, sie lieferten in die Klöster und Kirchen im weiten Umkreis ihre Stücke, wie Monstranzen, Kelche, Kruzifixe, in Gold und Silber getriebene Bilder und vieles andere, das von hoher Kunst Zeugnis ablegte. Ihre hervorragende Stellung im bayerischen Handwerk mag daraus ersehen werden, daß die Münchener Goldschmiede ihre Gesellen nach Weilheim schickten, damit sie vor den Weilheimer Meistern ihre Meisterstücke in den vorgeschriebenen Prüfungen machten.

Dieser Ruhm der Weilheimer Goldschmiedekunst beruhte aber

hauptsächlich auf der Tätigkeit der Kipfingersippe. Der 1650 geborene Ottmar Kipfinger wohnte in der Pöltnergasse, sein Bruder Franz hatte seine Werkstatt und Behausung am „Platze". Hier hat auch dessen Sohn Josef Anton jene herrliche Monstranz als Meisterstück geschaffen, die heute als eine der schönsten in Deutschland in der hiesigen Stadtpfarrkirche sich befindet. Wo dieses Kipfingerhaus am Platze stand, ist aus einem Übergabebrief deutlich zu ersehen, den ich kürzlich im Münchener Kreisarchiv fand.

Diese Urkunde vom 10. Juli 1702 läßt uns zugleich einen Blick werfen in die Reihen der Weilheimer Bürger jener Zeit, die sich aus dem Geschäftsleben zurückzogen und ihre Habe gewöhnlich an den Sohn oder eine Tochter unter bestimmten Vorbehalten übergaben. Das Protokoll beginnt mit folgenden Worten: „Ich Franz Kipfinger, Burger und Goldschmied zu Weilhaimb, und ich, Maria Salome, seine eheliche Hausfrau, bekennen hiemit für uns und unsere Erben, daß wür aufrecht und redlich übergeben unseren freundlich lieben Sohn Joseph Anton Kipfinger, seiner Profession nach auch ein Goldschmied und seiner zukünftigen Hausfrauen Anna Maria Lothin, ihren Erben und Nachkhommen, unsere bisher innegehabte Behausung und Hofstatt am Platze ..."

Die Lage des Hauses ist aus den folgenden Angaben deutlich zu erkennen. Es befand sich zwischen der Behausung des Bierbrauers Franz Scherer (heute Krönner) und des Bäckers Lorenz Obermayr und war also jenes Haus, das jetzt Johann Rau gehört. Zum Hause gehörte noch ein hinterer „Anpau" (Hinterhaus) und außerdem noch ein „Baumb- und Pflanzgarten über der Gassen", der bis zur Ringmauer der Stadt reichte.

Im Gegensatz zu den meisten Häusern der Stadt war auf diesem Hause keine Belastung, nur 15 kr jährlicher Zins an „das würdige Gotteshaus St. Hippolithen". Eine weitere Ausnahme machte dieser Kipfingerbesitz am Platze auch deshalb, weil keine Landwirtschaft dort betrieben wurde, während in den Ställen der Nachbarhäuser ringsum das Vieh stand.

Der junge Meister Josef Anton mußte für solche "Übergab in gelt 1500 fl herausgeben", welche am guldenem Tag (Tag nach der Hochzeit) mit 500 fl bar zu bezahlen waren, das übrige in jährlichen Raten von 100 Gulden, aber ohne „Interesse“ (Zinsen). Doch ging das nicht so ganz einfach, die Alten haben sich noch Besonderes ausbedungen. So mußte ihnen der untere vordere Laden und von den mittleren oder oberen Zimmern eines „leblang ohne entgelt“ belassen werden. Das Haus besaß also damals anscheinend zwei Ladenräume und hatte zwei Stockwerke. Außerdem beanspruchten sie den „unverwehrten Aus- und Eingang zum Garten“, aber, wieder im Gegensatz zu den meisten Übergaben dieser Zeit, weder „Kost noch Notdurft“ von Seiten des Sohnes. Also eine vornehme Übergabe!

Es muß auch ein großes Ereignis im alten Weilheim gewesen sein, als der alte kunstreiche Meister Franz Kipfinger seinem Sohne Josef Anton Haus und Goldschmiedsgerechtsame übergab. Denn gar wichtige Persönlichkeiten haben unter dieses Dokument ihren Namen gesetzt. Es waren die „Ehrenvest, fürsichtig, Ersamb und wolweisen, auch ehrengeacht und Kunstreichen Herren: Caspar Spaiser, Bürgermeister und Handelsmann, Matthias Fils, des Rats und Gastgeb, Ottmar Kipfinger, Goldschmied, Joseph Erlacher, Kupferschmied und Bartlmä Wieser, Wundarzt, alle 5 Bürger allhie“.

Der junge Weilheimer Goldschmiedmeister Josef Anton Kipfinger, der bald nach der Übergabe „die Jungfrau Anna Maria Lothin, Tochter des Wundarztes und Ratsherrn Loth in der hochfüstlichen bischöflichen Stadt Freising“ als Gattin heimführte, war schon zu Beginn seiner Meisterjahre eine angesehene Persönlichkeit in der Stadt, hatte er doch die kostbare Monstranz als Meisterstück geschaffen, die seinen Namen weit über die Mauern der Stadt hinaus berühmt gemacht hatte. Es war daher nicht überraschend, daß er schon nach kurzer Zeit in den Rat gewählt wurde und außerdem noch das damals wichtige Amt des Kirchenpflegers übertragen erhielt. Er war eine schöpferische Natur, aber, wie es scheint, ein etwas schwieriger Charakter, denn er geriet in allerhand Streithändel und Prozesse und hat dann 1716 Weilheim verlassen, um nach Landshut überzusiedeln. Dort wurde der kunstreiche Mann bald „Vorgeher“ der Zunft und hat ein fruchtbares Schaffen entfaltet. Josef Anton Kipfinger, wohl der Begabteste unter den Kipfingern, reiht sich jedenfalls seinem Vater Franz und Onkel Ottmar vollwertig an.

Der Pöltnertorturm und sein Glöcklein

Von den alten drei Weilheimer Stadttortürmen war der Pöltnerturm der schönste. Krautturm hießen ihn auch unsere Alten. Sein Bau mit den rot gemalten Quadern war zwar nicht so stark wie der von den beiden anderen, dafür ragte er aber fein und geschmeidig in die Höhe und klang aus in einer luftigen Kuppel, deren schimmerndes Dach weithin in der Sonne leuchtete.

Sein Tor war nicht allzu breit, die Botenfuhrwerke der früheren Jahrhunderte konnten zwar noch bequem durchfahren, als aber die neue Zeit herankam, da mußten sich oft nur mit Not die breiten und schwer beladenen Wagen durchzwängen. Mußte doch im Jahre 1871 der neue Tierarzt, als er von Rottenbuch seine Möbel nach Weilheim führte, vor dem Tore haltmachen und umladen, weil er sonst seine Wohnung innerhalb der Mauern hätte nicht beziehen können.

Über dem Torbogen war gegen die Pöltnerstraße herein das kurfürstliche Wappen angebracht und folgende Inschrift:

> Du edles bayrisch Fürstentum,
> Bleib bei dem alten Christentum,
> Denn das hat dich fest gemacht,
> Will drum nicht sein von dir veracht!
> Weich nicht davon, halt dich daran!
> Jung warst du und wirst werden alt,
> Bleib alt und werd nicht ungestalt!

Weiter oben befand sich ein Gemälde, das die Kreuzigung Christi darstellte.

In der Tordurchfahrt selbst war an einer Wand ebenfalls ein Bild, das Maria mit dem Leichnam Christi auf dem Schoß zeigte. Das farbenfrohe Weilheim des 17. und 18. Jahrhunderts war aber damit noch nicht zufrieden. Auch die Südseite des Turmes hatte ihr Bild. Ein Landsknecht mit der Hellebarde grüßte schon von weitem die Besucher aus dem Oberlande. Darüber war zu lesen:

Weilhaimb ist ein statt fürwahr,
Erbaut schon vor 900 Jahr,
Ist allzeit guet katholisch gwesen,
Wie in alten Schriften z'lesen.

Da dieser Spruch im 17. Jahrhundert schon oben stand, ist anzunehmen, daß unsere Altvordern es mit dem Jahre der Stadtgründung nicht allzu genau nahmen. Sie warfen wohl den Bau Weilheims und die Pollinger Klostergründung in einen Topf, dann konnte die Rechnung einigermaßen stimmen.

Über dem Tore befand sich die Uhr, die den Bürgern inner- und außerhalb der Mauer die Zeit angab. Vom Tore weg mußte man in früheren Zeiten über die Zugbrücke, später über die feste Brücke gehen und dann durch das Vorwerk mit seinen beiden kleinen, aber trotzigen Türmen.

Bis Ende des 18. Jahrhunderts waren die Tore der Stadt und somit auch das Pöltnertor nachts stets geschlossen, und zwar erfolgte die Schließung eine Weile nach dem Aveläuten. Von da ab konnten die Fußgänger nur mehr durch das Türlein gehen, das jedes Tor besaß. Schlieftürlein nannte man es, der Türlwächter öffnete es nur gegen Bezahlung.

Während das Schmiedtor und das Obere Tor in der Höhe mit den Zinnen abschlossen, hatte unser Krauttor ein allerliebstes Türmlein, das in dem einem welschen Häubchen ähnlichen Abschluß gipfelte. Unter der Haube hing, sichtbar für alle Bürger, ein Glöcklein in luftiger Höhe. Arme-Sünder-Glöcklein, Fronglocke, Hußausglöcklein waren die Namen, die ihm unsere Alten im Laufe der Jahrhunderte gaben. Da es auf einem städtischen Turme hing, war es eben ein Glöcklein, das sozusagen polizeiliche Befugnisse ausübte, es war die Stimme des hochlöblichen Rates, der den Bürgern gar wichtige Mitteilungen zu machen hatte.

Läutete es zu ungewohnter Stunde am Tage, da zog der Bürger auf der Straße die Kappe vom Kopf und ging still und barhaupt seinen Weg. Er wußte, daß drunten in Töllern die strenge mittelalterliche Justiz ihres Amtes gewaltet hatte. Auf einem der Hügel in der Nähe der Münchener Straße war der Galgen aufgerichtet und droben hing jetzt wieder einer, der sein Verbrechen gesühnt hatte. Es konnte aber auch einer unter dem Köpflindlein, das draußen im Norden der Stadt auf dem Wege nach Töllern stand, durch das Schwert hingerichtet worden sein. Beide Hinrichtungsarten wurden noch im 18. Jahrhundert in Weilheim vollzogen.

Und jedesmal, wenn der Gerechtigkeit Genüge geschehen war, verkündete das Glöcklein auf dem Krautturm, daß im mauerumfriedeten Gottesacker um das Töllernkirchlein ein frisch geschaufeltes Grab auf einen armen Sünder wartete.

Regelmäßig während des Tages erklangen aber die Töne vom Pöltner Torturm herab morgens um 5 Uhr und abends um 9 Uhr. Was hatte hier der Rat seinen Bürgern zu vermelden? Morgens um 5 Uhr verkündete die Glocke, daß nun ein neues Tagwerk beginnen könne: Die Tore wurden darauf geöffnet, die Boten konnten wieder ein- und ausfahren, die Nacht war offiziell beendet, der Handwerker durfte wieder an die Arbeit gehen.

Wenn aber abends das Glöcklein durch die Pöltner Straße bimmelte, da hatte es eine besondere Bedeutung. Man nannte dieses Läuten: Hußausläuten. Die Stunde dieses Läutens wechselte; im Sommer erfolgte es um 9 Uhr, im Winter um 8 Uhr.

Man erzählt sich, daß die Einfälle der böhmischen Hussiten in Bayern dieses Notzeichen veranlaßt hätten.

Es ist richtig, daß während der Hussitenkriege (1416–1436), wo die Böhmen ihre Einfälle nach Bayern machten und große Verwüstungen anrichteten, in vielen bayerischen Orten die Glocken geläutet wurden, entweder um die Bewohner vor dem nahenden Feind zu warnen oder sie wenigstens zum Gebet um Abwendung der Gefahr aufzufordern. Ähnliches war später auch während der Türkenkriege der Fall, wo auch in Weilheim die Türkenglocke geläutet wurde. Aber die Türkenglocke verstummte nach Abwendung der Gefahr wieder. Warum aber sollten allein die Hussitenglocken noch fast 300 Jahre lang weiterläuten, nachdem die Gefahr schon längst vorrüber war?

Der Name Hußausläuten, oder, wie man in anderen Gegenden sagte, Hoßausläuten, mußte also doch von Anfang an eine andere Bedeutung gehabt haben. Eine Betrachtung über dieses Läuten in Schongau führt uns zu einer einfacheren Erklärung: Die Hußausglocke wurde dort auch Bier- oder Weinglocke genannt. Sie verkündete die Polizeistunde im Sommer um 9 Uhr, im Winter um 8 Uhr. Warum sollte es in Weilheim anders gewesen sein? In dem Worte Huß ist also das Wort Haus versteckt, also Haus aus! Raus aus dem Wirtshaus!

Diese Erläuterung des Hußausläutens hat jedenfalls mehr Wahrscheinlichkeit für sich als die Glockenerinnerung im 17. und 18. Jahrhundert an damals längst entschwundene Hussitenzeiten.

Wenn also das Glöcklein auf dem Krautturm in Weilheim um 9 Uhr abends über die Bürgerhäuser der Stadt erklang, so wollte es keinesfalls rufen: „Betet, damit uns der böhmische Feind nicht bedräue!“, sondern es rief mahnend im gestrengen Auftrag des hochlöblichen Rates der Stadt: „Schluß mit der Sauferei! Marsch, heim zur Alten!“

Die Amtsträger und Bediensteten der Stadt

Der Spanische und der Österreichische Erbfolgekrieg des 18. Jahrhunderts brachten für Weilheim schwere Zeiten. Obwohl aber die Bürger durch Brandschatzungen und Plünderungen fürchterlich heimgesucht wurden, war der städtische Haushalt, der alljährlich vom Amtsbürgermeister und dem Stadtkämmerer dem Rat vorgelegt werden mußte, nicht nur wohlgeordnet, sondern wies auch fast immer einen ganz erheblichen Überschuß auf. Im Jahre 1740 betrugen z. B. die Gesamteinnahmen der Stadt 3725 fl 2 kr 2 hl (Heller), diesen standen die Gesamtausgaben von 2450 fl gegenüber, so daß 1275 fl auf neue Rechnung vorgetragen werden konnten.

Die Besoldungsgelder, welche die Stadt im Jahre 1740 bezahlte, betrugen zusammen nur zirka 400 fl und es war keine geringe Zahl von Amtsträgern und Dienern, die sich darin teilen mußten. Einen eigentlichen städtischen Beamten, wie ihn die heutige Zeit kennt, gab es damals, außer dem Stadtschreiber, überhaupt nicht. Dieser aber war ein gar gewaltiger Herr, der in der Praxis mehr zu sagen hatte als die vier

Bürgermeister des Jahres. Der Stadtschreiber Johann Rädlinger erhielt vor 200 Jahren 75 fl Jahresgehalt, dazu noch 4 fl, weil der damalige Bürgermeister Rafner von der Stadt ein Gärtlein gekauft hatte, dessen Benützung bisher dem Stadtschreiber zugestanden war. Die vier Bürgermeister, von denen alle Vierteljahre einer Amtsbürgermeister war, arbeiteten ehrenamtlich; nur von den beiden Stadtkämmerern erhielt jeder 2 fl 17 kr 1 hl und noch dazu eine „gnädig bewilligte" Zulage von 3 fl. Der Ratsdiener Antoni Seyrach mußte sich mit einer Jahresbesoldung von 14 fl begnügen.

Der Chorregent Sebastian Doll bezog ein Jahresgehalt von 7 fl 45 kr, dazu wurde ihm der Hauszins mit 1 fl 30 kr bestritten und in diesem Jahre 1740 noch eine „gnädige Addition von 3 fl" (Sonderzulage) gewährt. Der Kantor Josef Pirling hatte ein Jahresgehalt von 14 fl, der Organist Josef Ripfl ein solches von 7 fl 20 kr.

Besonders wichtige Amtsträger waren die Wächter der Stadt. Ihnen oblag vor allem der Schutz der mit Schindeln bedeckten Holzhäuser gegen Feuersgefahr. Und das war in der Zeit des Kienspans und der Talgflamme um so notwendiger, als die vergangenen Jahrhunderte und Jahrzehnte immer wieder von großen Stadtbränden, die oft ganze Häuserzeilen niederlegten, zu melden wußten. Sechs „Wachter" beschützten das schlafende Weilheim. Die beiden Wachter auf dem Turm erhielten wöchentlich je 21 kr und jeder für das Jahr einen Rock im Werte von 1 fl und 34 kr 2 hl. Zusammen wurde beiden ausbezahlt 39 fl 34 kr 4 hl. „Die zwei Wachter auf der Gassen in der Stadt" (Untere Stadt), Josef Prugger und Hans Wiedemann, bekamen zusammen 24 fl und die beiden Wachter auf der Gassen in der Oberen Stadt, Thomas Huetter und Leonhard Hämerl, 27 fl 44 kr.

Die Bestallung des Waagmeisters, des Betreuers der Stadtwaage, betrug 4 fl jährlich, die des Zimmer- und Wassermeisters Hans Feichtmayr, der die Holzdeichen für die Weilheimer Wasserleitung zu beaufsichtigen und im Notfalle auszubessern hatte, jeden Quatember 4 fl und außerdem noch 30 kr für das Franziskaner-Wasser (Betreuung des Brunnenwassers im Kloster), also jährlich 18 Gulden.

Zu den städtischen Bediensteten zählte auch der Uhrmacher Sebastian Schwegler; er hatte die Kirchen- und Torturmuhren zu richten gegen eine Entlohnung von jährlich 14 fl. Die Tätigkeit des städtischen

Amtmannes dagegen wurde nicht so hoch eingeschätzt. Er war der Verwalter des „Ambtshauses" (Gefängnisgebäude) und hatte für die Gefangenen zu sorgen. Das trug ihm im ganzen Jahre neben der freien Wohnung und Beheizung 1 fl 42 kr 6 hl ein. Den zwei „geschworenen Hebammen" hat man ein Jahressold von je 4 fl gegeben und den beiden Stadtbadern (Oberes und Unteres Bad) je 4 fl 34 kr 2 hl Wartegeld.

Das Jahresgehalt des Oeschhey oder Pfenders im Feld (Flurschütz oder Feldhüter später genannt) betrug 4 fl 34 kr 2 hl, der Oeschhey in den Wäldern (Waldhüter) erhielt jährlich 5 fl 42 kr 6 hl und ein Kleid. Doch gab es für diese beiden während des Jahres häufig Gelegenheit, für ihre Dienste in Feld und Wald ein in jedem Falle genau festgelegtes Trinkgeld von den Bürgern zu verdienen. Der Wasenmeister Mathias Trenker bekam 2 fl und außerdem „ein Feld bei Unserm Herrn (Betberg) zum Anbauen" als Lohn für seine Dienste. Wenn das Feld aber brach lag, und das war alle zwei Jahre der Fall, dann erhielt der Wasenmeister in diesem Jahre 4 fl. Die Nutznießung des Feldes wurde also mit 2 fl berechnet.

Von den Stadttorwarten, die auch den Zoll einzunehmen hatten, stand dem beim Oberen Tor ein Jahreslohn von 8 fl 34 kr 2 hl zu, dem vom Schmiedtor 8 fl und dem vom Pöltnertor 7 fl 34 kr 2 hl. Alle drei hatten natürlich freie Wohnung und Beheizung. Dem Torwart beim Stadttürl neben dem Amtshaus gab man jährlich 4 fl.

Der Stadtbaumeister Matthias Egger erhielt jährlich für die Betreuung der Ammerwehr und des Stadtgrabens (vor der Mauer) 6 fl 20 kr, hatte aber noch einen großen Nebenverdienst als Fuhrwerksunternehmer für das Stadtholz und als Aufsichtsmann bei den Stadtarbeitern, wofür ihm der Stadtkämmerer in diesem Jahre 39 fl ausbezahlte.

Der Stadtbote Michael Stämmele hatte das ganze Jahr hindurch für den Rat das Papier, das Siegelwachs, Tinte und Schreibmaterialien aus München zu holen, außerdem alle Ratsbriefe in die Hauptstadt und alle „Befehle" von der Hauptstadt zu besorgen und erhielt dafür 13 fl 45 kr. Der Lateinische und der Deutsche Schulmeister hatten keine Besoldung, nur freie Wohnung und jeder zehn Klafter Holz. Im übrigen mußten sie von den Schulgeldern der Jungen und Mädchen leben, welche die Eltern freiwillig zur Schule schickten.

Damit schließt die Reihe der städtischen Amtsträger und Diener, wie es in den Kammerrechnungen des 18. Jahrhunderts heißt, ab. Bei diesen Gehältern, die eigentlich ihren Namen nach unseren heutigen Begriffen nicht verdienen, ist zu bedenken, daß diese Amtsträger mit einer einzigen Ausnahme nicht den ganzen Tag für die Stadt beschäftigt waren, wie das heute bei städtischen Beamten der Fall ist, sondern daß sie sich nur zeitweise zur Verfügung stellten. Natürlich konnten sie ihren Lebensunterhalt für sich und die Familie mit diesem Gelde nicht bestreiten, die „Hauptnahrung" war und blieb für sie alle das Handwerk oder die Landwirtschaft, jeder hatte sein Vieh im Stalle und nahm teil an der Benützung der Gemeindeflur und der Gemeindewälder.

Zu den Gehältern gehörte auch das Besoldungsholz. So bekamen aus den städtischen Wäldern die Ratsherren und der Stadtschreiber je 10 Klafter Holz, der Ratsdiener 8 Klafter, der Chorregent ebenso, der Organist sogar 12, die Schulmeister je 10, der Stadtmesner 6, die Torwarte je 4 usw.

So war alles wohlgeordnet im Weilheimer Haushalt des 18. Jahrhunderts, jedem städtischen Bediensteten waren Arbeit und Lohn genau zugeteilt, sparsam war die Zeit und genügsam die Menschen, wie es den harten Kriegsjahren dieses Jahrhunderts entsprach.

Wallfahrten

In den seelischen und materiellen Nöten der vergangenen Jahrhunderte haben sich die alten Weilheimer in ihrem frommen Sinn und kindlichen Vertrauen an den Herrgott gewandt. In Kriegswirren, in Zeiten der Epidemien von Mensch und Tier, in Jahren mit Mißwachs und Hunger haben sie in gemeinsamem Gebet dort Schutz und Hilfe gesucht. Und dieses gemeinsame Gebet gipfelte in den Bittgängen um Fürbitte der Heiligen, die in irgendeinem bekannten Gnadenort der näheren oder weiteren Umgebung besonderes Vertrauen genossen.

Neben den Prozessionen in der Stadt selbst und auf der Weilheimer Flur gab es Bittgänge in die nächsten Nachbarorte, wo die Wetterheiligen und Schutzpatrone für das Vieh besondere Verehrung genossen. Aber auch weitere Wallfahrten, die sogenannten „weiten Kreuzgänge", wie nach München oder Augsburg machte man schon Ende des 16. Jahrhunderts, dann im 17. und vor allem im 18. Jahrhundert. Besonders dieses Jahrhundert könnte man als das Jahrhundert der Bittgänge und Wallfahrten im alten Weilheim bezeichnen. Denn während die Wallfahrten der früheren Jahrhunderte mehr privater Initiative ihr Entstehen verdankten und von der Ortsgeistlichkeit organisiert wurden, hat im 18. Jahrhundert der Rat der Stadt offiziell die Ausführung der Wallfahrten beschlossen und, wo es nötig war, auch „finanziert". Und kein Jahrhundert in der Geschichte Weilheims weist eine so große Zahl von regelmäßigen Wallfahrten und besonders „weiten Kreuzgängen" auf wie dieses.

Die Bittgänge und Prozessionen im Stadtbereich selbst waren sehr vielfältig. Die allgemein von der Kirche vorgeschriebenen Prozessionen an den Bittagen vollzogen sich in den ältesten Zeiten von einer zur anderen Weilheimer Kirche, erst später ging man an den Bittagen über Land in die nächstliegenden Orte. Zahlreich waren die Bittgänge „außer der Mauer". Schon in den ältesten Zeiten ging man zum großen Kreuz auf den Betberg, wo die Witwe Seitzin 1449 die Kapelle „Unseres Herrn" mit Unterstützung der Gemeinde bauen ließ, jenes schöne gotische Kirchlein, das 1521 zur Friedhofkirche wurde. Nach einem Bericht des Stadtpfarrers Älbl gingen die alten Weilheimer dorthin auf das Herrenfeld prozessionsweise am Feste des hl. Sebastian, dem zu Ehren das Kirchlein geweiht wurde, am Karfreitag, am Markustag, am Kirchweihfeste und am Tage der Unschuldigen Kindlein.

Die schönen Feldkapellen außer der Mauer waren auch vielfach das Ziel kleiner Wallfahrten während des Jahres. Man ging zur Rastkapelle, am St.-Michaels-Tage zur Michaelskapelle an der Münchener Landstraße, zur Wendelinkapelle an der Wessobrunner Straße, zur Ottilienkapelle an der Ettinger Straße in der Höhe des Hechenberges, dann zu den sieben Martersäulen am Pollinger Prälatenweg, von denen vier die Stadt Weilheim und drei das Pollinger Kloster 1698 errichten ließen. Alle diese schönen Feldkapellen fielen im Jahre 1803 der Zerstörungswut zum Opfer, nur die Rastkapelle und die Angerkapelle konnten gerettet werden.

Alljährlich wurden auch die Prozessionen um den Segen für die Ernte durchgeführt, es waren die Oeschprozessionen (Feldgänge) um den Stadtgraben am ersten Sonntag im Juli, am Laurenzitag und am Feste Mariä Himmelfahrt. Der Auszug dieser Oeschgänge vollzog sich jedesmal durch ein anderes Stadttor. In den Monaten Juli und August wurden außerdem noch um den Segen für die Ernte Bittgänge an den Sonntagen auf den Betberg und in das Hl.-Kreuz-Kirchlein unternommen. Dazu kamen noch zahlreiche Kinderprozessionen.

Außerordentliche Bittgänge im Bereich des Stadtgebietes gab es noch in besonderen Notzeiten. Wenn die Ammer Hochwasser führte, das die Fluren im Westen bedrohte, ging man häufig mit dem Allerheiligsten in Prozessionen zur Ammerbrücke. Dort wurden die vier Evangelien feierlich gelesen. War die Ernte durch ungünstiges Wetter bedroht, hat man die Wetterprozessionen unternommen. 1731, 1737, 1740, 1747, 1776 waren besonders schwere Regenjahre, da ging man zum Hl. Petrus nach Wielenbach um „Erhalt eines schönen Wetters", und im Jahre 1758 wurde in einem Bittgang der Hl. Petrus in Wielenbach, diesmal „umb Erhalt eines gesegneten Regens", angerufen.

Im Jahre 1745 war in den Weilheimer Fluren eine große „Mäuse- und Insektenplage". In dieser Not wandte sich der Rat der Stadt nach Füssen, um den Mangstab zu erhalten. Das war des Hl. Magnus Bischofsstab, der in Füssen aufbewahrt ist und zu dem in Notzeiten die Landwirtschaft ein besonderes Vertrauen hatte. Unter großen Opfern wurde der Mangstab von einem Füssener Pater nach Weilheim gebracht, und „man ist prozessionaliter mit ihm über die Felder gegangen und hat sie benediziert". War die Weilheimer Landwirtschaft durch Viehseuchen bedroht, suchte man in Bittgängen bei den Franziskanern Hilfe oder man unternahm Wallfahrten zum Hl. Leonhard bei Forst, zum Hl. Martin nach Oderding oder nach St. Alban bei Dießen.

Gerade diese letztere Wallfahrt wurde im 18. Jahrhundert regelmäßig alle Jahre am 21. Juni unternommen, wie sich auch der Bittgang nach Grasla am 13. Juli in das St.-Margareten-Kirchlein einführte, vor dem dann jedesmal eine von den Weilheimern gerne besuchte Dult abgehalten wurde. Außer diesen beiden Bittgängen entwickelten sich im Laufe des 18. Jahrhunderts noch weitere regelmäßige Jahreswallfahrten. So ging man am 2. Juli auf den Hohenpeißenberg, wo heute noch im Wallfahrtskirchlein die große Opferkerze der St. Pöltner Wallfahrer zu sehen ist. Am Pfingstdienstag wallfahrtete man nach Andechs, seit 1720 regelmäßig. Zu den regelmäßigen Wallfahrten dieses Jahrhunderts gehörten auch die nach Polling und Eberfing. Alle diese „ordinari Kreuzgänge" waren vom Rate der Stadt offiziell bestimmt, wobei dieser auch die anfallenden Kosten für Einläuten in den verschiedenen Orten, für die Kreuzträger, Fahnenträger, Sänger usw. übernahm. Der Lehrer von Eberfing erhielt z. B. jedes Jahr „für das Orgelschlagen" beim Weilheimer Bittgang 12 Kreuzer vom Stadtkämmerer ausbezahlt.

Außer all diesen angeführten Bittgängen kamen aber noch im alten Weilheim die sogenannten weiten Wallfahrten in Gebrauch, die im 16. und 17. Jahrhundert zeitweise und im 18. Jahrhundert fast alljährlich gemacht wurden. Bei diesen weiten Kreuzgängen scheute der Rat der Stadt keine Kosten, und manchmal überbrachte er, besonders in der Künstlerzeit, kostbare Weihegeschenke für die Wallfahrtskirche. Schon Ende des 16. Jahrhunderts ist eine Wallfahrt von Weilheim nach München zum Hl. Benno bekannt. Als Weihegeschenk überbrachten damals die Weilheimer einen großartigen Armleuchter von besonderer Schönheit. St. Benno haben die alten Weilheimer besonders ins Herz geschlossen, ihm zu Ehren wurde ja auch die im Jahre 1631 neu vollendete Stadtpfarrkirche geweiht.

Zu den weiten Kreuzgängen gehörte auch der nach Traubing. Der Bildhauer Degler schreibt in seinen Aufzeichnungen: „anno 1700 um Hl. Kreuz Erhöhung im Herbst ist in Traubing aus einem Kruzifix Blut geflossen. Ich glaub, und allem Anschein nach wird alldorten eine große Wallfahrt hinkommen. Es seind auch unlängst und innerhalb 10 Jahren 2 große Wallfahrt erstanden als zu Vilgertshofen wie auch am Heuwinkel nächst Iffeldorf ..."

Aber mit einem Schlag hörten all diese frommen Fahrten auf, im Jahre 1803 wurden in Bayern sämtliche Prozessionen und Wallfahrten verboten. Bereits einige Jahre vorher hatte der freie Geist unter Montgelas in Bayern Fuß gefaßt und die Weilheimer haben bereits 1801 ihre letzte weite Wallfahrt gemacht. Sie gingen, wie schon öfter im 18. Jahrhundert, nach Schongau.

Im Jahre 1803 mußten nun alle Bittgänge, Prozessionen und Wallfahrten in Weilheim verschwinden, natürlich auch der beliebte Leonhardiritt im November und der Palmsonntagszug mit dem segnenden Christus auf dem Eselein vom Eselsberg herein durch das Obere Tor zum Marienplatz. Erst unter Ludwig I. von Bayern ist die erste Wallfahrt wieder im Jahre 1840 von den Weilheimern unternommen worden. Aber die weiten Weilheimer Wallfahrten lebten nicht weiter auf, nur die Wallfahrten nach Andechs und auf den Hohenpeißenberg führte man noch fort.

Die Chaussee von München nach Weilheim (1769)

Die liebe alte Poststraße! Wie heimelt sie uns heute alle an! Wir denken dabei nicht an die vielen mühseligen Stunden, die unsere Boten in großer Geduld und Ausdauer auf der Landstraße zubringen mußten, wir denken nicht an die Beschwernisse ihrer Fahrten, an die Vorgespanne über die steilen Stellen, an die waghalsigen Brücken, die sie überfahren mußten, an das schwierige Ausweichen der breit beladenen Wagen an engen Straßenteilen, an den tiefen Schmutz, der nach Regentagen die Fuhrwerke manchmal bis fast zur Radachse einsinken ließ und schon gar nicht an die Unsicherheit des Botenverkehrs in unruhigen Zeiten.

Uns singt heute die alte Straße nur das Lied der Romantik, wir hören das blasende Posthorn in der Morgenfrühe und lassen die Blahenwagen mit dem Fuhrmann in seinem blauen Kittel an uns vorüberfahren. Aus dem Stellwagen und den Herrschaftskutschen grüßen lachende Gesichter, das fahrende Volk zieht zu den Märkten des Oberlandes mit seinen eigenen Equipagen, der Güteraustausch zwischen der Hauptstadt und dem Oberlande vollzieht sich allenthalben auf großen Leiterwagen. Unter den Fußgängern erkennen wir sofort den wandernden Handwerksburschen mit dem Felleisen auf dem Rücken, den sparsamen Bürger, der die Kosten des Stellwagenfahrens sich verdienen will, den Soldaten, der auf Urlaub in die Heimat zieht, den Ordensbruder, der sein Kloster aufsucht, den hausierenden Händler, der mit der Kraxe auf dem Buckel die abseits von der Straße liegenden Dörfer „abklopft" und schließlich den lustigen Bruder Studio auf seiner Vakanzwanderung.

Adrian von Riedel, der kurpfalz-baierische General-Straßen- und Wasserbaudirektor hat im Jahre 1796 einen „Reiseatlas von Baiern" herausgegeben. An der Hand des Riedelschen Textes sei hier der Verlauf der alten Handelsstraße ins bayerische Oberland geschildert! Zu Beginn des vorigen Jahrhunderts ist sie wohl fast jedem Weilheimer vertraut gewesen, denn einige Male in seinem Leben ging oder fuhr er doch in die bayerische Hauptstadt.

In den „Drei Rosen" am Rindermarkt, beim Oberottl und beim Stieflwirt in der Sendlinger Straße, ferner bei der „Blauen Taube" auf dem Sendlinger Torplatz war gewöhnlich die Einkehr der Weilheimer Boten und Fuhrleute. Von hier aus ging die Fahrt nach dem Dorfe Unter-Sendling. Bald nach der zurückgelegten ersten Stundensäule kam man aus dem kurfürstlichen Landgericht Dachau in das kurfürstliche Pflegegericht Starnberg. Vor dem Schloß Fürstenried, das gewöhnlich der Ruhesitz der Kürfürsten-Witwe war, zweigte die Straße links zur kurfürstlichen Hofmark Forstenried ab. Dann begann der Forst Forstenried, der als der eigentliche Kurfürstliche Park bezeichnet wurde. Wildbret aller Art beherbergte dieser.

In diesem Dorfe zog sich die Straße über einen älteren Römerweg bis zu dem Dörfchen Wangen fort, das rechts liegen blieb, und von da zwischen Waldungen, Anhöhen, Wiesen und Feldern nach dem Kirchdorf Percha, in dessen Nähe der große Steinbruch sich befand. Nach einer 108 Fuß langen Brücke über die Würm erreichte das Fuhrwerk dann das Dorf Starnberg mit dem kurfürstlichen Schloß. Der Ort war der Sitz eines Pflegegerichtes, Kastenamtes und Seegerichtes und hatte eine Kirche und ein Gasthaus. Die Hälfte des Weges nach Weilheim war damit zurückgelegt.

Zwischen Starnberg und dem folgenden Pöcking, nach der siebten Stundensäule, befand sich die Grenze zwischen dem Pflegegericht

Starnberg und dem Landgericht Weilheim. Pöcking war eine Hofmark mit einer Kirche, einem Gasthof, einer Post und 31 Häusern. Von Pöcking zog die Straße über Felder, durch Waldungen in das Kirchdorf Wieling und neben dem Traubinger Bächlein, das immer rechts liegen blieb und aus dem Maisinger See kommt, nach dem Kirchdorf Traubing. Dies besaß ein Gasthaus und 50 Häuser. Dann ging es weiter fort an der zehnten Stundensäule vorbei, zwischen Feldern, Waldungen, über Anhöhen und entlang einem größeren Moose nach dem Kirchdorf Mannatshausen und zum Hirschberg, auch Hirschbühel genannt. Der Blick von dieser Höhe aus scheint dem Verfasser des bayerischen Reiseatlas besonders gefallen zu haben, er schildert ihn mit folgenden begeisterten Worten:

„Auf der Höhe des soeben genannten Hirschberges genießt man eine herrliche Aussicht über das weite Amperthal, durch das sich der Amperfluß krümmt, und übersieht die Gegend von Weilheim, Dießen, des Ammersees und der herumliegenden Dörfer, die durch den Wechsel der Felder mit Waldungen, der Auen mit lieblichen Bächen einen noch reizenderen Anblick gewährt, der nur durch die hohen Gebirge gegen Tyrol, die sich Himmel an in blaulichter Ferne türmen, begränzet wird" ...

Vom Hirschberg aus ging die Straße über das Flüßchen Windach bis zum Kirchdorfe Wildshofen, das 14 Häuser hatte. Kurz vor Weilheim war die dreizehnte Stundensäule erreicht, dann grüßten schon das Leprosenhaus und Töllern. Zwischen dem Leprosenhaus und dem Franziskanerkloster bog eine Straße rechts ein nach Wessobrunn und Landsberg, es ist die heutige Schützenstraße. Dann fuhr der Wagen durchs Schmiedtor in die Stadt Weilheim.

Und nun soll der Verfasser des bayerischen Reiseatlas noch etwas vom alten Weilheim vor 150 Jahren erzählen:

„Die Stadt Weilheim liegt in Oberbaiern, im Rentamt München, im Bisthum Augsburg, unter dem 20° 43' der Länge und dem 47° 52' nördlicher Breite, nicht weit vom Amperfluße in einem angenehmen Thale.

In der Stadt sind 293 Häuser, ein hübscher Platz und 3 Thore, das St. Pöltenthor, das Ober- und das Schmiedtor. Außerhalb 2 Vorstädte: Die Obere Stadt und St. Pölten. An dem Stadtturme des St. Pöltenthores ist die Kuppel auf eine besondere Art vom weißen englischen Bleche angebracht.

Weilheim zählt gegen 1800 Einwohner, die sich von der Viehzucht, dem Feldbaue, dem Bierbrauen und den übrigen bürgerlichen Gewerben ernähren, und sind besonders ihre Rothgärber, die großen Handel in das Ausland treiben, sehr geschickt. Auch gewährt die Trift auf dem Ammerfluße jedem Einwohner den Vorteil, daß er an der Lände zu seinem benötigten Gebrauche und Gewerbe ein gutes, ausgewachsenes dreieinhalb Schuh langes Fichten- oder auch Buchen-Klafterholz erhalten kann.

Zur Unterstützung armer und kranker Bürger wurde ungefähr vor 450 Jahren das heil. Geistspital von einem Bürger von München Ludwig Püttrich gestiftet und für blos Arme ist das Almosenamte, und die Gotteshausstiftung zu Töllern errichtet. Alle drey Stiftungen verwalten zwey dazu gewählte Stadträthe. Zur Unterbringung krüppelhafter und ganz verarmter Bürger und ihrer Familien, oder auch fremder Kranker ist das sogenannte Armen- und Bruderhaus bestimmt.

Die Trival- und die ersten Anfangsgründe zu den Lateinischen Schulen werden zum Unterrichte der Jugend gelehrt. Hier ist der Sitz des Churfürstlichen Landgerichtes, des Churfürstlichen Brauumgeldes- und Mauthamtes und des Stadtmagistrates. – Um die Reisenden von Augsburg nach Tyrol nicht aufzuhalten, werden keine Thore gesperrt.

Am Donnerstag vor dem Palmsonntag wird Viehmarkt, am Johannes- und Paul- und am St. Laurenz- und Gallustage Jahrmarkt und Viehmarkt gehalten. Schranne alle Donnerstage oder bey einfallenden Feyertagen am Tage vorher.

Die Post kommt alle Mondtage aus Tyrol und Italien über Murnau hier an und geht über Dießen und Landsberg nach Augsburg fort, alle Donnerstage aber macht sie diesen Weg zurück. Kein Postwagen fährt hier durch. – Von Schongau und Murnau treffen die nach München fahrenden Bothen alle Donnerstage hier ein, gehen aber am nämlichen Tage noch fort, kommen von dort am Sonntag wieder zurück und fahren nach Hause. – Von Dießen kommt alle Woche zweymal ein Bothe, Donnerstag und Samstags und geht an dem nähmlichen Tag zurück.

Die Stadt hat das Recht einen Pflasterzoll zu fordern. – Weilheims Lage und Gegend ist sehr fruchtbar, der Grund zum Feldbau ergiebig und der Wiesenwachs sehr gut. Wann im Frühlinge die nahen Gebirge noch unter den Lasten des Schnees seufzen, blühet und grünet die Erde um Weilheim."

So hat Adrian von Riedel im Jahre 1794 unser Weilheim geschaut. Über die Entfernungen der Hauptstationen auf der Münchener-Weilheimer Chaussee ist zum Schlusse noch zu erwähnen, daß von München nach Starnberg 6 Stunden, 7163 Baierische Schuh, von Starnberg nach Weilheim 6 Stunden, 10603 B. S. gerechnet wurden. Es waren also von München nach Weilheim 13 Stunden, 5063 Baierische Schuh. Eine wichtige Chronistenpflicht unterläßt aber der Verfasser des berühmten bayerischen Reiseatlas nicht, er schließt mit der Bemerkung: „Gasthöfe auf dieser Straße sind in Unter-Sendling, Forstenried, Starnberg, Pöking, Traubing und Wildshofen."

Im 19. Jahrhundert

Weilheim 1811

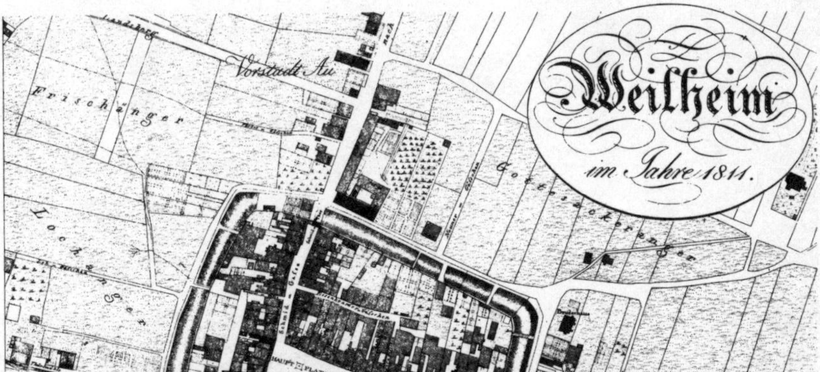

Die Napoleonische Zeit

1. Große Veränderungen innerhalb der Stadt

Wenn auch eine gewisse Farbenfreude als mittelalterliches Erbe auf den Gassen des an Handwerkszünften überreichen Weilheim besonders in festlichen Zeiten immer schon sichtbar war, so wurde diese in der Napoleonischen Zeit, freilich in einer wenig willkommenen Art, noch vermehrt. Während der langen Kriege von 1796 bis 1815 war nämlich Weilheim ein Tummelplatz von durchziehenden und einquartierten Truppen, die sich seit dem Anschluß Baierns an Napoleon aus Soldaten aller möglichen europäischen Staaten mit ihren bunten Uniformen rekrutierten. Und lange blieben oft einige Truppenteile in der Stadt, wo sie sich mit ihren eigenen Feldbäckereien und -schlächtereien in der Gegend der heutigen Schützenstraße häuslich niederließen. Das neu erbaute städtische Patroll- oder Cordonhaus an der Münchener Landstraße war sozusagen die Zentrale, wo die höheren Offiziere ihr Standquartier regelmäßig aufmachten. Auf diesem unerwünschten Hintergrund eines unruhigen und bunten Straßenbildes bewegte sich also das Leben der Stadt fast 20 lange Jahre und stach seltsam ab von der gemächlichen und behäbigen Lebensweise der Weilheimer Bürger des 18. Jahrhunderts.

Der Anschluß Baierns an Frankreich vom Jahre 1801 ab und besonders die Tätigkeit des allmächtigen baierischen Ministers Montgelas, eines Diplomaten der alten französischen Schule, der als Mann einer fortschrittlichen Zeit radikale Änderungen in Baiern vollzog, schuf wie überall im Lande auch in Weilheim ganz neue Verhältnisse.

Zunächst forderte die neue Gesundheitspolizei ein großes Reinemachen und Ordnen auf den Plätzen und Gassen der Stadt. Diese wurden mit schweren Kieselsteinen neu gepflastert, eine Pflasterung, die sich teilweise bis zur letzten Jahrhundertwende hielt, die Gehsteige versah man mit Backsteinen, teilweise stellte man neue her, wo sie neben der Gasse bisher gefehlt hatten. Die erste Weilheimer Hausnumerierung mit großen schwarzen Ziffern erfolgte gleichfalls in dieser Zeit. Sie begann beim Schmiedtor (heute Kaufhaus Rid) mit der Nummer 1 und setzte sich durch die ganze Stadt mit den beiden Vorstädten laufend fort. Da es auch Herbergen in einzelnen Häusern gab, die einem zweiten Besitzer gehörten, war manchen Nummern ½ und sogar 1/3 beigefügt.

Weil man wegen der fremden Soldateska nächtliche Störungen fürchtete, wurden die Straßenlaternen mit ihren Talglichtern besonders an den Straßenkreuzungen vermehrt und mußten vom Seifensieder so gefüllt werden, daß sie bis zum Morgen brannten. Bei schönen Mondnächten wurden sie nicht benützt.

Seit 1802 waren die Stadttore Tag und Nacht geöffnet, die Torsperre fiel weg, und es mag für den Bürger damals eine ganz ungewohnte Erscheinung gewesen sein, daß des Nachts ein Fremder die Stadt betreten konnte. Die nächtliche Sorglosigkeit der früheren Jahrhunderte war verschwunden, nun sperrte man auch viel fleißiger die Haustore und Türen ab.

Der alte Neptunbrunnen mit dem laufenden Wasser auf dem Hauptplatz entsprach auch nicht mehr den Anforderungen und so wurde der Bürgermeister Xaver Rödler beauftragt, Verhandlungen einzuleiten mit dem Landrichter von Schongau zur Erwerbung des Steingadener Klosterbrunnens. Dieser steht bekanntlich heute mit erneuerten Brunnenfiguren auf dem Marienplatz. Eine besonders einschneidende Maßnahme scheint der Befehl über die Kürzung der Dachrinnen gewesen zu sein, die bisher meist von den Häusern aus weit in die Gassen hinein ragten. Sie mußten jetzt von den Bürgern abgeschnitten werden.

Der große Stadtbrand des Jahres 1810, der die ganze Obere Stadt vom Postplatz (heute Rathausplatz) bis zur Ettaler Mühle (heute Feyerabend) zu beiden Seiten des Baches einäscherte, war Anlaß zur Durchführung baupolizeilicher Bestimmungen, die man bisher in Weilheim nicht kannte. Die Häuserreihe hart am linken Bachufer durfte nicht mehr aufgebaut werden, nur die Stadtmühle und einige Häuser blieben stehen. Außerdem mußte beim Aufbau der Häuserreihen zwischen einzelnen Häusern eine Durchfahrt gemacht werden, damit nicht alle wie früher aneinander angebaut waren. Dadurch konnten mehrere Bürger ihre bisherigen Behausungen nicht mehr aufbauen und so entstand die Sonnengasse als erste Gasse im Sixnetgern, die jetzt aufgelassen ist. Steine von der abgebrochenen Wessobrunner Klosterkirche stellte man den Abbrändlern für diesen Aufbau zur Verfügung.

Wie sich in der Oberen Stadt die Besitzverhältnisse in der Napoleonischen Zeit änderten, so hat auch die Säkularisation bei der Unteren Stadt viele Änderungen gebracht. Das Franziskanerkloster vor dem Schmiedtor kam in den Besitz des Staates und die Klostergebäude mit den Gärten und Nebengebäuden wurden versteigert. Die Kirche kaufte 1803 die Stadt, der Stadtkämmerer Wese hat sie „ziemlich wohlfeil licitando" erworben und erhielt für den „billigen Kauf ein Gärtl an der Münchener Straße vom Rate geschenkt". An dem Beschluß, die Kirche zur Aufbewahrung von Feuerlöschrequisiten und Baumaterialien zu benützen, hielt der Rat anfänglich fest, obwohl ihm Angebote für den Verkauf der Sakristei und des Langschiffes zugingen. Später änderte sich das. Der rührigen Weilheimer Theatergesellschaft unter Führung von Steigenberger und des Nadlers Wild gelang es, den oberen Teil der Kirche als 1. Stock zu erwerben und einen Theatersaal zu schaffen. Der untere ehemalige Kirchenraum blieb für die städtischen Requisiten erhalten und diente manchmal, wenn es nötig war, den Franzosen als Pferdestall. Der große Klostergarten mit dem Bibliothekgebäude wurde von dem Weilheimer Apotheker Dr. Klieber und dem Handelsmann Vötterl erworben, das kleine Klosterbräuhaus mit den geräumigen Kellern ging in den Besitz des Bierbrauers Hipper über und in den klösterlichen Nebengebäuden entstanden Herbergen.

So wies also die Napoleonische Zeit dem alten Weilheim neue Bahnen, die sich im Stadtgebiet schon äußerlich kundgaben, die sich aber auch mit einem neuen Beamtentum im Wirtschafts- und besonders im Kulturleben der Stadt auswirkten.

2. Entwicklung zur Behördenstadt

Der Weilheimer Landrichter besaß in seinem Amte alle Rechte und Befugnisse des Herzogs und späteren Kurfürsten besonders auf dem Gebiete der Rechtspflege und der Verwaltung. Ihm stand zur Seite der Gerichtsschreiber, der im Hause nördlich der Burg, im sogenannten herzoglichen Kasten, seinen Amtssitz hatte, und der Umgelter, der die Verbrauchssteuern, besonders von Getränken, im Namen des Landrichters einzunehmen hatte. Der Rat der Stadt hatte wohl die sogenannte niedrige Gerichtsbarkeit im Stadtbezirk, aber der Landrichter kontrollierte als Berufungsinstanz die Ratsbeschlüsse.

Diese Verwaltungs- und Rechtspflegeverhältnisse in Weilheim blieben Jahrhunderte hindurch bis zur Napoleonischen Zeit. Schon die ersten Jahre dieser neuen Aera, die Jahre 1803/04 und die folgenden, zeigen in den Ratsprotokollen sozusagen den Rotstift des Landrichters, es waren Beanstandungen, die der hohe Herr bei den Verordnungen des Rates zu machen hatte. Ein förmliches Bombardement neuer Verordnungen auf allen Gebieten, besonders der Verwaltung, hatte unter Minister Montgelas eingesetzt und jahrhundertealte Bräuche im Weilheimer Rathaus mußten verschwinden. Zögernd folgte die Bürgerschaft, aber der Sturz der alten Zeit ließ sich nicht halten. Da war auch für den Landrichter die Zeit gekommen, die seiner bisherigen Alleinherrschaft ein Ende machen mußte, neue Ämter wurden zu seiner Entlastung erforderlich.

Zunächst trennte man das Finanzwesen vom Landrichteramt, ein Rentamtmann zog im Jahre 1803 in die alte Weilheimer Burg ein. Im gleichen Jahre wurde auch ein Forstamt errichtet, das aber bald nach Starnberg und erst 1853 wieder nach Weilheim kam, wo es bis zu seiner Verlegung nach Seeshaupt im Jahre 1885 verblieb. An Stelle des kurfürstlichen Umgelters kam 1807 ein kgl. Aufschlageinnehmer nach Weilheim. Im Jahre 1803 wurde auch eine Gerichtsarztstelle neu geschaffen. Der erste Weilheimer Gerichtsarzt oder Gerichtsphysikus, wie man ihn noch nannte, war Dr. Dosch, der im gleichen Jahre bereits die Impfung der Kinder durchführte. Das Jahr vorher hatte dieses Geschäft noch der Bader Fux aus Murnau.

Die Napoleonische Zeit legte also den Grund zur Entwicklung Weilheims als Behördenstadt mit der Abzweigung verschiedener Ämter vom alten Landgerichtsamt. Im Laufe des 19. Jahrhunderts wirkte sich dann diese Tendenz noch weiter aus. So erfolgte 1838 die Errichtung einer kgl. Bauinspektion, die sich dann 1872 in die beiden Weilheimer Bauämter (Land und Wasser) teilte. Eine Trennung des Gerichtswesens vom alten Landgericht erfolgte 1857 durch Einführung des Bezirksgerichts, und endgültig wirkte sich dann diese Trennung von Verwaltung und Gerichtswesen im Jahre 1862 durch Errichtung des Bezirksamtes (Landratsamt von heute) aus, das sein neues Heim im alten von der Stadt umgebauten Ettaler Getreidekasten erhielt, wo sich heute die Polizei befindet. 1852 war bereits eine kgl. Brandversicherungsinspektion nach Weilheim gekommen, 1862 ein kgl. Bezirksgeometer und zwei Notariate, 1866 Bahn- und Postbehörden, 1868 ein kgl. Landwehrbezirkskommando, 1870 ein Gerichtsvollzieheramt, 1871 ein Eichamt, und in neuerer und neuester Zeit mehrten sich die Behörden und Schulgattungen aller Art so, daß Weilheim jene dominierende Stellung in unserem Oberland einnimmt, wie es nicht nur seiner altehrwürdigen Tradition und geschichtlichen Entwicklung, sondern auch seiner Verkehrslage entspricht.

Der neue Geist der Napoleonischen Zeit hielt auch Einzug im Weilheimer Rathaus. Die jahrhundertealte Ratsverfassung, die in einem inneren und äußeren Rat mit vier Bürgermeistern bestand, mußte fallen. Die einschneidenden Veränderungen der Gemeindeverfassung gipfelten mit dem Gemeindeedikt vom Jahre 1808 in dem französischen System, das in seiner Zentralisation die ganze öffentliche Verwaltung der Gemeinde als einen staatlichen Verwaltungsbezirk, ihre Vertretung und Verwaltungen als staatliche Vollzugsorgane betrachtete. Statt des alten Rates erschien jetzt in Weilheim die Communaladministration, an der Spitze stand der Communaladministrator, er hieß v. Lachenmayer und war der Sohn des früheren Weilheimer Landrichters. Ihm zur Seite stand der Gerichtsschreiber Dußler, der die Stelle des früheren Stadtschreibers innehatte, die Bürgerschaft war vertreten durch Munizipalräte. Das dauerte bis zum Sturze Montgelas; mit der baierischen Verfassung kam 1818 in Weilheim der Magistrat.

3. Das äußere Stadtbild

Das Stadtbild Weilheims, wie es sich dem ankommenden Reisenden bot, hatte durch Jahrhunderte hindurch fast keine Änderungen erfahren. Wenn auch manchmal gewaltige Stadtbrände Hunderte von Häusern in Schutt und Asche legten, immer wieder wurden die neuen Behausungen an den alten Stätten gebaut. Erst die napoleonische Zeit änderte auch das Bild und die Zustände außerhalb der Ringmauer.

Veranlaßt wurde diese Änderung in erster Linie durch eine kurfürstliche Verordnung vom Jahre 1803, nach welcher die von Weilheim aus führenden Straßen verbessert, verbreitert, an den Seiten mit Gräben versehen und vor allem mit Bäumen bepflanzt werden mußten. Und da spielte besonders die Bepflanzung mit Obstbäumen eine Rolle, die rücksichtslos durchgeführt werden sollte. Nach einem Ratsbeschluß vom 18. Januar 1804 wurde dieser kurfürstliche Befehl „der sämtlichen Bürgerschaft von Viertl zu Viertl öffentlich vorgelesen und zugleich die schleunigste Niederreißung der an die Straßen stoßenden Kapellen, Martersäulen und Zäune allen Ernstes anbefohlen". Die Eigentümer der an die Straßen grenzenden Grundstücke wurden gezwungen, an den durch Pfähle bestimmten Stellen die Obstbäume, die „gratis geliefert werden", zu setzen und sie auch zu unterhalten.

Neben diesem kurfürstlichen Befehl zur Verbesserung und Bepflanzung der Landstraßen hat auch die von der Regierung angeordnete Verteilung der Gemeindegründe in der Nähe der Stadt manches geändert. Die Vermessung der Wald-, Wiesen- und Moosböden des alten Gemeindelandes hat im Auftrag des Rates Eliland Ehardsberger, ehemaliger Benediktinerpater des säkularisierten Klosters Benediktbeuern, übernommen. Jeder Bürger erhielt geteilt siebzehneinhalb Tagwerk neuen Grund. Da wurde nun hier und dort ein neues Weglein, ein neues Sträßlein angelegt, zahlreiche Holzhütten, später Torfhütten, erstanden im Westen bei der Kultivierung der neu erworbenen Moorgründe, so daß da draußen die frühere Öde verschwand.

Der Beschluß des Rats, die Stadtmauer und den Stadtgraben zu verkaufen, hat ebenfalls Anlaß zu einer wesentlichen Veränderung des Stadtbildes außer der Mauer gegeben. Zwar wurde zunächst ausdrücklich die Erhaltung der Stadtmauer den neuen Besitzern zur Vorschrift gemacht, aber schon im nächsten Jahre war diese gute Absicht vergessen. Den Stadtgraben vom Schmiedtor bis zum Oberen Tor hatte der Bierbrauer Franz Steigenberger gekauft. Der gab nun mit Zustimmung des Rates einen Teil dem Bierbräuer Demmel, der in die Mauer eine Durchfahrt machen durfte und über den Graben die erste Holzbrücke legte, um bequem in den neu errichteten Heustadl hinter seinem Besitz fahren zu können. Radikal ging der Bierbrauer Hipper vor. Der schüttete kurzerhand den neu erworbenen Grabenteil im Jahre 1810 zu.

Der fromme Bürgersinn des 17. Jahrhunderts hat nach dem Dreißigjährigen Krieg an den Zufahrtstraßen und Wegen zahlreiche Kapellen und Martersäulen errichtet. Die Kapellen hatten die Größe der heutigen Angerkapelle am Friedhofweg. Die Martersäulen dagegen waren keine Säulen, sondern ebenfalls kleine Kapellen ohne Zugang, wie heute die aus dem 17. Jahrhundert stammende Feldkapelle an der Römerstraße. Sie alle gaben der alten Stadtumgebung ein charakteristisches Gepräge, aber alle mußten jetzt verschwinden. So wurde die Michaelskapelle an der Münchener Straße, ungefähr in heutiger Bahnhofshöhe, abgetragen, sowie auch die Martersäule auf der Töllernhöhe beim heutigen Neidhartwohnsitz. Diese Martersäule hatte übrigens als „Tränenmarterl" eine gewisse stadthistorische Bedeutung. Wenn nämlich ein Weilheimer Bürgerssohn in die Fremde zog, wie es das Gesetz vorschrieb, wurde er von seinen Angehörigen und Nachbarn bis zu diesem Kapellchen begleitet, wo dann der große Abschied genommen wurde.

An der Wessobrunner Straße wurde die Wendelinkapelle, die beim Kleinen Ammerl gegenüber dem städtischen Ziegelstadl stand, niedergerissen, von der hölzernen, zugedeckten Ammerbrücke entfernte man die große, vom Weilheimer Künstler Schmädl gefertigte Nepomukfigur, auf der Ettinger Straße mußte die stattliche Ottilienkapelle bei der Wegbiegung weichen, die Angerkapelle war ebenfalls zum Abbruch bestimmt, aber durch Ratsbeschluß wurde sie zum ersten Weilheimer Leichenhaus gemacht und eine Wohnung für den Leichenwärter angebaut. Die Rastkapelle allein blieb erhalten.

Die Veränderung des Landschaftsbildes im Süden war besonders revolutionär. Das äußerste Haus im Süden war die Pollinger Schwaige (heute Dietmayr). Diese hatte mit allem lebenden und toten Inventar nebst 57 Tagwerk meist arrondierten Grund der Weilheimer Getreidehändler Johann Lindner bei der Klosteraufhebung um 6300 fl gesteigert. Von da aus sollte nun eine Straße nach Polling mit den vorgeschriebenen Obstbäumen angelegt werden, bisher konnten die Fuhrwerke, die von Weilheim nach Polling fuhren, nur über die Ettinger

Straße und Längenlaich das Kloster erreichen. Anfangs kam der Ausbau des Prälatenweges in Betracht, und die erste Arbeit war, die sieben Martersäulen oder Feldkapellen auf diesem Wege abzubrechen. Sie waren im 17. Jahrhundert erbaut worden, und zwar vier von der Stadt Weilheim und drei vom Kloster Polling. Ihre ehemalige Lage geben die großen Feldsteine heute noch kund.

Aber eine am 20. September 1804 erfolgte eingehende Besichtigung des Geländes durch elf Weilheimer Ratsherren ergab, daß „zu viele die Äcker verlieren müßten". Daher wählte man den „mittleren Weg", der zur heutigen Pollinger Straße wurde.

Auch im Osten der Stadt gab es eine Neuerung. Der bisherige Deutenhausener Fahrweg mußte zu einer mit Obstbäumen bestandenen Straße verbreitert werden.

Die Weilheimer Hochzeiteichen – jeder Weilheimer Bürger setzte an seinem Hochzeitstage nach altem Stadtbrauch auf einem seiner Felder drei Eichen – im Norden der Stadt, die bis zur Unterhausener Flur standen und dem Bahnbau 1864 zum Opfer fielen, ferner die neuen schlanken Pappeln um den Stadtgraben und einzelne Lindenbäume vor der Mauer bildeten in der nun folgenden Biedermeierzeit einen schönen Grünschmuck des Weilheimer Landschaftsbildes.

Die neue Verwaltung

An die Stelle des Rates wurde in der napoleonischen Zeit die Communal-Administration gesetzt. Sie war nach französischem Vorbild aufgebaut, nahm den Städten so gut wie jede Selbstverwaltung. Sie hatte keinen langen Bestand. Am 1. Oktober 1818 kam mit der neuen Verfassung in Bayern auch der bürgerliche Magistrat in die Stadt. Er bestand aus zwei Kollegien, dem der Magistratsräte und dem der Gemeindebevollmächtigten. Die Rechte dieser Kollegien wurden aber gegen die des alten Rates beschränkt. Der Stadt blieb zwar die freie

Wahl ihrer Vertreter und die freie Verwaltung ihrer Angelegenheiten, aber das Edikt legte den Gemeinden in ihrer Bewegungsfreiheit straffe Zügel an.

Noch während des ganzen 18. Jahrhunderts war der Landrichter eine Art Alleinherrscher in seinem Landgericht. Alle Ämter, die sich im Laufe des 19. Jahrhunderts entwickelten, hatte er in seiner Hand vereinigt.

Schon in der Napoleonischen Zeit begann mit den vielen Neuerungen in der Staatsverwaltung eine allmähliche Lostrennung einzelner Befugnisse vom Amt des Landrichters. Im Jahre 1803 zog das Rentamt (Finanzamt) in die Räume der ehemaligen Gerichtsschreiberei ein, das Schloß wurde zur Amtswohnung des Rentbeamten. Im gleichen Jahr wurde auch das Forstwesen vom Landgericht getrennt, ohne daß zunächst in der Stadt ein Forstamt gegründet wurde. Erst im Jahre 1853 wurde Weilheim Forstamtssitz. Später wurde dieses Amt zunächst nach Starnberg und schließlich nach Seeshaupt gelegt. Neu geschaffen wurde 1803 noch eine Aufschlagnehmerei und die Stelle eines Gerichtsarztes.

Im Jahre 1828 fand sich bereits ein K. Baukondukteur in der Stadt, aber erst zehn Jahre später wurde eine königliche Bauinspektion errichtet, die ihre Amtsräume in dem ehemaligen Cordonhaus an der Münchener Straße erhielt.

Im Jahre 1857 erhielt Weilheim ein Bezirksgericht. Das alte Kastengebäude mit den bisherigen Räumen des Rentamtes wurde abgebrochen und ein Bezirksgerichtsgebäude an der gleichen Stelle errichtet. Das Schloß wurde nach Osten erweitert, dorthin kamen die Amtsräume des Rentamtes. Am 1. Oktober 1857 wurde das Bezirksgerichtsgebäude feierlich seiner Bestimmung übergeben. Zum Bezirksgericht Weilheim gehörten damals die Bezirke (Landkreise) Weilheim, Schongau, Werdenfels, Tölz und Starnberg. Für dieses Gericht entsprach die 1835 erbaute „Fronfeste“ nicht mehr den Anforderungen; sie wurde um einen Stock erhöht, und damit bekam das Gefängnis sein heutiges Aussehen.

1862 bekam die Stadt ein Königliches Bezirksamt und zwei Notariate. Um die gleiche Zeit erscheint auch ein Bezirksgeometer, dessen Arbeit das Vermessungsamt fortsetzte.

Damit war die Entwicklung Weilheims zur überörtlichen Behördenstadt im 19. Jahrhundert abgeschlossen. Sie hatte der Stadt überörtliche Bedeutung und einen beträchtlichen Zuwachs an Bevölkerung gebracht. (Nach der im Gebiet des Deutschen Zollvereins durchgeführten Volkszählung Ende 1852 zählte Weilheim 2335 Einwohner.)

Kleine Bürgerrevolte 1820

Nicht weil es ein besonders wichtiges Ereignis in der Stadtgeschichte gewesen wäre, sei hier ein Vorgang aus dem Jahre 1820 erwähnt, sondern weil er uns vom Geiste jener Zeit Kunde gibt, den die Napoleonischen Jahre hinterließen. Eine Auflehnung gegen die hohe Obrigkeit wäre noch im 18. Jahrhundert eine Unmöglichkeit gewesen, aber die Auflösung des mittelalterlichen Ständestaates und die Freiheiten der Zeit haben eben einen neuen Geist geboren.

Der Bürgermeister und seine Magistratsräte scheinen damals mit wenig Energie ihres Amtes gewaltet zu haben, jedenfalls waren die „aufgeklärten“ Bürger mit deren Tätigkeit nicht zufrieden. Am 19. Februar 1820 schloß sich eine unzufriedene Schar zusammen und marschierte ins Rathaus, wo gerade Magistratssitzung war. Ungestüm drängten sie in den Sitzungssaal und forderten Rechenschaft. Vor allem war es ihnen um die Person des Landgerichtsoberschreibers Dußler zu tun, der im Nebenamt die Stadtschreiberei führte.

Dieser Dußler scheint gegen die Weilheimer Bürger mit ziemlicher Willkür aufgetreten zu sein und hat manchen von ihnen zu empfindlichen Strafen verholfen. Und jetzt zogen sie ihn vor Bürgermeister und Magistrat zur Verantwortung. Sie warfen ihm auch vor, er habe von der Stadt ein Gehalt von 400 Gulden, das sei für eine Arbeit, die im Nebenamt nur zwei Stunden täglich betrage, viel zu viel. Zudem müsse man noch mit 200 Gulden einen Hilfsschreiber besolden. Zu allem Überfluß müsse man noch 400 Gulden für den pensionierten Stadtschreiber Lachemair bezahlen, der die Stadt betrogen habe. Als sich der Dußler dagegen wehren wollte, wurde er von den aufgebrachten Bürgern niedergeschrien. Man nannte ihn „einen Skorpion, der jeden Bürger bis auf das Mark hineinsticht".

Nachdem sich die Wut gegen den Dußler etwas gelegt hatte, wandte sie sich gegen den als Magistrat anwesenden Bierbrauer Hipper. Man solle „die unmäßigen Maaß und halbe Krüge abschaffen" und nicht dulden, daß zwei Bippen (Zapfhähne) in den Schenken laufen. Das sei besonders beim Hipper im besten Schwang, der habe immer zweierlei Bier und nur einen Preis. Man sehe nicht ein, daß ein Bürger, der sein Bier zu Hause trinkt, ein schlechteres verabreicht bekomme als der, der beim Hipper im Kabinettszimmer sitzt.

Bei den Kramläden – und das ging den Bürgermeister selber an – seien Kleingewichte aus Blei, was strafbar wäre. Bei den Bäckern solle man den Einheitstarif besser nachrechnen und der Fleischsatz bei den Metzgern müsse auch mehr kontrolliert werden.

Der Bürgermeister und die Räte waren anscheinend machtlos. Erst als sie mit ihrem Sündenregister fertig waren, verließen die aufgebrachten Bürger den Sitzungssaal. Nicht genug damit, prangten am andern Tage von den Mauern verschiedener Häuser große Zettel, die der ganzen Bevölkerung die Schandtaten des Dußler und der Räte bekannt gaben. Sie waren unterschrieben: „Gesamte Bürgerschaft der hiesigen Stadt".

Wie sich dieser Sturm wieder legte, darüber fehlen leider die Nachrichten. Es scheint so gewesen zu sein, daß der gewandte und beliebte Weilheimer Landrichter Thoma das diplomatische Geschick besaß, die erregten Geister zu versöhnen. Es kam ein neuer Stadtschreiber Wimmer, der sich bald das Vertrauen der Bürgerschaft erwerben konnte. Dieser Wimmer ist später der Vater des Weilheimer Sparkassengedankens geworden.

Theaterleben

Die Spielfreudigkeit, die bekanntlich dem Oberländer im Blute liegt, zeigte sich im Weilheim der früheren Jahrhunderte vor allem in einer großangelegten Darstellung der Passion während der österlichen Zeit. Die Glanzperiode dieser Spiele war das 16. und besonders der Beginn dcs 17. Jahrhunderts, wo das zwei Tage währende Spiel auch vom bayerischen Herzog besucht wurde. Der Hof hatte an den Weilheimer Passionsspielen ein so großes Interesse, daß sogar „der durchlauchtigste Fürst und Herr Maximilian den Spielern die Kleider gnädigst hergeliehen hat". Und die Weilheimer Stadtkämmerer buchten getreulich die Ausgaben, die der Rat der Stadt für die 80–100 „Akteure der Passion", die dem Kreise der Weilheimer Künstler und Handwerker angehörten, sich geleistet hat. Das letzte große Passionsspiel fand in Weilheim im Jahre 1761 statt, der Eifer hat im 18. Jahrhundert nachgelassen.

Das weltliche Drama hatte sich inzwischen überall aus den alten Fastnachtsspielen weiter entwickelt und um diese Zeit fanden das Ritterdrama und das Familienschauspiel ihre Pflege. Da auch die bürgerlichen Kreise Weilheims für diese Art der Theateraufführungen eine besondere Vorliebe zeigten, war es nicht wunderlich, daß die allgemeine Spielfreudigkeit um das Jahr 1772 in der Stadt eine „bürgerliche Theatergesellschaft" ins Leben rief.

Nun konnten die Rührstücke jener Zeit, unter denen das vaterländische Trauerspiel „Agnes Bernauerin" die größte Zugkraft hatte, sowie die Ritterschauspiele, die dem Geschmack des damaligen Publikums am meisten zusagten, über die Weilheimer Bretter gehen. Auch die Dr.-Faust-Sage, deren Darstellung auf keiner noch so kleinen Bühne fehlte, gehörte in verschiedenen Variationen zu den Repertoirestücken jener Zeit. In allen Stücken kam aber immer ein derber Humor zur Geltung.

Im Jahre 1803 zählte die Weilheimer Theatergesellschaft 27 Mitglieder. Der Theaterbesuch war so rege, daß sich der Zuschauerraum bald als viel zu klein erwies.

Der Klostersturm hatte in diesem Jahre die Weilheimer Franziskaner vertrieben, ihr Klösterlein und die Kirche nahm der Staat und verkaufte sie. Der Stadtkämmerer Wese steigerte für die Stadt die Franziskanerkirche ein, und der Rat beschloß, daraus ein Requisitenlokal für die Feuerwehr zu machen. Aber die Mitglieder der Theatergesellschaft dachten anders. Nach zwei ergebnislosen Eingaben an den Rat um Überlassung der Kirche für ihre Zwecke erreichten sie, daß im Jahre 1807 der obere Teil der Kirche als Theaterraum vermietet wurde. Also wurde ein Stockwerk eingebaut und dort die Bühne aufgestellt. Als aber im Jahre 1825 der lange Flügel des ehemaligen Franziskanerklosters abbrannte, beschloß der Rat auf der Brandstätte ein neues Spital zu erbauen und die Kirche wieder ihren ursprünglichen Zwecken zuzuführen. Damit war die Theatergemeinde wieder ohne Heim und die rührigen Mitglieder beschlossen, nun ein eigenes Theater zu bauen. Der Bau erstand außerhalb der Ringmauer an der Stelle, wo heute das stattliche Weilheimer Theater steht. Im Jahre 1828 war der Theaterstadl, wie man das Gebäude nannte, fertiggestellt.

Doch liefen die Zeiten damals schlecht, man war in der Biedermeierzeit arm geworden, und so fehlte es bald an der nötigen finanziellen Unterstützung. Das Interesse der Mitglieder schwand in der geldarmen Zeit für die Theatersache immer mehr. So las man eines schönen Tages im Weilheimer Wochenblatt folgende Anzeige: „Auf Antrag eines Hypothekengläubigers wird das vor der Stadt gelegene neu aufgeführte Theatergebäude samt den Zuhörungen an Szenerien, Logen und Garderobestücken etc. an den Meistbietenden gegen Barzahlung hierorts im Gerichtslokale Freitag, den 29. November, vormittags 9–12 Uhr öffentlich versteigert, wozu Kaufliebhaber eingeladen werden.

18. Oktober 1839.

Kgl. Landgericht Weilheim, Landrichter Roll.

Es bildete sich rasch wieder eine neue Theatergesellschaft, die in dem von der Stadt eingesteigerten Theater ihre Tätigkeit fortsetzte.

In diesen Zeiten, besonders anfangs der vierziger Jahre, setzte in der Stadt die Tätigkeit von auswärtigen Theaterunternehmungen ein, die für einige Monate hier blieben, aber nur in bestimmten Gasthaussälen ihre Stücke zum besten geben durften. Denn das Theatergebäude war ihnen vom Magistrat verwehrt, diese Unternehmungen scheinen in keinem besonders guten Rufe gestanden zu haben. Der Landrichter Roll mußte sogar den Rat der Stadt wiederholt auf eine Regierungsentschließung vom Jahre 1840 hinweisen, daß keinem auswärtigen Theaterunternehmer ohne eine gehörige Legitimierung seines Gesamtpersonals ein Spiel erlaubt sei, daß die Truppe strenge überwacht und die zu produzierenden Stücke zuerst vorgelegt werden sollten.

Von den vielen Theaterdirektoren, die sich damals meldeten, soll hier einer vorgestellt werden. Es ist der August Kammerhuber, der seinen ständigen Wohnsitz in München, Untere Arcisstraße Nr. 10 über zwei Stiegen, hatte. Dieser fand Gnade beim Weilheimer Magistrat und dem Publikum, und ihm öffneten sich auch die Tore des Weilheimer Theaters. Ein Brief, den er im Jahre 1842 an den Weilheimer Bürgermeister Kaiser schrieb, gibt nicht nur Aufschluß über seine Person und seine Spielgruppe, sondern fällt auch ein vernichtendes Urteil über die damaligen ambulanten Theaterunternehmungen. Er schreibt unter anderem: „Ich habe seit der Zeit, wo es so viele unachtbare Theaterunternehmer und beinahe gar keinen achtbaren Schauspieler gibt, die Wahl meiner Theaterstücke nur auf die Kräfte meiner eigenen Familie beschränkt und bewiesen, daß ich nicht zu jenen Horden gehöre, die durch schlechtes Betragen, unentsprechende Darstellung, hinterlassene Schulden, Zudringlichkeiten aller Art und Hausbettel unter verschiedener Gestalt anstatt zur Landunterhaltung zur wahrhaften Landplage werden." Die Warnungen des Weilheimer Landrichters, die Vorsicht des Magistrates bei der Zulassung der Truppen und die dabei gemachten Erfahrungen scheinen das schlimme Urteil des August Kammerhuber über seine Zunftgenossen zu bestätigen.

Im Jahre 1853 ging die neue Weilheimer Theatergesellschaft in Brüche, aber geblieben sind verschiedene Theaterfreunde, die unter der späteren Betreuung des Theatervaters Ben. Höck die Pflege des Spieles aufrecht hielten. Diese Freunde, meist Mitglieder des 1844 gegründeten Liederkranzes, haben dann die endgültige Rettung der Theatersache in ihre starke Hand genommen.

Der Klausner vom Gögerl

Ein wunderliches Völklein waren die Klausner oder Waldbrüder in bayrischen Landen. Die rohe Zeit nach dem 30jährigen Kriege gebar als merkwürdigen Gegensatz eine Geistesrichtung, die manche besonders empfänglichen Leute in die Einsamkeit trieb. Dort lebten sie als Waldbrüder, in Gebet und frommen Übungen für ihr Seelenheil besorgt und suchten in guten Werken der Nächstenliebe sich zu vervollkommnen. Da aber der Wald doch nicht alles zum Lebensunterhalt Nötige bieten konnte, waren sie natürlich auch auf die freiwilligen Gaben der Bevölkerung angewiesen. Doch so ganz als Bettler kamen sie nicht, sie suchten sich durch Arbeiten wie Mesner-, Kantor-, Lehrerdienst für die Kinder auf den Dörfern und Einöden draußen nützlich zu machen.

Auf dem Gögerl erscheint der erste Klausner ungefähr im Jahre 1704. Zwei Plätze dort erinnern an sein ehemaliges Wirken. Am 5. August 1863 wurde auf der Höhe des Klausnerbühels ein Monument gesetzt. Die Inschrift lautete: „Hier stand die Klause, gegründet 1704, abgebrochen 1804." Der andere Platz ist ein Denkmal, gewaltig und groß, das in das Ammertal heruntergrüßt und jedem Besucher eine Freude macht. Es sind die vier großen Linden, die der erste Klausner gepflanzt hat und unter deren Blätterdache Alt-Weilheim seine Osterfeste feierte. Die Bäume haben eine mehr als 250jährige Geschichte des Weilheimer Ammertales miterlebt.

Die Klause oben war nicht aus Holz wie die meisten in bayerischem Lande, sondern aus Stein gebaut. Der erste Klausner, Johannes Obermayer, ein geborener Weilheimer, hat sie gegründet. Eine kleine Kapelle, ebenfalls aus Stein gebaut, stand daneben und schon am frühen Morgen läutete das Glöcklein des Eremiten hinab in das schlafende Weilheim. Vor der Klause war ein Kreuz aufgestellt, das wahrscheinlich schon früher oben war, denn im Jahre 1715 wurde es bereits erneuert. Das Kreuz mit Lanze und Schwamm war das Wahrzeichen der Klausnerhütte, und dem frommen Sinn des alten Weilheim entsprach es, wenn der Besuch beim Klausner oben ein sehr reger war.

Nur 15 Jahre aber waren dem ersten Klausner auf dem Gögerl geschenkt, dann hat den wetterfesten Mann ein merkwürdiges Schicksal ereilt, er ist erfroren, aber nicht in seiner Klause, sondern bei Mering auf dem Wege von Augsburg nach Weilheim. An einem grimmig kalten Dezembertage des Jahres 1719 war es, als er mit seinem Begleiter, dem Maler Lang von Weilheim, dort vom Wege abkam, sich verirrte und bei seinem hohen Alter ermattet niedersank. Lang suchte wohl Hilfe, mußte aber doch den frommen Johannes sterben sehen.

Nun darf man sich die Gögerlklausner nicht als romantische Gestalten vorstellen, die, angetan mit dem Kleid der Franziskaner, immer betend in und vor der Klause waren, ab und zu das Glöcklein läuteten, in frommen Reden die Besucher erbauten und von deren Geschenken lebten. Nicht umsonst wurde ihnen das Denkmal oben gesetzt: Sie haben durch ihre Tätigkeit in der Umgebung sich große Verdienste erworben als Handwerker, Gärtner, Krankenpfleger, Kantoren und Lehrer in den umliegenden Dörfern. Diese ihre Arbeit war genau geregelt und ihr Wirken vom Stadtpfarrer kontrolliert, der einmal im Jahre die Klause zu visitieren hatte. Dazu kamen auch die Kontrollen von Seite der Kapitelversammlungen der Kongregation, der der Klausner angehörte. Und da ging es oft strenge zu, weil die Disziplinarfälle dort verhandelt wurden. So war z. B. einmal ein Klausner – nicht von der Weilheimer Gegend, sondern von St. Emmeran bei Föhring-München – angeklagt, daß er im Schulhalten nachlässig sei und allzu häufig sich im Wirtshaus sehen lasse. Zur Strafe sollte er, als das Kapitel im Refektorium bei Tische saß, auf dem Boden essen und den Katechismus um den Hals hängen. Damals hat sich der Klausner, als er von der Strafe Wind bekam, aus dem Staube gemacht, ist aber später reumütig wieder zurückgekehrt und hat die Strafe abgebüßt.

Für ihre öffentliche Tätigkeit haben die Klausner vom Gögerl auf bestimmte Almosen ein Anrecht gehabt. Sie erhielten vom Franziskanerkloster in Weilheim Brot und Geld, der bürgerliche Rat hatte schon im Jahre 1722 dem Kloster eine Kaution für die Klausner gegeben. Sie hatten Anspruch auf das Almosen der umliegenden Dörfer im Umkreis von fünf Stunden und durften alle Quatember eine Sammlung von Lebensmitteln in Weilheim vornehmen. Wenn dann der Gögerlklausner längere Zeit durch Schulhalten auswärts beschäftigt war

– seine Abwesenheit mußte er dem Pfarramte anzeigen –, wurden ihm noch besondere Zugeständnisse gemacht.

So wurde der letzte Eremit Viktorin Gebhard, der Nachfolger des Bartlmä Berghofer, im Jahre 1799 zum Schulunterricht nach Magnetsried gerufen. Dort war in einem Bauernhause das Schulzimmer und die Herberge des Klausners. Sein Einkommen war folgendes:

Almosen 11 fl 44 kr, von der Kirche Weilheim, den Dörfern Hausen, Wielenbach, Deutenhausen, Marnbach am Kirchweih einen schwarzen Laib Brot (12 kr) = 1 fl 12 kr. Bei den Dörfern auch einen weißen (20 kr) = 1 fl 20 kr. Vom Hl. Geist-Spital Weilheim wöchentlich 1 Laib Brot und einen Pfannzelten = 7 fl 28 kr. Drei Sammlungen von Schmalz, Wolle und Wachs im Bezirk Weilheim auf 5 Stunden im Umkreis = 50 fl. Von der Schule Magnetsried 24 fl, die Kost von Haus zu Haus an den Schultagen.

Der Pfarrer und Schulinspektor in Uffing, Lorenz Blöm, hat gegen diese Art der Bezahlung folgendes Urteil: Für das gute Schulhalten hat er weiter nichts als gleich manchem Viehhirten von Haus zu Haus schlechte Bauernkost und das wenige Schulgeld.

Auch das Landgericht Weilheim erkennt seine Schultätigkeit an und berichtet: Was kann man von einem Schullehrer fordern, der von Haus zu Haus um seine schwarzen Nudeln betteln muß?

Ein volles Jahrhundert bestand das Klausnerwesen auf dem Gögerl. Wie so vieles fiel es dem Säkularisationsstreben zum Opfer. Schon vor dem Jahre 1804 war bereits eine Stimmung gegen die Eremiten im ganzen Lande. So bezeichnet eine Kurfürstliche Verfügung im Jahre 1802 das Institut der Klausner oder Einsiedler als schon längst zwecklos und schädlich. Die Eremiten selbst wehrten sich natürlich gegen diese böse Unterstellung, sie machten eine Eingabe an den Kurfürsten, es möchte der Bettel in ihrem Stande aufgehoben und sie für ihre Dienste von der Regierung bezahlt werden. Die Unterschrift war anonym und lautete: „Gesämte, von jederman verspot und verachtete Eremiten in Bayern."

Dem machte dann kurzerhand der 12. Mai 1804 ein Ende, indem eine Regierungsverfügung bestimmte, daß die Klausner den Habit abzulegen hätten und die Klausnergebäude eingezogen werden sollten. Ca. 122 Einsiedler im alten Bayern mußten damals dem Eremitenleben endgültig entsagen.

Die Veränderung des Stadtbildes durch den Klosterbrand im Jahre 1825

Am 28. September 1802 wurde den Franziskanern von dem Weilheimer Landrichter von Lachenmayr die Aufhebung ihres Konvents mitgeteilt, die Folgen dieser Säkularisation sind bekannt: Das Klosterkirchlein – es war bei weitem nicht so groß wie die heutige Heilig-Geist-Kirche – wurde von den Truppen während der Napoleonischen Zeit als Pferdestall benützt, ein neu gebauter Stock in der Kirche wurde zum Weilheimer Theater, nachdem das bisherige in der Pöltner Straße nicht mehr den Anforderungen der spielfreudigen Weilheimer entsprach. Das Konventgebäude wurde stückweise verkauft und daraus machte man Herbergen, die als Eigentum in den Besitz verschiedener Leute übergingen. Das eigentliche kleine Klösterlein erwarb ein Weilheimer Bräuer, der die Kellerräume gewaltig vergrößerte. Der schöne Klostergarten ging in den Besitz von Privaten über.

Da kam am 30. August 1825, abends 6 Uhr, das Verhängnis. In einer der Herbergen war Feuer ausgebrochen, das sich rasch über das ganze Gebäude mit seinen vielen Wohnungen ausbreitete. Der herrschende Nordwind trieb die Flammen gegen die Stadtmauer zu, so daß die Häuser der Schmiedgasse und der Hauptplatz gefährdet waren. Das Kirchendach, das mit seinen Ziegelplatten standhielt, bildete noch den einzigen Schutz für die gefährdete Stadt und alle Anstrengungen der Feuerwehren waren daher auf dessen Erhaltung gerichtet.

Mit 24 Spritzen rückte man dem Großbrand zu Leibe, die benachbarten Wehren waren auf dem Brandplatz erschienen, selbst von Schongau, Peiting und Andechs waren sie gekommen. Mit ihrer Hilfe gelang die Rettung der Kirche und damit war auch die Gefahr für die Stadt vorüber. Aber es hatte große Anstrengungen gekostet, es gab mehrere Verwundete und sogar einen Toten. Den jungen Bürgerssohn Johann Doll hatte ein umstürzender Kamin erschlagen.

Dieser Klosterbrand veranlaßte den Stadtmagistrat unter Führung des Bürgermeisters Johann Kaiser radikale bauliche Veränderungen in der Stadt vorzunehmen. Das alte Spitalgebäude, das mit seiner Kirche noch immer zwischen der Stadtpfarrkirche und dem Bache stand, war baufällig geworden. Man beschloß nun, dieses im Jahre 1686 neugebaute Pfründehaus samt der Kirche abzubrechen und ein Spitalgebäude auf dem Brandplatz an der Münchener Landstraße neu aufzubauen. Damit war, nachdem man bereits im Jahre 1788 die Katharinenkapelle zwischen Rathaus und Stadtpfarrkirche niedergelegt hatte, auch der südliche Platz vor der Kirche leer und sozusagen eine „Weilheimer Domfreiheit" geschaffen.

An der Münchener Straße legte man im April 1826 den Grundstein zum neuen Spitalgebäude. Der die Ausführung leitende Architekt war Leonhard Schmidtner, der Sohn eines Weilheimer Maurermeisters. Das einstige alte Klosterkirchlein wurde vergrößert, mit zwei Türmchen – früher war nur ein Dachreitertürmchen oben – und einer mit Säulen geschmückten Eingangspforte versehen. Daran schloß sich gegen Norden in einer Länge von 48 m das neue Pfründehaus. Es war einstöckig und wurde im Jahre der Fertigstellung (1827) von zwölf Pfründepersonen bezogen. Bemerkenswert ist, daß die zwölf Pfründner nur Wochengeld ohne Verpflegung erhielten, dagegen hatten sie freien Holzbezug und freie ärztliche Behandlung.

Neben dem Pfründehaus baute der Magistrat im gleichen Jahre das städtische Krankenhaus. Das Bruderhaus, das bisher als Krankenhaus benützt worden war, wurde zum Weilheimer Armenhaus (abgebrochen im Jahre 1863). So erhielt also die Münchener Straße vor dem Tore ein vollständig verändertes Aussehen, gegenüber dem Spitale war damals ein großer Garten des Bräuwastl (heute Gebäude des Weilheimer Tagblatt), gegenüber dem neuen Krankenhaus befand sich das jahrhundertealte Färberhaus.

Noch weitere Folgen zeitigte der Klosterbrand des Jahres 1825. Die Herbergsbesitzer waren durch den Spital- und Krankenhausneubau ihrer Wohnungen beraubt und mußten anderswo untergebracht werden. Der Magistrat entschloß sich, für diese Obdachlosen an der Nordseite der Ammergasse vom Zollhaus weg einige Häuser zu bauen und legte damit den Grund zur Anlage der heutigen Schützenstraße. Dort waren damals bis zur Ammer hinaus nur die Schießstätte, der städtische Werkstadel (heute Rappenglück) und ein Bauernhof mit einem Ziegelstadel, den im Jahre 1804 der Bürger Reiner erbaut hatte.

Auch das Weilheimer Theater mußte sich nach diesem Brande ein neues Heim suchen. Am südlichen Graben gegenüber der Mauer wurde im Jahre 1828 ein Theatergebäude aus Holz erbaut, der Weilheimer Theaterstadel. An seiner Stelle befindet sich heute das stattliche Weilheimer Theatergebäude.

So brachte das Brandunglück des Jahres 1825 für Weilheim jene Veränderungen, die heute noch zum baulichen Stadtcharakter gehören.

Königsbesuch

Ludwig I., der Sohn und Nachfolger des ersten bayerischen Königs Max I., regierte in Bayern seit 1825. Er betrachtete es als eine seiner Königspflichten in den ersten Jahren, den Städten und Gemeinden seines Reiches Besuche abzustatten und sich sozusagen seinen Untertanen persönlich vorzustellen. Vier Jahre nach seiner Thronbesteigung kam Weilheim an die Reihe.

Am 24. August 1829 teilte der Weilheimer Landrichter von Thoma einer magistratischen Abordnung mit, daß „S. Majestät der König auf Ihrer Reise von Brückenau nach Berchtesgaden als König reisen und als solcher aller Orten empfangen sein wollen, daß Allerhöchst dieselben am 4. September dahier durchreisen, auf der Post (Gasthaus zur Post, heute Kaufhaus Echter am Rathausplatz) ein Gabelfrühstück einzunehmen geruhen und sodann Ihre Reise nach Tölz, wo das Nachtlager stattfindet, fortsetzen."

Eifrig wurden nun in Weilheim die entsprechenden Empfangsfeierlichkeiten vorbereitet. Der Landrichter selbst sah überall nach dem Rechten, damit sein Städtchen ja sich dem Königspaar in bester Ordnung und Reinlichkeit zeige. Persönlich leitete er die Zuebnung der

„Gruben und Büchel“ auf dem Postplatz, die Bretterreihen, die neben dem Bache lagen, der damals noch offen ohne Geländer durch den Postplatz und die Stadt floß, mußte der Gerichtsbote – denn diesem gehörten sie – schleunigst entfernen, die Düngerhaufen am Oberen Tor und am Schlachthaus hatten zu verschwinden, die Stadtmauer beim Tor besserte man aus, das ruinöse Stadtpflaster durch die Pöltner-, Kirch- und Herrengasse bis zur Post wurde mit Kies ausgebessert, die Beschlächter am Stadtbach wurden neu hergerichtet usw.

Mitten in dieses große Reinemachen kam am 31. August an den Landrichter die Nachricht, daß „die Allerhöchsten Herrschaften am Freitag, den 4. September, dahier, und zwar im Gasthaus des Bräuers Martin Hipper Ihr Nachtlager zu halten geruhen“.

Nun war der Landrichter nervös geworden, das ganze bisherige Programm mußte in kurzer Zeit umgemodelt werden. Da setzte er sich hin und berichtete an den Weilheimer Magistrat, daß die Kürze der Zeit es unmöglich mache, die Empfangsfeierlichkeiten in der Weise auszubauen, wie es die Dauer des Aufenthaltes gefordert hätte. „Da jedoch I. I. Kgl. Majestäten keineswegs mit einem Prachtaufwand, sondern nur herzlich von Ihren Unterthanen, welche sie zu sehen wünschen, empfangen sein wollen, so steht zu erwarten, daß Allerhöchstdieselben die geringen Ehrenbezeigungen, welche Ihnen von der Stadt erwiesen werden, als genügend anzunehmen geruhen“.

So, nun hatte Gnaden Herr Landrichter sein schweres Herz erleichtert, männiglich wußte jetzt, daß er den guten Willen hatte und daß man nichts Unmögliches von ihm verlangen könne. Und nun kamen die neuen Vorbereitungen, die in aller Eile vollzogen werden mußten; gewissenhaft peinlich war der Landrichter hinter allem her. Der Platz und die Schmiedgasse, wo das Hotel Sr. Majestät war, wurden nun selbstverständlich in das Neubekiesungsprogramm aufgenommen, der Graben beim Augsburger Boten wurde teilweise eingedeckt, der Rasen dort abgestochen, und besonders interessant waren die landrichterlichen Befehle an die Ortspolizei: An allen Stellen, „die von den Majestäten passiert wurden“, mußten die Düngerhaufen gut versteckt werden. Hunde durften sich an dem Besuchstage nicht auf der Straße sehen lassen, sie wurden angehängt oder eingesperrt. Den Weilheimer Nachtwächtern war verboten, die Stunden auszurufen, wohl aber mußten sie alle Stunden patrouillieren und Recht und Sicherheit handhaben helfen. „Für die Sicherheit des Eigentums in den entfernten Stadtteilen sollte das Landwehrkommando durch Patrouillen-Assistenz sorgen."

Mit besonderer Strenge war die nächtliche Beleuchtung angeordnet. Die Straßenlampen mußten so mit Unschlitt gefüllt werden, daß sie bis 4 Uhr morgens „leuchteten", und die vier Lampen auf dem Platze, die anscheinend nicht alle Nacht angezündet wurden, sollten ebenfalls brennen. Für den Fall, daß die Majestäten die eine oder andere Kirche besuchen wollten, mußten auch diese gereinigt und geziert werden. Für sämtliche Mesner waren überhaupt besondere Vorschriften noch erlassen. Am 4. September mußten sie mit „ihren erforderlichen Gehilfen" von halb zehn Uhr morgens an in der Kirche stets bereit sein. Ein für diesen Tag auf den Stadtpfarrkirchenturm bestellter Wächter gab dann dem Mesner das Zeichen, wenn der königliche Wagen von Peißenberg her in Sicht kam; dann sollte mit der großen Glocke kurz geläutet werden. Wenn dann der Wagenzug die Weilheimer Flurgrenze erreicht hatte, gab der Wächter ein zweites Zeichen, dann erklangen alle Glocken der Stadt.

Am Sonntag vor dem Empfangstag wurde von der Kanzel herab verkündet, daß dieser Tag ein Feiertag für Weilheim sein solle. „Niedrige Arbeiten mußten allenthalben unterbleiben und sämtliche Einwohner, somit auch die Frauen, in Festkleidern auf den Straßen erscheinen". Die Bewohner jener Gassen, durch welche die hohen Gäste fuhren, wurden angewiesen, die Gasse mit Gras und Feldblumen zu bestreuen.

An alles hatte also Gnaden Herr Landrichter v. Thoma gedacht und der Bürgermeister Kaiser beeilte sich, die Befehle aufs genaueste zu vollziehen. Daß natürlich der Bürgerwehr für diesen Tag eine Hauptaufgabe gestellt wurde, ist selbstverständlich. Die Anweisungen des Bataillonskommandanten sind ein köstliches Dokument aus der Weilheimer Biedermeierzeit und sollen hier wörtlich folgen:

Anweisung über das Verhalten bei der Ankunft, Nachtlager und Abreise Ihrer kgl. Majestäten für den 4. und 5. September 1829:

Die Landwehr wird sich beim Einzug Ihrer Majestäten parade aufstellen. Dieselbe wird eine Hauptwache in der Nähe des Quartiers Ihrer Majestäten von 50 Mann unter geeignetem Offizierskommando etablieren und hievon folgende Wachposten abgeben:

1. Vor dem Hotel Sr. Majestät bei Hipper 2 Mann.

2. Vor der ersten Stiege 2 Mann.

3. Vor der 2. Stiege 2 Mann. Dieser Posten zieht ab, sobald Se. Majestät in Ihr Schlafgemach über 1 Stiege sich herabbegeben.

4. Vor dem Münchener Tor 2 Mann, welche darauf zu achten haben, daß bei diesem Tor kein Fuhrwerk hereinpassiere, weswegen die Passage noch besonders durch einen Querbaum zu sperren ist.

5. Vor dem Pöltner Tor aus der nämlichen Ursache 2 Mann, damit die Wägen in die Seitenwege links und rechts gewiesen werden.

6. Am Eck beim Bürgermeister Kaiser (heute Simader) 2 Mann, wodurch mit der Wache am Münchener Tor die Schmiedgasse geschlossen ist. Die Ablösung dieser Wachen muß vorschriftsmäßig besorgt werden.

Besonders ist zu bemerken, daß in dem Hotel Sr. Majestät ein Ordonnanzoffizier in der Person des Lieutenants Vötterl aufzustellen ist, daß in diesem Hotel nur die brauchbarsten Landwehrmänner von der besten Conduite aufgestellt werden dürfen und daß die beiden Schildwachen über 1 Stiege Unteroffiziere sein müssen. Bei der Abreise der kgl. Majestäten am 5. September wird das Militär wie beim Einzug paradieren.

Die Landwehr zu Pferd wird Sr. Majestät am 4. September bis Polling entgegenreiten und dort erwarten und von da bis vor Ihr Hotel in bester Ordnung begleiten, sonach aber durch das Münchenerthor abschwenken. Während der Nacht werden selbe sowohl inner der Stadt als außer derselben Patrouil machen, jedoch ohne die Schmiedgasse zu beunruhigen. Am 5. September wird die Landwehr Cavallerie die Majestäten von Ihrem Hotel aus bis Etting begleiten."

So lautete der Befehl des Bürgerwehr-Majors. Aus diesem ist zugleich zu erkennen, daß der König wahrscheinlich vom Besuch Füssens oder Schongaus über Peißenberg nach Weilheim und von da nach Tölz gefahren ist; also kam er von Polling her nach Weilheim und verließ die Stadt wieder über Etting.

Auch die Gendarmerie bekam für diese Tage einen bestimmten Ordnungsdienst. Sie „hatte Bettler und Vaganten zu entfernen, die

Passage überall frei zu halten, besonders in den engen Gassen, und während der Nacht bis Morgens früh durch fleißige Patrouillen Excesse zu verhindern". Am 5. September in aller Frühe mußten sich die Gendarmen nach Etting und Söchering begeben, um in diesen Orten bei der Durchreise des Königs die Ordnung aufrecht zu erhalten und die ihnen begegnenden Fuhrwerke wegen des „Ausweichens" aufmerksam zu machen.

Zum Schlusse war noch eine ganz wichtige Aufgabe zu erfüllen, der Schmuck des Städtchens sollte durch Ehrenpforten vervollständigt werden. Und da konnte sich der König wahrhaftig nicht beschweren, es wurden

Triumphbögen in großer Zahl

aufgestellt. Der erste stand an der Ortsflurgrenze zwischen Polling und Weilheim auf der Straße. Diese Ehrenpforte war mit den „Insignien der Landwirtschaft" geschmückt: Zwei Garben Getreide, Rechen und Gabel, Sense und Dreschflegel, darüber eine Inschrift. Der nächste Bogen stand zwischen dem Sebi und dem Hause des Schullehrers Wöstermayer, ein weiterer Ehrenbogen stand vor dem Pöltnertor zwischen den beiden Stadtgraben. Er war „im gotischen Geschmack" aufgebaut und sämtliche Zunftfahnen der Stadt schmückten ihn „zum Zeichen, daß I. I. Majestäten von der ganzen Bürgerschaft feierlich empfangen werden."

Alle Tore waren mit Kränzen ohne Inschriften geziert. Die Residenz, das Gasthaus des Martin Hipper, erhielt natürlich einen besonderen Schmuck, eine Pforte aus Tannenreis mit poetischen Inschriften empfing die hohen Gäste. Strenger Befehl des Landrichters war es, daß an diesem Tag keine Fremden in dem Hause übernachteten und keine „Zechgäste" im Lokal geduldet wurden. Denn das Haus „ist für die Zeit des Allerhöchsten Aufenthaltes als Sr. Majestät gehörig zu betrachten".

Besondere Schwierigkeiten machten dem Landrichter die poetischen Inschriften an den Ehrenpforten. Da wurden anscheinend sämtliche Poeten der Stadt und die es werden wollten mobil gemacht, um ihr Bestes zu leisten. Aber der Landrichter war strenge, wußte er doch, daß der König selbst sich in Versen versuchte, die bekanntlich so holperig liefen wie die Postkutsche der Biedermeierzeit. Zahlreiche Vorschläge der Weilheimer Dichter wurden daher von der strengen Zensur des Landrichters zurückgewiesen. Eine Auswahl derselben birgt heute das Stadtarchiv. Nur die Verslein des damaligen Weilheimer Stadtpfarrers fanden Gnade. Der war einer der letzten Geistlichen, die man von dem säkularisierten Kloster Beuerberg im Jahre 1803 in die Seelsorge übernommen hatte und dem später die Weilheimer Pfarre übertragen wurde. Dieser Stadtpfarrer war eine Künstlernatur, ein ausgezeichneter Musiker und gewandter Redner. Er wurde nun beauftragt, die Verslein für die Ehrenpforten zu schmieden. Aber es war für ihn keine leichte Aufgabe, denn der Landrichter bestimmte, daß die bisherige vierjährige Regierungstätigkeit des Königs gebührend berücksichtigt wurde.

Und nun wollen wir einmal den König bei seiner Fahrt nach Weilheim begleiten! Die große Glocke hat den Weilheimern bereits das Zeichen gegeben, daß die königlichen Wagen in Polling eingefahren sind. Dort steht die Weilheimer Landwehr-Cavallerie schon bereit zum Empfang. Ein Teil der Reiter setzt sich an die Spitze des Wagenzuges, der andere Teil schließt ihn ab. Dann geht es die Pollinger Straße herein bis zur Weilheimer Flurgrenze, wo die erste Ehrenpforte steht. Der Königswagen hält an, der Herrscher liest den ersten poetischen Gruß der Weilheimer, der hoch vom Bogen herunterlacht:

„O Ludwig! Therese! Durchlauchtigstes Paar!
Willkommen der Bürger erfreueter Schaar
Auf Weilheims gefälligen Fluren!
Was Ludwig dem Kaiser sie einstens getan,
Geloben sie Ludwig dem Könige an,
Da Lieb ihm und Treue sie schwuren."

Der König nickt beifällig, das Erzeugnis seines Weilheimer Dichterkollegen hat ihm anscheinend gefallen. Nun setzt sich der Wagenzug wieder in Bewegung. Im gleichen Augenblick ertönt das Geläute sämtlicher Weilheimer Glocken, und Böllerschüsse krachen aus dem

Bräuwastlgarten vor dem Schmiedtor. In der Pöltnervorstadt beim Sebi hält der König wieder an, den Dichtergruß an der Ehrenpforte will er sich nicht entgehen lassen:

„Bürgerglück gedeiht, entfesselt reift des Landmanns Saat,
Der Bedrängte findet und der Lichtbedürftige Rath,
Und die Musen blühn durch Vater Ludwigs Huld und That".

Dann geht die Fahrt weiter durch die mit weiß-blauen Fahnen geschmückte Gasse, vorbei beim Augsburger Boten, zum Pöltner Tor. Dort findet offizieller Empfang statt. Es ist ein malerisches Bild: Sämtliche Zunftfahnen der Stadt begrüßen den König, die Füsilierkompagnien sind in der Pöltnergasse „en haie" aufgestellt, die Musikbande – so lautet die amtliche Bezeichnung des Landrichters für die Bataillonsmusik – steht beim Tor am rechten Flügel. Die kgl. Beamten der Stadt haben sich dort bereits in Amtstracht aufgestellt, die Geistlichkeit, der Magistrat, die Gemeindebevollmächtigten haben sich natürlich ebenfalls eingefunden. Beim Nahen des Königs spielt die Musik, die Offiziere „salutieren", eine Anzahl Mädchen bestreut vor dem Wagen des Königs die Straße mit Blumen. Nach der allgemeinen Begrüßung und Vorstellung setzt sich der Zug in Begleitung der offiziellen Weilheimer Persönlichkeiten langsam in Bewegung und geht durch ein Spalier von Kindern aus der Stadt und vom Lande, die sich im Streuen von Blumen und Hochrufen nicht genug tun können. Und Hochrufe erschallen jetzt von allen Seiten, die Glocken läuten noch immer, die Böller krachen, die Musik spielt, neben dem Königswagen reitet der Major der Bürgerwehr.

An der Ehrenpforte am Platze beim Rathaus interessiert den König der Willkommensgruß der Stadt, den in Form eines Chronogramms ein verwegener Literat hinauf gezaubert hat:

„DIr erLaVchter sChVrens sohn,
BaIerns könIg
hVLDIgt Vnsere treVe staDt."

Der König ward hier als Nachkomme der Schyrenfamilie begrüßt. Der Verfasser des Grußes hat sich aber die Mühe gemacht, die Zahl 1829 in die Buchstaben hineinzulegen. Die groß geschriebenen Buchstaben bedeuten nämlich lateinische Ziffern, so D=500, V=5, C=100, L=50 usw. Fein säuberlich zusammengezählt ergeben diese Ziffern die Jahreszahl des Königsbesuches 1829. Vielleicht hat dem König diese Spielerei der Biedermeierzeit gefallen, vielleicht hat er gar noch nachgerechnet, der Chronist weiß darüber nichts zu berichten.

Nun geht der Zug vorbei an der besonders hübsch geschmückten Mariensäule mit ihren vier Laternen an jeder Ecke, und biegt in die Schmiedgasse ein. In den Jubel der blumenwerfenden Schulkinder mischen sich nun plötzlich die Klänge des Schützenmarsches, denn die Weilheimer Schützenkompagnie hat sich am Münchener Tore aufgestellt und sendet dem König ihren Gruß entgegen. Auf einer Tribüne vor dem Torschmied stehen Kinder, die nach dem Verklingen des Schützenmarsches die Königshymne anstimmen und hernach begleiten die Hochrufe der Weilheimer das Königspaar in sein Hotel. Damit sind die Empfangsfeierlichkeiten beendet.

Beim Abschied am nächsten Tage versammelten sich die Beamten, die Geistlichkeit und die Bürger vor dem Bräuwastl und zum zweiten Male erklingt beim Erscheinen des Königspaares die Bayerische Nationalhymne. Langsam fährt dann der Wagenzug durch die Stadt zum Pöltner Tor. Dort präsentiert das Schützenkorps, der Schützenmarsch erklingt noch einmal, die Füsilierkompagnien stehen still, die Offiziere grüßen zum Abschied. Unter Böllerschießen und Glockengeläut fährt der Königswagen dann zum Tore hinaus der Ettinger Straße zu. Wie beim Einzug begleiten auch beim Abschied die zwei Abteilungen der Landwehr-Cavallerie den König bis Etting. Beim Verlassen der Weilheimer Flurgrenze am Butterberg steht noch ein letzter Triumphbogen, der König liest die poetischen Abschiedsworte:

„Therese, Mutter! Ludwig, König!
O weile, weile noch ein wenig
Zum Abschied hier!
Auf allen Wegen
Begegne Dir
Des Himmels Segen!“

Und nun waren die Königstage in der Stadt verrauscht, sie sind eine ganz aufregende Zeit für unsere alten Weilheimer gewesen. Für uns aber bilden sie heute einen reizenden Ausschnitt aus längst vergangenen Tagen, aus der Weilheimer Biedermeierzeit, in der man die Kleinigkeiten des Lebens mit behaglicher Freude zu nehmen verstand und mit großer Wichtigtuerei die Geschehnisse der Zeit in sich aufnahm und kundgab.

Das schöne Weilheim der Biedermeierzeit

Ein Spaziergang um den Graben

Der Zeit nach den großen Napoleonischen Kriegen zu Beginn des vorigen Jahrhunderts, die auch Weilheim schwer heimsuchten, folgte eine Reihe geruhsamer Jahre, die wir in Bayern unter der Ära Ludwigs des Ersten genossen und als Biedermeierzeit bezeichnen. Die in den großen Umwälzungen gewonnenen Neuerungen, wie sie die Verfassung, Gewerbefreiheit, Toleranzedikt, Militärpflicht, Schulzwang usw. brachten, haben die Behäbigkeit des Weilheimer Bürgers nicht gestört, seine Tage flossen, wenn auch nicht in genießerischer Pracht, so doch recht und schlecht dahin und die Sorgen des Alltags gingen über die Kirchturminteressen wenig hinaus.

Die Bevölkerungszahl in Weilheim blieb immer dieselbe, vergleichende Zahlen beweisen das. Im Jahre 1756 hatte Weilheim 1871 Einwohner, im Jahre 1833 waren in 386 Häusern 409 Familien und im ganzen 1906 Einwohner.

Entsprechend der Einwohnerzahl war auch das Bild der Stadt gegen das der früheren Jahrhunderte nicht wesentlich verändert. Vor der Mauer und den Toren war nur die Obere Stadt längs des Baches und die sogenannte Pöltner Vorstadt mit den wenigen Häusern gegen die Kirche zu. Das Sixnetgern war seit dem Jahre 1810 erst langsam im Erstehen, und vor der Mauer im Norden der Stadt waren außer dem aufgehobenen Franziskanerkloster, dem späteren Spitalgebäude, nur wenige Häuser. Die Besiedelung der Münchener Straße und die Entstehung des Lerchenfeldes erfolgte erst nach dem Bahnbau in Weilheim, also seit dem Jahre 1866. Töllern, Dietlhofen und Waitzacker waren die uralten Siedlungen vor der Stadt mit nur wenigen Häusern.

Im Norden Weilheims, da wo heute der Bahnhof steht und der Schienenstrang nach Wilzhofen zieht, sowie die heutige Münchener Straße entlang war eine idyllische Gegend, die von unseren Alten in ihren Erholungsstunden gerne besucht wurde. Eine besondere Zierde dieser Gegend waren die Hochzeitsbäume unserer Altvordern, stolze Eichbäume, die in einer stattlichen Zahl bis zum Dietlhofer See und zur Unterhausener Flur zu sehen waren. Erst der Bahnbau im Jahre 1865 hat den größten Teil derselben verschwinden lassen, sehr zum Leide der vielen Naturfreunde im alten Weilheim. Und daß unsere Alten eine große Freude an Baum und Strauch hatten, war um Weilheim herum allenthalben zu sehen. Das Gögerl z. B. ist durch seine zahlreichen Nußsträucher, die sich vom Fuß des Hügels fast bis zur Höhe hinaufzogen, bekannt gewesen, wie überhaupt der Strauch als Umfassung mancher Felder und Wiesen ein anheimelndes Bild der Biedermeierzeit bot.

Lange hat sich ein anderer herrlicher Baumschmuck im alten Weilheim erhalten, der zur Biedermeierzeit eine besondere Zierde unserer Stadt war: die Pappelreihe um den Stadtgraben. Ein Spaziergang um den Graben muß in jener Zeit daher etwas Idyllisches gewesen sein. Die Mauer war im großen und ganzen wohl erhalten, freilich hat das Jahr 1806 schon eine gewisse Freiheit gegeben. Den Hausbesitzern wurde damals gestattet, die angrenzende Stadtmauer und den sich anschließenden Graben zu kaufen, und damit war schon eine Bresche in die Erhaltung des ganz alten Stadtbildes geschlagen. Wenn auch der Verkauf von seiten des Rates unter Vorbehalt der Erhaltung der Mauer vor sich ging, so wurde doch der Graben hinter dem Bräuwastl schon im Jahre 1810 aufgefüllt. Im allgemeinen hat sich aber der Graben durch die Biedermeierzeit hindurch wohl erhalten, die Mauer mußte sich freilich da und dort im Laufe der Zeit gefallen lassen, daß ein Tor eingebaut oder ein Pförtchen durchgeschlagen wurde.

Nun wollen wir einmal den Spuren eines alten Weilheimers der Biedermeierzeit auf seinem Spaziergang um den Graben folgen! Wir gehen durch das Schmiedtor hinaus auf die Münchener Straße dem Spitale zu. Rechts und links an der Straße ist ein kleines Mäuerlein, der letzte Rest der alten Torbefestigung. Dann grüßt uns bereits die erste Pappel an der Ecke und wir wenden uns dem Dammweg nach Osten zu. Es ist wirklich ein Dammweg, denn rechts senkt sich der tiefe Graben und links vom Weg geht es auch abwärts zur Fahrstraße. Frisches Grün wächst auf dem kleinen Bühel.

Im Stadtgraben fließt munter ein kleines Wässerlein tief in der Talsohle, während daneben und auf den ansteigenden Grabenhöhen Obstbäume in großer Anzahl stehen.

Links begleitet von den Pappeln, rechts von den Grabengärten und der wohlerhaltenen, noch nirgends durchbrochenen Stadtmauer, wenden wir uns weiter bis zu den ersten Bänken, die unter den Pappeln stehen, ungefähr da, wo später gegenüber das Gasthaus zum Neuner gebaut wurde.

Von der Bank schweift der Blick nach Osten bis zum Betberg, kein Haus hindert ihn, nur drunten auf der großen Wiese sieht man die Angerkapelle. Dieser haben sie im Jahre 1805 einen kleinen Hausanbau gemacht für die Seelennonne, deren Anstellung der Magistrat damals aus sanitären Gründen forderte. Wir gehen weiter gegen die Herrenstraße zu, blühende Obstgärten, im Winde leise rauschende Pappeln und Vogelgezwitscher begleiten uns. Der Graben ist, wie überall, durch einen Lattenzaun vom Wege abgeschlossen. In der Herrenstraße vor dem Tore sehen wir schon von weitem die zwei Mäuerlein, die den Graben von der Straße abschließen. Erst im Jahre 1835 hat dort an der Ecke der Rat ein Feuerlösch-Requisiten-Gebäude errichtet.

Wir spazieren am Tore vorüber und am Schlachthaus daneben, das im Jahre 1871 erst abgebrochen wurde. Der Graben mit seinen schönen Gärten zieht weiter nach Süden neben der wohlerhaltenen Mauer. Wir lassen uns auf dem Bänklein unter der Pappel dort nieder und genießen den Blick auf die alte Hofstatt. Der Bach fließt frei durch den Platz, erst im Jahre 1872 wurde er zugedeckt. Am 15. Juli 1834 brannten auf der Südseite der Hofstatt sechs Häuser nieder, und jetzt können wir noch die Spuren des Brandes von unserer Bank aus sehen. Die

Rathauslinde steht noch nicht, sie wurde erst später gepflanzt, wohl aber ist das uralte Kruzifix unter den Pappeln da, es wurde nach einem zeitgenössischen Bericht schon im Jahre 1721 renoviert, und so dürfen wir sein Alter noch viel höher einschätzen.

Nach links haben wir einen prächtigen Blick auf die Berge, noch kein Haus stört ihn, nur weit draußen gegen das Gögerl zu sind seit 1810 einige Häuser, das sogenannte Sixnetgern, erstanden. Zu unserer Rechten ziehen wieder die Gärten und die Mauer, die aber jetzt plötzlich durch einen großen Gebäudekomplex unterbrochen ist. Wir stehen vor dem alten Pflegeschloß. Hier wohnt seit dem Jahre 1803 der Rentamtmann, die Rentamtskanzlei befindet sich daneben in der Hofstraße, im früheren kurfürstlichen Kasten. Das seit 1748 bestehende kurfürstliche Weißbier-Bräuhaus daneben ist seit 1804 aufgelöst, der Landrichter hat seit dieser Zeit hier seinen Amtssitz. Erst im Jahre 1857 wich das Ganze einem Neubau, der das Bezirksgericht aufnahm, im Jahre 1874 dann das Amtsgericht und heute das Vermessungsamt.

Auf unserem Spaziergang überrascht uns noch etwas anderes. Im Graben dehnen sich die Gärten von einem Wässerlein durchzogen bis zum Pöltnertore hin, am Rand des Grabens aber haben die Pappeln freundliche Nachbarn erhalten. Eine Reihe von Maulbeerbäumen steht dort. Die Munifizenz des Kurfürsten Karl Theodor von Bayern hat sie im Jahre 1790 dorthin geschafft, sie sollten mithelfen, in Bayern einen Seidenbau ins Leben zu rufen. Aber die Bäume erfüllten nicht die Hoffnung, die man auf sie setzte, nur die Weilheimer Jugend hatte eine Freude an den kleinen, süßen Früchten.

Vor dem Pöltnertore umsäumen wieder die zwei kleinen Mäuerlein die Straße und trennen den Graben auf beiden Seiten von ihr. Wir überqueren die Straße und kommen beim Höck-Haus vorbei ins Theatergäßchen. Graben und Pappeln begleiten uns weiter, die Gärten hier, immer wieder vom Wässerlein durchzogen, dehnen sich neben der unberührten Mauer bis zum unteren Graben und zur Fronfeste aus. Auf dem Wege grüßt uns der neu gebaute Theaterstadel, den die junge Weilheimer Theatergemeinde dort im Jahre 1828 hingestellt hat. Heute steht dort das stattliche Weilheimer Stadttheater.

Die Kirche von St. Pölten wird jetzt sichtbar mit ihren vielen alten Grabkreuzen, die über die Kirchhofmauer herüberlugen. Nach Westen ist unser Blick noch nicht gehemmt von dem im Jahre 1865 errichteten Bahndamm, wir sehen weit in die Ammerauen hinein. Das im Jahre 1492 von Herzog Christoph gestiftete kleine Hl. Kreuz-Kirchlein steht allein auf einsamer Flur an der linken Seite des Baches. Es ist das einzige schöne Andenken, das der Herzog den Weilheimern hinterlassen hat, sonst war man hier gar nicht mit ihm zufrieden, seine Hofhaltung verschlang schwere Summen, welche er aus den Weilheimer Geldtruhen allzu reichlich nahm. Die alte Thürlmühle und der Lohstadl der Weilheimer Rotgerber sind weiter rückwärts zu erblikken.

Von der rechten Seite her vernehmen wir über dem Graben und unmittelbar hinter der Mauer das Geklapper der Marktmühle, die im Alt-Weilheimer Wirtschaftsleben eine große Rolle spielte. Gab es doch eine Zeit, wo sämtliche Bäcker der Stadt hier ihr Getreide mahlen lassen mußten. Sie war auch die einzige Mühle in Weilheim, die innerhalb der Mauer stand und ein oberschlächtiges Mühlwerk besaß. Später, im Jahre 1890, wurde sie abgebrochen, der städtische Schlachthof wurde dort errichtet.

Gleich daneben fällt unser Blick auf die Eisenfronfeste, die dem Rat der Stadt unterstellt war, da dieser die niedrige Gerichtsbarkeit im Bereich des Burgfriedens hatte. Neben der Fronfeste ragt aus der Mauer das „Thürlein" heraus. Aber siehe da! Eine rege Bautätigkeit entfaltet sich dort. Ein Stück Alt-Weilheim verschwindet. Eisenfronfeste und Thürlein werden gerade – wir zählen das Jahr 1835 – abgebrochen und ein neues, hohes Gefängnisgebäude, das charakteristisch für das Weilheimer Stadtbild werden soll, ist im Entstehen.

Mauer und Graben setzen sich nach diesem Neubau wieder fort, der Graben mit den Gärten und Bäumen, die Mauer unverletzt bis zum Ökonomiegebäude beim Bräuwastl. Dort wurde schon, wie ich oben sagte, der Graben im Jahre 1810 zugedeckt. Haben wir auf unserem Spaziergang die Bräuwastlgebäude hinter uns, so fällt wieder tief der Graben hinein bis zum Schmiedtor, wo ihn das kleine Mäuerlein von der Straße trennt. Unser schöner Alt-Weilheimer Spaziergang neben den blühenden Gärten und unter den Pappeln und Maulbeerbäumen ist hier beendigt.

Nachdem die Unantastbarkeit von Mauer und Graben einmal aufgegeben war, haben sich die verschiedenen Bräuer, deren Besitz an die Stadtmauer stieß, die Gelegenheit zunutze gemacht. Sie durchbrachen die Mauer und füllten den Graben auf, so entstanden dann jene für Alt-Weilheim so charakteristischen Biergärten. Es wurden anheimelnde Plätze, die mit Kastanienbäumen, die jetzt Mode geworden waren, bepflanzt, sich eines äußerst regen Besuches auch an Wochentagen zu erfreuen hatten.

Da war der Luckerbräugarten, auch der Drei-Mohren-Wirt hatte seinen Graben aufgeschüttet. Dort ist heute noch in der Stadtmauer eine Nische angebracht, in der viele Jahre die Figur des hl. Johannes Nepomuk, des Brückenheiligen, stand. Betstühle luden die Andächtigen dort zum Verweilen. Als dann der Wirtsgarten entstand, verschwand die Figur des Heiligen.

Auch der Graben des Bierbräuers Schöttl wurde aufgefüllt, der Bräuwastl hatte ebenfalls rückwärts gegen den Grabenweg seinen Wirtsgarten, und der Luplhansl machte es ihm nach. Aber all diese einst viel besuchten Biergärten Weilheims am Graben verschwanden wieder und mußten neuzeitlichen Anforderungen Platz machen. Als letzter Grabenteil wurde der südliche aufgefüllt, Gärten und Anlagen sind heute dort.

Ein Spaziergang um den Graben ist also heute nicht mehr das, was er vor hundert Jahren war. Die Pappeln, Maulbeerbäume und blühenden Obstgärten sind verschwunden und vom Graben ist so viel wie nichts mehr zu sehen.

Der letzte Großbrand anno 1834

Das grauenvolle Unglück, das in früheren Jahrhunderten unsere Stadt heimsuchte, wenn die Flammen über ganze Häuserzeilen züngelten und Dutzende von Wohnungen in Schutt und Asche legten, kann unsere Generation sich nicht mehr vorstellen. Eine geschulte Wehr mit den modernsten Löschgeräten aller Art steht heute bereit, schützend und helfend sofort da wirksam einzugreifen, wo Feuersnot sich drohend zeigt. Das Haus von Stein, eine geregelte Feuerbeschau und nicht zuletzt die bequemen und gefahrlosen Lichtquellen, die unsere Räume jetzt erhellen, machen einen Großbrand gottlob heute zur Seltenheit, wenn nicht zur Unmöglichkeit.

Als aber noch die Häuser Weilheims mit ihren ausgetrockneten Holzwänden da standen, als noch das Schindeldach sie deckte und der Kienspan in Küche und Hausflur flackerte und in den Stallungen das schwach geschützte Licht an den Holzpfosten steckte, da konnten die Herbststürme oft die entstehende kleine Lohe zum mächtigen Brande entfachen, der ganze Stadtteile niederlegte.

Vom Jahre 1834 wird der letzte Großbrand in Weilheim berichtet. In dichtem Nebel zog der Morgen des 25. Oktober über Weilheim herauf. Niemand war auf den Straßen zu sehen, denn ein heftiger Sturm, verbunden mit Schneegestöber, machte das Verweilen dort unmöglich.

In diesen Hexensabbat der entfesselten Elemente schrillte plötzlich der unheimliche Ruf: „Feuer! Feuer" Er wälzte sich schaurig fort über den Hauptplatz durch die Straßen zu den Toren und der Mauer. „Feuer!" schrie es hinauf in die Obere Stadt, „Feuer!" schrie es hinaus zur Pöltner Vorstadt.

Im Gerberhause auf dem Hauptplatz hatte es angefangen, und das Feuer sprang mit unheimlicher Schnelligkeit, genährt durch den Sturm, hinüber zur östlichen Schmiedgasse. Haus an Haus, Scheune an Scheune standen bald in hellen Flammen, aber fast machtlos waren die Weilheimer Retter dem wogenden Feuermeer gegenüber. Das Vieh brüllte in den Straßen und auf dem Hauptplatz, wo es zusammengetrieben wurde. Ein Rennen und Hasten in Sturm und Schneegestöber von alt und jung, und vor ihnen die prasselnden Flammen, die gierig von einer brennenden Scheune zur anderen hinüberleckten!

Seit einem Vierteljahrhundert war damals schon im Weilheimer Bezirk die Feuerwehrordnung eingeführt, die Übungen fanden regelmäßig statt, die Löschgeräte waren vorhanden. Aber was war das alles gegen die Gewalt dieses Oktobersturmes! Und die Helfer von auswärts stellten sich noch immer nicht ein!

Da schickte der Weilheimer Bürgermeister Joseph Klieber reitende

Boten in die benachbarten Orte, um die Not der Weilheimer dort zu melden. Und durch die Tore ritten eiligst die sechs jungen Reiter und sahen bald draußen vor der Stadt, daß die Nachbarorte unmöglich eine Ahnung von dem schweren Unglück der Weilheimer haben konnten. Denn Schneegestöber und Nebel hinderten jede Sicht.

Rasch ging aber dann der Alarm von Dorf zu Dorf bis zu den Grenzen des Landgerichtsbezirkes, und jetzt erst kamen die Retter. Vom Landgericht Landsberg erschienen die Raistinger, St. Georger und die Dießener. Von Starnberg fuhr der Landrichter von Leiendeckar persönlich heran und führte die Wehren von Erling und Starnberg. Von Peiting kam der tätige Vorsteher Weger mit Helfern, und das Landgericht Schongau ordnete den Gerichtsdiener ab, der mit Löschrequisiten und Arbeitsleuten herbeikam.

Aber inzwischen hatte das Feuer in Weilheim gräßliche Arbeit gemacht. 23 Wohnhäuser und 22 Nebengebäude lagen in Asche. Die ganze östliche Schmiedgasse und der westliche Teil des Hauptplatzes waren schon verloren. Die vollen Scheunen mit Heu und Getreide, mit Grummet und Stroh hatten dem Feuer allzu reichliche Nahrung gegeben. Erst beim Landrichterhause – an der Windgasse – konnte die Flammenflucht gestellt werden. 35 Familien aber waren in zwei Stunden obdachlos geworden.

Merkwürdigerweise hielten zwei fester gebaute Häuser dem rasenden Elemente stand. Das war der Pähler Kramer an der Ecke der Schmiedgasse und des Hauptplatzes, und dann das Haus des Lohnkutschers Lindner am Hauptplatz.

Trotzdem hatten die Feuerwehren Arbeit genug, um weiteren Schaden zu verhüten. Denn das brennende Stroh und Heu flog, gepeitscht durch den Wind, weit über die Brandstätte hinaus und gefährdete die Nachbarschaft. Diese hatte schon Anstalten getroffen, die Häuser zu räumen und das Vieh in der Oberen Stadt in Sicherheit zu bringen. Endlich, um 10 Uhr nachts, konnte der Brand zwar noch nicht als gelöscht betrachtet werden, aber die Gefahr für die Nachbarn war vorüber. Drei Tage noch waren, wie der damalige Landrichter berichtet, „die fürchterlichen Gluthaufen der Gegenstand angestrengter Arbeit."

Dann ging man rasch an den Aufbau der Häuser. Wie bei jedem

Großbrande hat man auch damals gewisse Lehren aus dem Unglück gezogen. Der Bau der Häuser konnte nicht mehr nach Gutdünken des Besitzers erfolgen, sondern mußte nach bestimmten polizeilichen Vorschriften vor sich gehen. Außerdem wurde angeordnet, daß das Eisenkrämergäßchen, das früher sehr enge war, bedeutend breiter angelegt werde, so wie wir es heute noch sehen. Dieser letzte Großbrand hatte auch noch zur Folge, daß der Rat der Stadt an den Bau eines neuen Hauses für die Feuerlöschgeräte ging. Es erstand im Jahre 1835 vor dem oberen Tore.

Ein Schlenkertag

Es war die Zeit, wo im alten ländlichen Weilheim fast in jedem Hause der Obern und der Untern Stadt die Kühe im Stalle standen, wo von hier aus einige Dutzend Boten der Obern Stadt nach allen Himmelsrichtungen mit ihren Blahenwagen fuhren. Da hatte man Knechte und Mägde als unentbehrliche Helfer in der Landwirtschaft vonnöten.

Einmal im Jahre war nun für diese Dienstboten eine gar wichtige Zeit, da ging es in ganz Weilheim aber auch hoch her. Das waren die Lichtmeßzieltage, die Zeit, wo Mägde und Knechte ihren Jahreslohn in Geld und was sonst „ausgemacht worden war“ erhielten. Dann ging das Schlenkern los, d. h. sie zogen fort, um einen anderen Dienst sich zu suchen, wenn sie vorher „aufgesagt“ hatten. Viele blieben natürlich auch wieder im gleichen Hause und verpflichteten sich mit Handschlag und Annahme des “Drangeldes“ auf ein weiteres Jahr.

Drei Tage lang war dann das Weilheimer Straßenbild vollständig verändert. Nicht nur die Dienstboten der Stadt zogen in ihrem Feiertagskleid und mit dem geschnürten Bündel durch die Gassen, sehr viele Knechte und Mägde kamen von den benachbarten Dörfern herein. Aber auch die Weilheimer Bauern und die vom Lande draußen zeigten sich allenthalben auf den Straßen, um eifrig nach „etwas Brauchbarem“ zu suchen, denn hier war der große Schlenkermarkt – in manchen Gegenden auch Schlenkelmarkt genannt –. Diese Dienstbotenbörse, wie man sie heute nennen könnte, befand sich in der Schmiedgasse beim Cavalierbräu.

Schon am Nachmittag des Lichtmeßtages füllten sich dort die Räume, und gar lustig ging es dann zu. Standen doch drei Freinächte ihnen allen bevor, da wurde hoch gezecht und teuer gespielt, das viele ungewohnte Geld in Form des Jahreslohnes steckte oft gar locker in den Taschen.

Der 3. Februar war der eigentliche Schlenkertag, wo der Bauer und der neue Knecht miteinander verhandelten, bis der Handschlag erfolgte und der Handel abgemacht war. Die zweite Freinacht beschloß diesen Tag, dann kam der sogenannte Rasttag. Der gehörte ganz den Knechten, die an diesem Tage von der Bierbank beim Cavalierbräu nicht wegkamen. Das wurden richtige Sauf- und Spielgelage, an die mancher, wenn er wieder nüchtern war, mit Grauen dachte. Der dritten Freinacht folgte der Einstehtag. Bis mittags 12 Uhr war der Aufenthalt beim Cavalier den Knechten noch gestattet, dann mußte das Schlachtfeld geräumt werden. Es ging wieder an die Arbeit des Jahres.

Diese seit Jahrzehnten gepflogene Sitte im alten Weilheim scheint aber in den dreißiger Jahren des vorigen Jahrhunderts sehr ausgeartet zu sein.

Besonders stark muß es der Jahrgang 1836 getrieben haben. Jedenfalls ging es damals dem Gendarmerie-Brigadier Georg Betz schwer auf die Nerven, denn er fand es an der Zeit, den Landrichter und den Stadtmagistrat auf diese unhaltbaren Zustände aufmerksam zu machen. Das tat er aber nicht sofort, sondern wartete, bis der Lichtmeßtag des Jahres 1837 herankam. Da in diesem Jahre unmittelbar auf die drei Lichtmeßtage die Faschingstage folgten, an denen ebenfalls drei Freinächte für die Weilheimer üblich waren, so wären unmittelbar hintereinander sechs Freinächte in der Stadt erfolgt.

Da setzte nun der Brigadier Betz ein und meldete, daß ein solcher Zustand unerträglich wäre. Dann schilderte er die Weilheimer Schlenkertage. Drei Tage bis zum 5. Februar zur Mittagszeit werde beim Cavalierbräu gezecht und besonders teuer gespielt. Und dabei wären es Hazardspiele, die der Herr Landrichter im Jahre 1832 strenge verboten habe. Aber nicht nur die Knechte, auch die noch feiertagsschulpflichtigen Dienstbuben fänden sich dort ein und verspielten ihren geringen Jahreslohn. Die älteren Knechte, die sich dem Spiel und Trunk ergeben, waren nach seinem Berichte das ganze Jahr dann ohne Mittel. Da sie „in der Kleidertracht und im Zechen den ordentlich gesinnten Nebenknechten aber gleichstehen wollten, so konnten sie ihre Leidenschaft nur durch Untreue oder gar durch Straßenraub an anderen Personen befriedigen." Mit „Dienstesachtung" empfahl sich dann der Herr Brigadier Georg Betz am Schlusse seines Berichtes, der einen Blick in die „gute Biedermeierzeit" gewährt.

Diese Anzeige kam nun dem Bürgermeister Schöttinger und seinem Stadtschreiber Wimmer gerade recht. Sie hatten ja soeben durch die Gründung der Weilheimer Sparkasse vor einigen Monaten kundgetan, daß sie gewillt waren, „den abnehmenden Sinn für Sparsamkeit und Häuslichkeit wieder zu beleben und dem steigenden Luxus der Dienstboten Schranken zu setzen". Daher wurden die Stadträte eilig zusammengerufen, um die bevorstehenden Schlenkertage in Weilheim ruhiger und gesitteter gestalten zu helfen.

Zunächst wurde die Polizeistunde für die drei Lichtmeßzieltage auf 11 Uhr festgesetzt, die Freinächte kamen von diesem Jahre ab in Wegfall. Das teure Glückspielen wurde streng untersagt und die Übertreter dieses Verbotes hatten nicht nur die Wegnahme der Einsätze durch die Gendarmerie und Polizeimannschaften, sondern überdies noch die Bestrafung nach den bestehenden Gesetzen und Verordnungen zu gewärtigen. Der Herbergsvater – in diesem Falle war der Cavalierbräu vor allem gemeint – durfte Knechte, die in Weilheim in Dienst waren, nicht über Nacht behalten, diese mußten entweder bei der vorigen oder bei der künftigen Dienstherrschaft bleiben. Dienstboten ohne Stellung durften in der Herberge nur mehr eine Nacht bleiben, jeder weitere Aufenthalt war von einer besonderen Bewilligung abhängig. Wenn einer diese nicht einholte, wurde er „nach der allerhöchsten Verordnung vom Jahre 1816 als Bettler und Landstreicher behandelt".

Fein säuberlich hat der Stadtschreiber Wimmer diese Beschlüsse zu Papier gebracht und dieses Dokument dann auf der Herberge beim Cavalierbräu anschlagen lassen. Die Förderung seiner Lieblingsschöpfung, der seit einigen Monaten bestehenden Weilheimer Sparkasse, vergaß aber Vater Wimmer mitnichten. Feierlich fügte er am Schlusse hinzu: „Für diejenigen, welche ihren Lohn und ihre sonstigen Ersparnisse verzinslich anlegen wollen, sei bemerkt, daß die Sparkasse in den drei Zieltagen zur Annahme von Einlagen im Betrage von 1 fl bis 200 fl bereit sei."

Wie nun die Weilheimer Schlenkertage des Jahres 1837 auf Grund dieser Vorschriften sich auswirken, darüber berichten die archivalischen Akten der Stadt leider nichts mehr. Die späteren Jahrzehnte haben aber dem Weilheimer Schlenkermarkt seine ehemalige Bedeutung genommen, da Weilheim sein ländliches Gewand ablegte und aus den Bürgerhäusern allmählich das Vieh verschwand.

Seidenraupenzucht

Wenn die Weilheimer Urkunden des 16. Jahrhunderts Hopfen- und sogar Weingärten melden, die vor den Toren der Stadt lagen, so darf man sich nicht wundern, daß in Weilheim auch der Maulbeerbaum, dessen Blätter zur Seidenraupenzucht verwendet werden, auftaucht. Freilich war das eine ganz andere Sache. Denn in den Kauf- und Verkaufsverträgen der vierundzwanzig Weilheimer Bräuer verschwinden allmählich im 17. Jahrhundert die Hopfengärten – der letzte befand sich vor dem Münchener Tor gegenüber der Franziskaner Kirche –, und der Weinbau – der Wein muß ein richtiger Rachenputzer gewesen sein – wurde schon viel früher durch die besseren Weine aus Südtirol ersetzt, wo die Klöster des Pfaffenwinkels ihre Besitzungen hatten. Erst nach dem 17. Jahrhundert, gegen Ende des 18. Jahrhunderts, kam der Maulbeerbaum zu uns, als die Zeiten für die bayerische Wirtschaft recht schlimm waren. Dem wollte nämlich Kurfürst Karl Theodor durch Einführung einer Seidenindustrie in seinem Lande abhelfen. Hunderttausende von Maulbeerbaum-Setzlingen ließ er in die kurfürstlichen Pflanzenschulen kommen, von wo aus sie den einzelnen bayerischen Orten zugeteilt wurden.

Damals also, um 1790, war es, daß auch Weilheim damit beglückt wurde. Aber das Oberländer Klima, das schon Wein und Hopfen vertrieben hatte, ließ auch die Maulbeerbäume nicht aufkommen. Zwar wuchsen sie am südlichen Stadtgraben heran, aber die wenigsten kamen vorwärts, nur einige leisteten dem rauhen Klima Widerstand und zeitigten alljährlich zur Freude der Weilheimer Buben ihre kleinen, süßen Beeren. Das war aber alles, zur Ausnützung der Bäume für die Seidenzucht ist es nicht gekommen.

Da setzte aber wieder einmal, 60 Jahre später, unter König Ludwig I. in Bayern eine Bewegung ein, die durch eine Seidenzucht der bedrängten bayerischen Wirtschaft unter die Arme greifen sollte. In München hatte sich nämlich ein Hauptfrauenverein zur Förderung der Seidenzucht in Bayern unter dem Protektorat der Königin aufgetan. Der wandte sich im Jahre 1848 an den Weilheimer Magistrat mit der Bitte, die in Weilheim stehenden Maulbeerbäume zur „Disposition zu stellen, d. h. zu erlauben, daß sie in diesem Jahre zur Seidenzucht verwendet würden“. Die Stadt Pfaffenhofen a/Ilm sei mit mehreren anderen Städten schon mit gutem Beispiele in dieser Beziehung vorausgegangen und erhielt im Jahre 1847 bereits aus selbstgezogener Seide eine stattliche Kirchenfahne. Zugleich bot der Verein der Stadt neue Maulbeerbaum-Setzlinge an, die mit Hilfe der kgl. Regierung zu einem besonders billigen Preis abgegeben würden: Hochstämme für 3 kr und Hecken für 1½ kr.

Zunächst schüttelte der Bürgermeister Bocksberger mit seinen Räten den Kopf, sie wußten ja alle, daß ihre Maulbeerbäume unter dem Klima zugrunde gegangen sind und nur noch ein halbes Dutzend am Stadtgraben sein Dasein fristete. Aber sie wollten doch „der Förderung des Seidenbaues“ nicht hinderlich sein. Sie bestellten daher gutmütig, wie sie waren, 60 Hochstämme und stellten „mit Vergnügen“ die vorhandenen Maulbeerbäume zur beliebigen Disposition.

Auf diese erfreuliche Nachricht hin wurde vom Verein Fräulein Therese Reichold, eine Preisträgerin in der Zucht der Seidenraupen, nach Weilheim geschickt mit dem Auftrag, „jungen Leuten die Seidenraupenzucht zu lehren, damit diesen ein leichter und ehrenhafter

Gewinn erwachse". Also kam die Therese am 14. Juni mit einer Menge von Seidenraupen nach Weilheim, die nun mit den jungen, frischen Blättern der Weilheimer Maulbeerbäume gefüttert werden sollten. Zunächst aber gab es ein kleines Hindernis.

Schaute da an dem schönen Morgen des 15. Juni der kgl. Rentbeamte Herr von Michael gemütlich zum Fenster heraus, um seinen blühenden Garten zu betrachten. Da erspähte er auf einem der Maulbeerbäume, die auf seinem Gartengrund standen, einen himmellangen Kerl, der eifrig die Zweige entblätterte, während im Garten selbst einige Buben beschäftigt waren, die Blätter in Körben zu sammeln. Der Rentbeamte wollte zunächst seinen Augen nicht trauen, dann aber packte ihn die Wut und er stürzte hinaus zu den Missetätern.

Aber diese pochten auf ihren hohen Auftrag und der Herr v. Michael auf sein Recht. Ein Wort gab das andere und das Ende war, daß die Arbeiter „auf eine ziemlich unmanierliche Weise" aus dem Garten gejagt wurden. Auf die Meldung dieses Vorganges beim Magistrat ging ein Schreiben an den Rentbeamten ab, welches ihm bedeutete, daß die Maulbeerbäume von der Stadt gesetzt und daher auch Eigentum der Stadt seien, obwohl sie im Rentamtgarten stünden. Ob Herr Michael im Rechte war oder nicht, mag hier dahingestellt bleiben, aber er hat sich doch eines anderen besonnen: Seidenbau, Protektorat der Königin, Wunsch der Regierung usw. milderten seinen Zorn. Und so gestattete er die Benützung „seiner" Bäume unter der Bedingung, daß der Zaun, der durch das Übersteigen „der hoffnungsvollen Weilheimer Jugend" häufig schadhaft sei, vom Magistrat unterhalten werde. Aber auch dagegen wehrten sich die Stadtväter und gaben dem Rentbeamten zu bedenken, daß die „hoffnungsvolle Weilheimer Jugend" gerade von seinem eigenen hoffnungsvollen Sprößling „angeführt werde".

Nach dieser kleinen Auseinandersetzung konnte also das Werk fortgesetzt werden. Die Bäume wurden ihrer Blätter beraubt, die Seidenraupen erhielten ihre Nahrung, und die Therese ging an ihre Aufgabe. Doch trat leider das ein, was die Stadtväter von Anfang an befürchtet hatten: Das Oberländer Klima legte hier wieder sein Veto ein, die Bäume, die in Frage kamen, waren zu wenig. Von den 50 Hochstämmen, die im Jahre 1848 im Norden der Stadt im Herrenfeld und in den

Wiesen bei der Münchener Landstraße gesetzt wurden, hatten nur einige wenige die Kraft zum Wachstum. Die anderen blieben zurück und mußten dann vollends verschwinden, als man im Jahre 1871 mit der Bebauung des Lerchenfeldes begann.

Der Festwagen zum Oktoberfest 1835

Als im Jahre 1810 der Kronprinz Ludwig heiratete, wurde in München zum ersten Mal jenes große Fest auf der Wiese durchgeführt, die später nach der königlichen Braut Theresienwiese benannt wurde. Dieses Oktoberfest beging 1835 zusammen mit der Silberhochzeit des Königs Ludwig I. sein 25jähriges Jubiläum.

Der Hof und die Münchener hatten ein großes Interesse, daß nicht nur der Besuch aus ganz Bayern sehr zahlreich, sondern daß auch das Fest selbst künstlerisch gestaltet wurde. Der König als Freund und Schirmherr der Künste sollte eine Freude daran haben.

Die Kgl. Behörden haben sich denn auch alle Mühe gegeben, das Interesse der bayerischen Bevölkerung hiefür wachzurufen. Und so kam auch nach Weilheim eine Einladung, und der Weilheimer Landrichter Roll ließ es sich sehr angelegen sein, für das Oktoberfest in seinem Bezirke Stimmung zu machen. Ein landrichterlicher Erlaß aus dem Jahre 1835 im „Weilheimer Wochenblatt“ wendet sich in sehr kategorischem Tone an die Gemeindevorsteher.

„An dem Hauptfesttag des heurigen Oktoberfestes wird ein Zug von Landleuten Statt finden, woran auch jene Gemeinden, welche sich durch die vorzüglichsten Trachten auszeichnen, in der Weise Teil nehmen, daß sie eingeladen werden, zwölf Knaben und zwölf Mädchen, von Frauen begleitet in Bauernwägen nach München zu senden, welchen einige Berittene Bauern folgen sollen. Die Erscheinenden müssen rein und in Feyertägiger Nationaltracht gekleidet sein. Die Gemeindevorsteher haben daher im Benehmen mit den Herrn Pfarrvorständen zur Verherrlichung des Oktoberfestes mitzuwirken.

Roll, Landrichter.“

Daß den bayerischen Schützen bei diesem Feste ein besonders herzlicher Willkomm bereit wurde, war bei dem Ansehen der Schützengilden und der Würdigung ihrer vaterländischen Tätigkeit eine selbstverständlichkeit.

Der Aufruf des Landrichters Roll fand in der Stadt Weilheim günstigen Widerhall. Der Magistrat beschloß am 29. September, „zur Verschönerung des diesjährigen Oktoberfestes vorzüglich zur Erhöhung der Silbernen Hochzeit Ihrer K. Majestäten einen Festwagen nach München zu senden." Die Stadtkämmerei wurde beauftragt, „die mit dieser Feier verbundenen Kosten aus Kommunalgefällen zu bestreiten".

Und nun ging es an den Aufbau des Weilheimer Wagens. Der Stift eines Zeichners aus dem Jahre 1835 hat ihn uns im Bilde festgehalten. Die charakteristischen Zinnen der Stadttortürme sollten das Wahrzeichen des Weilheimer Wagens werden. Zahlreiche weiß-blaue Fähnchen und eine große Fahne mit dem Weilheimer Stadtwappen schmückten ihn, und gar stattlich war das Reiterkorps, das ihn begleitete. Der Wagen wurde nach den Angaben der Weilheimer Industrielehrerin Beutlrock vom Schreiner Off gefertigt, wie überhaupt die Beutlrock die Durchführung des Ganzen nach der künstlerischen Seite hin zu überwachen hatte. Sie fuhr daher auch mit nach München und erhielt für ihre Mühen vom Magistrat 6 fl 17 kr ausbezahlt.

Der Bote Michael Stämmele führte den Wagen mit den Mädchen und Buben in ihrer charakteristischen Weilheimer Tracht nach München. Auf der Fahrt machte die lustige Gesellschaft zweimal halt. Das eine Mal kehrte man beim Pöckinger Wirt Leonhard Pölt ein. Die Weilheimer haben es sich dort ganz gut gehen lassen, denn der Wirt präsentierte ihnen eine Rechnung von 6 fl 42 kr. Die zweite Einkehr hielt man beim Forstenrieder Wirt Max Obermayer, der „für Zehrung" 8 fl 36 kr verlangte. Hunger und Durst der Weilheimer Fahrer hatten sich also während der Fahrt mit der Nähe Münchens gesteigert. Aber der Weilheimer Magistrat ließ es sich auch trotz der damaligen sparsamen Zeit etwas kosten, die Stadtkammer bezahlte für den Aufbau des Festwagens und die Fahrtspesen nach München 107 fl 42 kr aus.

Dafür haben auch die Weilheimer ihren Mann gestellt, der Festwagen hat ebenso gut gefallen wie der Murnauer Wagen mit den Glasmalern, sie wurden beide besonders belobt.

Die Siedler in Weilheim

Um das Jahr 1700 waren große Gebiete des Weilheimer Landgerichtsbezirkes noch freies, unbewohntes Land, um das sich niemand kümmerte. Zwei Hauptgründe mögen es gewesen sein, welche die kurbayerische Regierung veranlaßten, eine gewisse Siedlungspolitik einzuleiten. Die großen, weiten Moore und Filze sollten urbar gemacht und für den Ackerbau gewonnen werden. Damit konnte man einer Plage steuern, die besonders in unserem Bezirke immer fühlbarer wurde. Zahlreiche Landfahrer durchzogen nämlich nach Zigeunerart die Gegend, belästigten die Bewohner der Dörfer und der Stadt durch Bettel und auch Bedrohungen und scheuten selbst vor Verbrechen nicht zurück. Sie zur seßhaften Arbeit zu bringen durch Überlassung des unkultivierten Landes war die zweite Absicht der Regierung bei ihrer Siedlungspolitik.

Im Jahre 1703 waren bereits folgende Ansiedelungen im Landgerichtsbezirke Weilheim vorhanden: am Obernacherfilz bei Uffing, am Heimgartenfilz bei Eglfing, am Gaislmoos bei Wessobrunn, am Galafilz bei Haunshofen. Größere Kolonien zu Maxlried bei Oberhausen und zu Maxkron an der Loisach waren von dem ehemaligen Kloster-Ettalischem Pflegegericht Murnau errichtet worden.

Aber es dauerte halt sein Jahrhundert, bis diese „Ansiedler“ wirklich dort ihre Wohnsitze innehielten. Sie zogen das ungebundene Leben vor und trieben sich in den Gerichtsbezirken Weilheim, Murnau, Tölz und Wolfratshausen herum. Die Weiber und Kinder bettelten in den Dörfern und Märkten, die Männer lockte die Holztrift an der Ammer, Loisach und Isar an. Diese Beschäftigung behagte ihnen mehr als die mühevolle Arbeit der Bodenkultivierung in den ihnen überlassenen Gebieten.

Das Jahr 1799 brachte hierin eine kleine Wendung. Neue Kultusverordnungen suchten diese Landfahrer zur größeren Seßhaftigkeit zu zwingen und die Ansiedelungen wurden begünstigt. Auf Ansuchen wurden den Siedlern 10–15 Tagwerk Filzgründe überlassen und zudem für 20 Jahre Steuer- und Abgabefreiheit darauf gewährt. Der Einspruch der Gemeinden und einzelner Gutsbesitzer, die sich durch die neuen Nachbarn belästigt und benachteiligt fühlten, wurde zurückgewiesen mit dem Bedeuten, daß diese Ansiedler keinen Anspruch auf ihre Gemeindenutzungen machen würden, also auch keine Gemeindelasten entstehen könnten. Dazu tat das Landgericht Weilheim, mit welchem gegen Ende des Jahres 1803 das Pflegegericht Murnau vereinigt wurde, noch etwas Besonderes: Es wurden einzelnen Siedlern eigene Waldteile von 3–6 Tagwerk unentgeltlich überlassen gegen Entrichtung eines mäßigen Jahres-Forstgrundzinses.

Die Nachbargemeinden, die sich mit den gegebenen Tatsachen bald abfanden, ließen nun auch ihr gutes Herz sprechen: Sie zahlten das Schulgeld für die Kinder der Siedler, ließen die Kranken auf ihre Kosten behandeln und im Teuerungsjahr 1816/17 übernahmen sie für sämtliche Ansiedler die Verpflegung, wozu nach den damaligen ungeheuer hohen Getreidepreisen ein Kostenaufwand von nachweisbar 10.400 fl erforderlich wurde. Denn es waren inzwischen 56 Ansiedlungen entstanden, die im ganzen 65 Familien mit 478 Köpfen zählten.

Trotz allem war es ein mühevolles Werk, die Siedler hatten in den ersten 10–15 Jahren mit großer Not zu kämpfen. Einige besonders fleißige Familien setzten sich aber durch, ihre Kultivierungsarbeiten schritten vorwärts und ermöglichten ihnen allmählich das Anschaffen einiger Kühe, womit die Seßhaftigkeit von selbst gegeben war. Aber der Großteil der Siedler versagte wiederum, die müßige Lebensweise der früheren Jahre war nach ihren Begriffen schöner als die saure Arbeit in den Filzen. Und so begann von neuem die Landplage im Weilheimer Bezirk.

Gelegentliche Holztriften und Holzarbeiten sowie Grabenstechen beschäftigten wohl einige Männer, die meisten aber fuhren mit ihren Karren als Kesselflicker, Besenbinder und Scherenschleifer im Lande herum oder gingen dem Fisch- und Froschfang, dem Zundeln und Pecheln etc. nach. Die Weiber und Kinder aber liefen bettelnd herum und belästigten mit unverschämten Forderungen die Dorfbewohner, scheuten auch nicht vor Drohungen zurück und führten diese auch in einigen Fällen durch. Mancher Stadel ging damals durch dieses Gesindel in Flammen auf. Am gefährlichsten waren die arbeitsfähigen Kinder; diesen fiel es nicht ein, in fremde Dienste zu treten. Sie zogen lieber mit im Lande herum und gefährdeten die öffentliche Sicherheit und Sittlichkeit. Da war es höchste Zeit, daß das Landgericht Weilheim eingriff.

Im Jahre 1835/36 wurde diesem Vagabundenleben mit allen Mitteln entgegengearbeitet. Die Ansiedler wurden eingemeindet, „jedoch unpräjudizierlich des Gemeindeeigentums der betreffenden Gemeinden". Sämtliche Landgerichtsorte Weilheims wurden aufgefordert, freiwillige Beiträge zur Unterstützung der armen Ansiedler zu reichen und Unterkunftsplätze für die Kinder zu vermitteln. Das Schulgeld für die Kleinen wurde aus Distriktsmitteln entrichtet.

Alle Ansiedler wurden im steten Rapport mit dem Amtsvorstand Roll in Weilheim überwacht. Keine Anwesensübergabe und keine Verehelichung der Ansiedler wurde gestattet, wenn diese sich nicht über gesicherten „Nahrungsstand" und vorzüglichen Kulturfleiß ausweisen konnten, und jährlich mußte jeder Rechenschaft über seine Arbeit geben.

Die ledigen Burschen und Mädchen wurden proskribiert und zu ständigen Diensten, die für sie gesucht wurden, angehalten. Um dem Vagabundenleben endgültig zu steuern, wurde den Gemeindemitgliedern befohlen, Müßiggänger und Bettler nicht nur ohne Gabe abzuweisen, sondern sie unverzüglich anzuzeigen. Als besonders scharfe Drohung für alle Tagediebe war Zwangsarbeit in Beschäftigungshäusern in Aussicht gestellt, und die verlotterten Kinder wurden in Erziehungshäuser gesteckt.

Das waren nun allerdings radikale Mittel, und da der Landrichter Roll von Weilheim bei der Durchführung derselben nicht mit sich spaßen ließ, wurde auch bald ein Erfolg erzielt, so daß die Landbevölkerung befreit von einer großen Last aufatmen konnte. Wer sich nicht fügen wollte, verließ mit Weib und Kind den „ungastlichen" Bezirk und die guten Elemente in den Siedlungen hatten nun auch ihrerseits Frieden und konnten in Ruhe ihr Feld bestellen. Und so wuchsen die neuen Siedlungen, von ehrlichen und fleißigen Menschen betreut, heran und gliederten sich ruhig und selbstverständlich in den Staatsorganismus ein.

Die Weilheimer Bürgerwehr

Lächelt nicht, wenn ihr von der alten Bürgerwehr hört! Ich weiß, die Unterhaltungsblätter, allen voran die „Fliegenden", haben sich ehrlich Mühe gegeben, aus der Einrichtung der Bürgermiliz in einer behäbigen alten Zeit ihr Witzreservoir zu füllen. Weil aber die Bürgerwehr den Übergang vom alten Werbesystem zur Militärpflicht bildet, lag darin etwas Suchendes und Tastendes, das gegenüber dem später Vollendeten heute als veraltet und fast lächerlich erscheinen mag.

Dieser Übergang vollzog sich in Bayern unter dem allmächtigen Minister Montgelas, der die bayerische Politik der ersten Napoleonischen Zeit im französischen Sinne gestaltete. Darum hat er auch im Jahre 1804 an Stelle des bisherigen Werbesystems das französische Konskriptionssystem eingeführt, auf dem die Grundlage der allgemeinen Wehrpflicht sich aufbaute, zunächst allerdings noch mit zahlreichen Ausnahmen und Befreiungen. Im Jahre 1809 wurden diese aber sehr beschränkt, nur die Stellvertretung war bekanntlich zugelassen, so daß einer, der die nötigen Moneten besaß, vom Militärdienst sich durch einen Ersatzmann loskaufen konnte.

Trotz dieser Entwicklung wurde aber das Milizsystem nicht bloß beibehalten, sondern sogar von König Max I. mehr ausgebaut und 1809 in eine Nationalgarde umgewandelt, die sich in drei Klassen gliederte: die Reservebataillone, die mobilen Legionen und die angeführte Bürgermiliz.

Diese Bürgerwehr wurde im Jahre 1807 auch in Weilheim gegründet und wies eine für die Stadt ganz erkleckliche Zahl von Gardisten auf. Die Weilheimer Bürgerarmee stand unter dem Befehl eines Majors, den Offiziere und Unteroffiziere in seinem Dienste unterstützten. Zum Major wurden früher Hünengestalten gewählt, die schon ihrer Körpergröße wegen in gewissem Respekt bei den Leuten standen. Der Schäfflermeister Eichberger und später der Zimmermeister Rottmüller haben diese Charge bekleidet.

Den Major unterstützte in seinem Geschäfte ein Adjutant, der die militärische Korrespondenz zu erledigen hatte, was gewöhnlich nach Feierabend in der Wohnung des einen oder des anderen beim gemütlichen Trunke geschah. Wenn der Herr Adjutant es für praktischer hielt, kam eben der Major zu ihm.

Die Offiziere und Unteroffiziere wurden ab und zu, besonders vor wichtigen Übungen, zusammengerufen und instruiert. Der Bataillonsarzt und der Auditeur waren ebenso gewichtige Persönlichkeiten wie der Tambour-Major mit seinem Stab und die Mannen der „Türkischen Musik."

Es mag ein farbenprächtiges Bild gewesen sein, wenn das ganze Bataillon ausrückte. Die großen Tschakos waren die ältesten Kopfbedeckungen, sie wurden dann durch den zierlichen Helm mit dem weißen Roßhaarbusch ersetzt, der im Jahre 1864 schwarz gefärbt wurde. Bei feierlichen Gelegenheiten trugen die Bürger die Galauniform mit weißen Hosen. Solche Festtage waren der Max- und der Ludwigstag, das Fronleichnamsfest und der Kirchweihmontag, wo der Gottesdienst für die verstorbenen Bürger abgehalten wurde.

Die Übungen sollten natürlich eine Vorbereitung für den Ernstfall sein, aber zu diesem hatte das Weilheimer Bataillon nur zwei Mal in seinem ganzen Bestehen Gelegenheit. Das eine Mal war es im Jahre 1809, als es gegen die Tiroler ging. Da sind die Bürger gegen Farchant gezogen, und der Apotheker und Bader Klieber hat in diesem Feldzug sogar eine Auszeichnung erhalten. Zu großen Kämpfen kam es nicht, kleinere Geplänkel brachten allerdings einige Verwundete, die ins Spital nach Ettal eingeliefert wurden. Der zweite Ernstfall war das Jahr 1848, aber die Bürger hatten damals nur Bereitschaft, die gefürchteten blutigen Zusammenstöße haben nicht stattgefunden.

So beschränkte sich die Tätigkeit der Weilheimer Bürgerwehr in der Hauptsache auf die Übungen. Diese wurden draußen auf dem Exerzierplatz an der Ammer abgehalten und zwar meist an den Samstagen. Die alten Gardisten sollten sich in ihrem Können vervollständigen, die neu hinzugekommenen wurden eingeschult.

Manch lustige Szenen haben da die Weidenbäume an der Ammer gesehen. Bei den Schießübungen ist es mehr als einmal vorgekommen, daß der Ladestock auch hinausgeflogen ist. Peinlicher mag es für den Herrn Hauptmann gewesen sein, als er bei einer Inspektion den Säbel ziehen sollte und mit dem besten Willen und der größten Kraftanstrengung ihn nicht aus der Scheide brachte. Er war eingerostet, doch konnte er sich trösten, zwei Unteroffiziere haben das gleiche Pech gehabt.

Neben diesen Übungen ward den Gardisten noch ein wichtiges Amt zugewiesen: sie bildeten die Polizei des Städtchens und sahen scharf auf Ordnung und Ruhe. Da war besonders der Deuringer, der die Charge des Feldwebels bekleidete, eine gefürchtete Persönlichkeit. Wenn er einen Betrunkenen auf der Straße traf, nahm er ihn mit in den Schuldturm, der war das Schmiedtor, wo eine Arrestzelle für derartige Delinquenten sich befand.

Traf da der Deuringer, wie schön öfter, den Resch, der immer gern an Sonntagen sein Räuschlein in der Öffentlichkeit zeigte. Er nahm ihn mit und sperrte beim Tore auf. Der Resch, vielleicht etwas ernüchtert, hieß ihn vorangehen. Wie der Deuringer aber eingetreten ist, schließt der Betrunkene rasch die Zellentüre von außen zu. Der Feldwebel war nun drin und der mit dem Rausch war draußen.

Noch ein zweites Mal hat sich der Deuringer ärgern müssen. Bei einer Übung rückte der Rabl mit der Kappe aus, den Tschako hat er trotz Befehl nicht mitgenommen. Auf die Frage des Feldwebels, warum er so daher komme, antwortet der Rabl: „Den Tschako brauch ich dahoam, da san heut junge Katzln drin!“

Das Jahr 1858 brachte für die Bürgerwehr in Weilheim ein besonders festliches Ereignis. König Max II. hatte eine Fahne gestiftet. Sie wurde auf dem Exerzierplatz an der Ammer draußen feierlich übergeben. Aber nur 10 Jahre lang hatte der Fähnrich des Bataillons eine Freude. Im Jahre 1868 löste man die Milizverbände auf, und das

Fronleichnamsfest in Weilheim sah von da ab keine Spalier bildende Bürgerwehr und keine flatternde Wehrstandarte mehr im festlichen Zuge.

Die Getreideschranne

Noch lief die große Befestigungsmauer mit ihren drei schönen Tortürmen um Weilheim. Im Graben, der vor der Mauer um die Stadt zog, blühten noch die Obstbäume, ein Dutzend große Unschlittpfannen beleuchteten das nächtliche Weilheim, vier Wächter auf den Gassen sicherten die Häuser mit ihren Schindeldächern vor Feuersgefahr, und zwei Turmwächter riefen allstündlich ihr „Gelobt sei Gott und Maria" in die stille Nacht hinaus.

In diesen Jahrhunderten klapperten im Stadtbereich sechs Mühlen am Stadtbach, vor dem 30jährigen Kriege waren es deren sogar neun, darunter eine herzogliche Mühle, eine städtische Mühle am kleinen Ammerl bei der Wessobrunner Straße und die Ettaler und Habacher Klostermühlen in der Oberen Stadt. Diese Mühlwerke bekunden uns heute die einstige Bedeutung Weilheims als Markt- und Schrannenplatz des Oberlandes. Schon vor Kaiser Ludwig dem Bayern hatte Weilheim einen wöchentlichen Getreidemarkt, und dessen Bedeutung mag keine geringe gewesen sein, denn eine Urkunde des Jahres 1257 bestimmte die Getreideabgabe beim Kloster Benediktbeuren „nach der Mäßerei der Weilheimer".

Das alte Weilheimer Rathaus, wie es heute noch am Marienplatz steht, wurde 1533 erbaut, in dessen Erdgeschoß befand sich die Schranne. Der Schrannentag war seit urdenklichen Zeiten der Donnerstag jeder Woche. Kauf und Verkauf von Getreide in diesen Zeiten waren aber nicht so einfach, wie wir uns das heute vorstellen.

Frei verfügen ohne Schrannenzwang konnten die Weilheimer nur über ihr selbstgebautes Getreide, und das war für die Ernährung der zirka 2000 Einwohner zählenden Stadt viel zu wenig. Die Bäcker, Melber, Müller, Brauer und auch eine große Zahl von Bürgern waren auf auswärtiges Getreide angewiesen. Alles Getreide aber, das von auswärts in die Stadt zum Verkauf gebracht wurde, mußte zur Schranne geführt werden, mit einem Lieferschein, der Name, Stand und Wohnort von Käufer und Verkäufer sowie Gattung, Betrag und Preis des Getreides enthielt. Nach Entrichtung des Pflasterzolles beim Tor kam der Schein in die Schrannenschreiberei zur Marktkommission, deren Mitglieder alljährlich vom Rate gewählt wurden. Das zugeführte Getreide mußte innerhalb 24 Stunden gegen Entrichtung der Gebühren durch einen der verpflichteten städt. Kornmesser abgemessen werden. Dann kam es in den Schütttraum oder konnte in „den Böden und Kästen" von Privaten aufgeschüttet werden bis zum Schrannentag, wo es dann wieder zur Schranne gebracht und verkauft werden konnte. Getreide, das nicht zum Verkauf in Weilheim bestimmt war, sondern von der Münchener Schranne weiter ins Oberland kam, mußte ebenfalls in Weilheim zur Schranne und zu der dort befindlichen Waage gebracht werden, und erst dann konnte es nach Entrichtung des Pflasterzolles und des Waaggeldes durch das Pöltner Tor weitergelangen.

Die Weilheimer Schrannenordnung (1846) gewährt einen Einblick in die Hemmungen und Schwierigkeiten des damaligen Getreidehandels. Die Schrannenzeit dauerte jeden Donnerstag im Sommer von 7 bis 2 Uhr nachmittag, im Winter von 8 Uhr an bis 2 Uhr. Strafbar war, wer vor Beginn oder nach Schluß der festgesetzten Stunden einen Kauf oder Verkauf betätigte. Selbstredend war es strenge untersagt, von den privaten Schütträumen oder gar von den Fuhrwerken weg das Korn zu kaufen oder zu verkaufen. Der Handel selbst während der Schrannenzeit wurde genau kontrolliert. Wer ohne Abwarten der Forderung des Verkäufers ein Angebot machte oder einen bereits im Handel begriffenen Kauflustigen durch ein höheres Angebot zu verdrängen suchte oder sich mit anderen Schrannengästen zu gemeinschaftlichen Ankäufen zusammentat, hatte die augenblickliche Entfernung von der Schranne zu gewärtigen. Vom Handel ausgeschlossen war ferner, wer heimliche Kaufverträge oder Scheinverträge abschloß, falsche Preise bei den Schrannenprotokollen angab und überhaupt versuchte, den Preis durch Alarmnachrichten oder andere „Kunstmittel" in die Höhe zu treiben.

Für die Einhaltung der Bestimmungen waren die Kornmesser verantwortlich. Sie gehörten zum großen Stab der städtischen Angestellten und mußten im Januar jeden Jahres vor dem Rat einen Eid leisten. Von den 40 Stadtdienern sind die Eidesformeln, die im Jahre 1563 auf Pergamentblätter niedergeschrieben wurden, im Weilheimer Stadtarchiv aufbewahrt. Die Kornmesser mußten schwören, „daß sie gemainer statt Ungelt (Einnahmen) anzeigen, darin nimant verschonen, eines Rats befelch ausrichten, Ratsgeheimnis verschweigen, mit dem Maß im Kornhaus und mit der eich kainen abvorteiln, keinen Fürkauf noch Aufschlag ergeen lassen (dulden), mit der Belohnung nimant beschweren (Gebühren), zu des Rats frummen (Frommen) werben und schaden wenden".

Ihnen waren genaue Anweisungen gegeben: Sie durften sich in keinen Handel einlassen, für niemand eine Getreidebestellung annehmen, kein Getreide auf eigene Rechnung verkaufen, wie sie auch nicht über den Hausbedarf einkaufen konnten. Das Getreide wurde nach Maß oder auch nach Gewicht abgegeben. Maßeinheiten waren das Schäffel und der Metzen. Beim Messen mußte das „Gemäß" auf ebenen, festen Boden aufgesetzt werden und das Getreide ohne Rütteln und Anstoßen mit Vorsicht eingeschüttet und am Rande ausgeglichen und gestrichen werden. Die kunstfertigen Streicher unter den drei bis vier Kornmessern waren besonders gesucht und hatten die meisten Gäste.

In der Schrannenschreiberei waren die nicht unbedeutenden Gebühren einzubezahlen, die eine namhafte Einnahme der Stadtkammer bildeten. Von jedem Schäffel ohne Unterschied der Gattung mußten 4 kr (Kreuzer) als Getreidezoll und 1 kr als Hauszins abgeführt werden. Für die Aufbewahrung des nicht verkauften Getreides in den Schütträumen waren pro Woche 2 kr zu entrichten. Als Arbeitslohn erhielten die Kornmesser je 1 kr für Abladen, Messen und Aufladen eines Schäffels, für die gleiche Tätigkeit beim Metzen 1 Pfennig. Für das Abwiegen des Getreides erhielt der Waagmeister pro Schäffel 2 kr und für das Hin- und Herbringen zur Waage 1 kr.

Als dann aber die Gewerbefreiheit im vorigen Jahrhundert kam und die großen Kunstmühlen ihre Produkte überall hin leicht absetzen konnten, verschwand auch in Weilheim allmählich das idyllische

Schrannenleben. Wir nennen es heute wohl idyllisch, weil die gute alte Zeit unsere Erinnerungen umschmeichelt, aber unsere Vorfahren fanden das sicher nicht.

Ein landwirschaftliches Fest im Jahre 1855

Das landwirtschaftliche Zentralfest in München, das Oktoberfest auf der Theresienwiese, hatte es den Oberländern angetan. Warum sollten nicht auch sie zeigen können, daß die Landwirtschaft bei ihnen eine verständige und liebevolle Pflege fand, zudem noch die größeren Orte wie Weilheim, Schongau und Murnau in ihrem Haupterwerb ländlich eingestellt waren? Und so taten sich die vier Bezirks-Komitees Weilheim, Murnau, Werdenfels und Schongau zusammen, um im Oberland ein landwirtschaftliches Distriktsfest zu feiern.

Das landwirtschaftliche Bezirks-Komitee Weilheim unter der Führung seines rührigen Vorstandes Genter von Pähl war mit den Vorbereitungen und der Durchführung des Festes beauftragt. Es war aber nicht nur eine große Tierschau beabsichtigt, sondern es sollte überhaupt das Oberländer landwirtschaftliche Leben in all seinen Erfolgen und Äußerungen vorgeführt werden, und besondere Leistungen sollten zu weiterem Ansporn öffentliche Anerkennung finden. Dazu gehörte aber nicht allein die Zucht der Tiere, sondern auch die Pflege des Hofes, der Wiesen-, Äcker-, Obstbaum- und Gartenkultur, dann die Pflege des Brauchtums, besonders der Nationaltracht und sogar des Oberländer Volksliedes.

Die großen Vorbereitungen waren rechtzeitig beendet, und am 25. September 1855 sah Weilheim auf dem Festplatz viele Gäste. Ein prächtiger Zug von neun Festwagen, die auch von den umliegenden Orten ausgestattet worden waren, bewegte sich durch die Straßen der Stadt und zog hinaus durchs Schmiedtor nach der Ammer. Festesstimmung im Weilheim des vorigen Jahrhunderts! Um 8 Uhr morgens war feierlicher Gottesdienst in der Stadtpfarrkirche, weiß-blaue Fahnen wehten von den Toren und Häusern herab, Musik und Gesang klangen hinein in das festliche Gewoge, und Ansprachen auf dem Festplatz würdigten die Bedeutung des Tages für das Oberland.

Den Höhepunkt bildete die Verteilung der für jene Zeit recht ansehnlichen Preise. Die öffentlich anerkannten Leistungen der Preisträger gewähren uns einen Blick in das damalige betriebsame Leben der Landwirtschaft in der Weilheimer Gegend, und die Namen wecken heute nicht nur in Weilheim, sondern im ganzen Bezirk Erinnerungen an Männer, die einst im Oberlande einen Ruf als Landwirte besaßen, deren Nachkommen vielleicht noch heute jene Familientradition pflegen.

Die Pferdezucht spielte in einer Zeit, wo man das schöne Wort Motorisierung nicht einmal dem Namen nach kannte, eine große Rolle in unserer Gegend. Dazu kam noch der Bedarf des Heeres an diesen Tieren, so daß sich deren Zucht und Pflege gewinnbringend gestaltete. Der Bauer Bernhard Lautenbacher von Dafertshofen, Schöffau, erhielt damals für den schönsten Hengst als Preis 20 fl und eine Fahne. Die schönste Stute, die Georg Stechele von Eglfing zeigen konnte, wurde mit 15 fl und einer Fahne ausgezeichnet und der Bauer Andreas Lori von Oberried, Schöffau, trug für das schönste Fohlen 10 fl mit einer Fahne nach Hause. Eine Ehrenfahne für Pferdezucht erhielt Johann Strobl von Westenried.

Der Bezirksgeometer und Gutsbesitzer Josef Schleifer von Diemendorf konnte den schönsten Stier zeigen, er erhielt als ersten Preis 20 fl und eine Fahne. Für ersträchtige Kalbinnen erhielten Weilheimer die ersten Preise. Der Müller Georg Haag wurde für sein Tier mit 15 fl und einer Fahne, der Ökonom Josef Sporrer mit 12 fl belohnt.

Auch in der Schafzucht der Weilheimer Gegend haben die Preisrichter Nachschau gehalten. Die Zucht dieser Tiere spielte vor 80 Jahren noch eine besondere Rolle, war doch auch in Weilheim alljährlich zweimal ein größerer Schafmarkt auf einer Wiese an der Münchener Straße, der Bürgermeister Hipper hatte ihn ins Leben gerufen. Bei dem Feste in Weilheim wurde der Schäfer Jakob Nägele für die feinstwolligen zehn Tiere mit einem Preis von 10 Gulden und einer Fahne ausgezeichnet. Er hatte die Stiftungsschwaige Töllern in Pacht und dort neben seinem Ökomoniegebäude einen geräumigen Schafstall eingerichtet.

Auch der Förderung der Bienenzucht wurde damals in Weilheim gedacht. Wachs und Honig waren in dieser Zeit noch nicht so bequem und in solchen Mengen wie heute im Handel zu erhalten, darum haben die Imker eine wirtschaftliche Rolle in unserer Gegend gespielt. Der Bauer Nikolaus Weingand von Oberrieden erhielt den Bienenpreis mit 5 fl und einer Fahne, der Lehrer Michael Fendt von Marnbach und Michael Dietmayer von Polling wurden wegen ihrer Leistungen in der Bienenzucht durch eine öffentliche Belobung ausgezeichnet.

Mit der Beurteilung der Leistungen in der Tierzucht war aber damals die Arbeit der Preisrichter noch nicht abgetan. Es wurde auch in den Gemeinden draußen überall Nachschau gehalten, wie es im Hofe stand, welche Verbesserungen für den landwirtschaftlichen Betrieb gemacht worden waren, wie es mit der Pflege der Wiesen und Äcker aussah, wie Gemüse-, Garten- und Obstbau sich anließen und selbst die Dienstbotenhaltung wurde einer gewissen Kontrolle unterzogen. Das Resultat all dieser eifrigen Inspektionsarbeit wurde ebenfalls auf dem Weilheimer Feste öffentlich bekanntgegeben und den Besten winkten Preise.

Die Gemeinde Burggen erhielt für Verbesserungen der Landwirtschaft durch zahlreiche Miststätten, Güllegruben und Güllefässer den ersten Preis von 15 fl und eine Fahne. Den zweiten Preis bekam die Gemeinde Pähl auf diesem Gebiete und den dritten trug Sindelsdorf davon.

Für Wiesenkultur erhielt der Bezirksgeometer Josef Schleifer von Diemendorf den ersten Preis.

Den Ackerbaupreis von 10 fl holte sich der Posthalter Hermann Lenz von Rottenbuch.

Den ersten Preis für den besten Gemüse- und Gartenbau holte sich der Gärtner Anton Pfefferle in Pähl mit 2 Bayerthalern und einer Fahne, den zweiten Preis erhielt der Gärtner Georg Ferchl von Weilheim.

Die Nachschau bei den Dienstboten im Umkreis hatte das Ergebnis gezeigt, daß viele unter ihnen den Schlenkeltag nur dem Namen nach kannten. So hatte die Cleopha Beiß als Wirtschafterin in Aidling

46 Jahre in einer Stellung gearbeitet und von Weilheim holte sich Stephan Walser, Knecht beim Bäcker Achner, für 27 Dienstjahre 10 fl und eine Fahne und vielleicht sogar ein kleines Freudenräuschlein in seine Dienstbotenkammer heim.

Am Schlusse dieser lang währenden Preisverteilung aber waren noch zehn Fahnen da. Die sollten besondere Sieger schmücken, welche sich auf dem Feste selbst hervortaten. Die ersten drei waren Ehrenfahnen für die schönsten Nationaltrachten, sie wurden zuerkannt als erster Preis der Gemeinde Pähl, als zweiter Deutenhausen und als dritter Haunshofen. Auch die neun Festwagen wurden kritisch bewertet, hier hat ebenfalls die Gemeinde Pähl, die sich bei diesem Feste besondere Mühe gegeben zu haben scheint, den ersten Preis errungen, ihr folgten dann die Stadtgemeinde Schongau, der Markt Murnau und die Gemeinde Unterhausen. Die drei letzten Fahnen wurden den besten Sängern zuerkannt. Die Bedeutung des Gesanges und seine Pflege hat man damals also ebensogut verstanden wie heute. Die Gemeinde Peiting hat hier den Sieg davongetragen, den zweiten Sängerpreis holte sich Haunshofen und den dritten die unermüdliche Gemeinde Pähl.

Was man nicht alles bei diesem ländlichen Feste Alt-Weilheims bedacht hat! Man ist heute überrascht über die Fülle des Gebotenen und über das Interesse, das man auch scheinbar Nebensächlichem mit Sorgfalt widmete. Das alte Weilheim aber konnte stolz sein, die Zahl der in seinen Mauern gefeierten bekannt schönen Feste jener Zeit um eines wieder vermehrt zu haben.

Als der erste Eisenbahnzug nach Weilheim fuhr

Lange mußte man auf ihn warten. Die im Jahre 1864 begonnenen Bahnbauten gingen langsam voran, denn die Strecke zwischen Wilzhofen und Diemendorf bot große Schwierigkeiten und hat sogar manche Todesopfer gefordert. Im Jahre 1865 kamen dann die ersten

Werkzüge bis Weilheim. Im Dezember dieses Jahres war dann endlich der Schienenweg bis Unterpeißenberg gelegt, inzwischen sind auch Güterhalle und Bahnhof weit draußen vor den Toren Weilheims entstanden. Der Januar des Jahres 1866 brachte noch ein fieberhaftes Arbeiten, wie es immer so geht, bevor ein Bau bezogen werden soll. Die Gasrohre zur Bahnhofbeleuchtung wurden in den letzten Wochen noch gelegt, denn am Tage der Eröffnung sollte die neue Beleuchtung am Bahnhof erstrahlen.

Immer größer wurde in der Stadt die Aufregung, als die Züge mit Kies allmählich ausblieben, sehnsüchtig erwartete man die Münchener Passagiere. Wie aber während der Bauzeit, so wurden jetzt noch mehr Zweifel laut, daß der Schienenstrang auf diesem Untergrund versagen würde, selbst die „Münchener Neuesten" haben noch im Januar dieses Jahres auf die Gefährlichkeit des Bahndammes bei Wilzhofen aufmerksam gemacht. Am 27. Januar endlich war die erste Probefahrt, welche die Bahn- und Baubehörden von München bis Unterpeißenberg brachte. Alles ging reibungslos vor sich und so wurde der 1. Februar 1866 als Termin bestimmt, an dem der wirkliche Fahrdienst beginnen sollte.

Am 30. Januar brachte ein Bahnzug die Beamten und die noch fehlenden Einrichtungen in die neuen Stationen, und dann ging es an den Schmuck der Bahnhöfe. Kränze und Girlanden, Wappen und Fähnchen, Schleifen und Bäumchen zierten das Stationsgebäude, mächtige Flaggen wehten vom Stadtpfarrkirchturm und von den Weilheimer Toren herab.

Am frühen Morgen des 1. Februar war alles in Weilheim auf den Beinen. Da an diesem Tage in der Stadt auch Markt war, strömte die Landbevölkerung in besonders großen Massen herein, um dann das erste ankommende Dampfroß zu sehen. Bevor aber das große Werk ins Leben trat, wurde nach Alt-Weilheimer Sitte der Segen des Himmels dafür erfleht. Die neue Bahnstrecke und der Telegraph erhielten unter Glockengeläute vom Stadtpfarrer Böhaimb die kirchliche Weihe, und dann dampfte der erste Zug von Peißenberg um 6.10 Uhr heran. Den bestiegen die Mitglieder des Stadtmagistrates und die Honoratioren der Stadt und fort gings unter Kanonenschüssen nach Tutzing. Die Zeit des 1½ stündigen Aufenthaltes dort bis zur Ankunft des

Münchener Zuges wurde durch ein Dejeuner ausgefüllt. Der Bürgermeister Baur würdigte dabei in einer prächtigen Rede die Verdienste des Königs Max als des Förderers dieses Baues, der Magistratsrat Miller ließ die Generaldirektion hochleben, und der Stadtpfarrer Böhaimb brachte einen Toast aus auf die Stadtgemeinde Weilheim und auf die Erbauer der Bahn.

Dann kam der erste Zug von München her, der unter Salutschüssen um 9.18 Uhr eintraf. In den Kanonendonner und das Glockenläuten vom Stadtpfarrkirchturm her mischte sich das brausende Jubeln der Weilheimer, die am Bahnhof den Zug erwarteten. Die Schuljugend stand fähnleingeschmückt mit ihren Lehrern vorne dran und hatte es besonders eifrig im Hochrufen. Die Maschine, die den Namen „Mittenwald" führte, war mit dem Wappen der Stadt Weilheim und mit Girlanden geschmückt und wurde als das neue Wunder von der großen Menschenmenge angestaunt. Die Begeisterung war aufs höchste gestiegen und es ist nicht zu verwundern, wenn ein Weilheimer diese Fahrt mit einem Poem begrüßte, dessen erste Strophe lautete:

„Fliegendes Dampfroß sei uns gegrüßt,
Brausend in weiteste Fernen,
Gleich dem Blitz, der vorüberschießt
Hoch von den schwebenden Sternen!"

Heute, in der Zeit des elektrischen Bahnbetriebes, ist es interessant zu erfahren, wie lange dieser Blitzzug nach München brauchte. Die Fahrordnung für die Bahnstrecke München-Peißenberg gibt uns darüber Aufschluß und mag einen kleinen Einblick in diesen Bahnbetrieb zeigen:

München	ab 6 Uhr 35 morgens	4 Uhr nachmittags
Pasing	ab 6 Uhr 51 morgens	
Planegg	ab 7 Uhr 8 morgens	
Gauting	ab 7 Uhr 19 morgens	
Mühlthal	ab 7 Uhr 30 morgens	
Starnberg	an 7 Uhr 40 morgens	
	ab 7 Uhr 50 morgens	5 Uhr 15 nachmittags

Possenhofen	ab 8 Uhr 2 morgens	
Feldafing	ab 8 Uhr 8 morgens	
Tutzing	an 8 Uhr 20 morgens	
	ab 8 Uhr 30 morgens	5 Uhr 55 nachmittags
Diemendorf	ab 8 Uhr 43 morgens	
Wilzhofen	ab 8 Uhr 58 morgens	
Weilheim	ab 9 Uhr 35 morgens	6 Uhr 43 nachmittags
Peißenberg	an 9 Uhr 35 morgens	7 Uhr nachmittags
Peißenberg	ab 5 Uhr 55 morgens	3 Uhr 30 nachmittags
München	an 8 Uhr 45 morgens	6 Uhr 30 nachmittags

Noch während des Krieges 1866 wurde dann ein dritter Zug hin und zurück nach München eingeschaltet.

Selbstverständlich erfuhren auch die Postverhältnisse in Weilheim eine große Veränderung. Die Münchener Postwagen verschwanden unter der Postlinde, und der ganze Betrieb wurde in den Bahnhof verlegt, wohin man also Briefe tragen mußte und die Postwertzeichen kaufen konnte. Der damalige Posthalter Orterer hat damit eine kleine Einbuße in seinem Betriebe erlitten, wurde aber durch Verleihung der Bahnhofrestauration in den nächsten Monaten dafür entschädigt. Sein Lob über die gute Wirtschaftsführung und die billigen Preise haben die Reisenden allenthalben berichtet.

Weilheim hatte zur weiteren Entwicklung alles, was damals nötig war: Bahn und Post. Die Fuhrleute in der oberen Stadt haben zwar den Münchener Transport verloren, dafür aber setzte ein um so größerer Verkehr ins Oberland ein, und Weilheim hatte als letzte Bahnstation von München her ins Gebirge auf diesem Gebiete sehr viel gewonnen.

Der Weilheimer Nikolo

„Nikolos,
Bring ma wos,
Äpfl oda Birn
Oda i schlag di aufs Hirn!“
„Klaubauf,
Heb an Sack auf,
Sperr mi nei,
Na ghör i dei!“

Geistreich? Gewiß nicht – aber schön, sehr schön! Ihr glaubt das nicht? Ich will es euch beweisen. Stellt euch einen Oberstadtler Buben von sieben bis acht Jahren vor, der in den achtziger Jahren des vorigen Jahrhunderts am 5. Dezember nachmittags um 3 Uhr beim Schulschluß mit seinen gleichaltrigen Spezln die Treppe vor dem Weilheimer Schulhaus mit einem Satz hinabsprang, einen Juhschrei draußen machte und im Laufschritt über den Postplatz der Oberen Stadt zustrebte! Der Schulranzen fliegt zu Hause entweder auf das Kanapee mit dem Lederpolster und bleibt da liegen, wie er hingeflogen ist, oder er wird, wenn die Mutter in der Nähe ist, feinsäuberlich an den Haken an der Stubenwand hingehängt, der für ihn bestimmt ist. „Wir habn heut nix auf für morgn!“ das war die Begründung und die Bitte zugleich an die Mutter, daß er sofort wieder auf die Straße laufen konnte. „Da Kleinhans Toni wart scho drauß!“

„Aba kimm wieda, vors Nacht werd!“

Draußen laufen sie nämlich schon herum, die kleinen Rotzlöffel, sammeln sich zu Rudeln und fort gehts, hinauf den Bach, dem Feyerabend zu. Da droben ist was los! Der Mangl Sepp, der lange Lackl, steht mitten auf der Straße, aber nur das Bubenauge kennt ihn. Der Sepp hat nämlich einen bis zum Boden reichenden langen Mantel, den er irgendwo aufgegabelt hat, sich umgetan. Er paßt ihm gut, nur die Hände wollen nicht recht aus den Ärmeln schauen. Ein Kartoffelsack über der Schulter hängt den Rücken hinab, ein Riesenbart, der aus der Flachstruhe der Manglin heimlich entliehen ist, schmückt das Gesicht, und den Hut – den kennen wir schon – hat sonst immer der Knecht vom Großen Bauern auf. Das Imponierende aber ist der Stecken mit der Schweinsblase – im vorigen Jahr war es eine Rute –, den er in der Rechten schwingt. Huh! Huh! das ist der Nikolo der Oberstadtler Buben.

Und der hat schon die junge Bande erspäht und nun kommt der herrliche Chorgesang der Buben: „Nikolos, bring ma wos ..." Aber alle wußten, daß er nichts bringen konnte als ein paar Hiebe mit der Schweinsblase. Doch gerade das war das Wunderschöne. Das war großartig, wenn er mit der Schweinsblase dahergelaufen kam. Die Buben wichen ihm natürlich aus, und so kam es zum Fangermandlspiel, das sich bis zur Heuwage hinunterzog. Das war der schönste und geeigneteste Platz für dieses Oberstadtler Volksvergnügen, da gab es Winkelchen genug, wo man sich verstecken und wo man wieder entwischen konnte. Und ein Höllenlärm war um die Person des heiligen Oberstadtler Bischofs, im Zivilleben Mangl Sepp.

Aber dieses allzu laute bischöfliche Vergnügen wurde urplötzlich gestört, der alte Loderer, der Heuwagmeister, erschien auf dem Plan, ihm war der Spektakel doch zu bunt geworden. Diesen Heuwag-Cerberus fürchteten aber die Buben wie den Höllischen, denn er verstand keinen Spaß, wenn es um die Ruhe und den Frieden der ihm anvertrauten Heuwage ging. Und er hatte trotz seiner 70 Jährlein noch immer flinke Beine, das wußten die Buben genau. Darum nahmen sie Reißaus, das mußte aber schnell gehen. Der heilige Bischof, der Mangl Sepp, hatte es da freilich bequem, der hatte lange Haxen und konnte am schnellsten vom Kriegsschauplatz verschwinden.

Aber eines störte ihn doch auf der Flucht, er mußte seinen Flachsbart halten, daß er seine bischöfliche Würde nicht verlor, denn droben über dem Feyerabend wollte er noch weiter seines heiligen Amtes walten. Nur der Bezirksamtmann war da droben zu fürchten, der konnte das bißchen Schreien vor seinem Hause nicht leiden. Die dankbaren Buben begleiteten aber den Mangl Sepp begeistert in seinen neuen Wirkungskreis. Aber wie es halt immer im Leben so geht, die Konkurrenz, ein zweiter heiliger Bischof, war bereits droben, der sich mit einer Bubenschar herumbalgte. Das schadete aber nicht viel, die beiden Heiligen unterhielten sich kurz miteinander und waren sich anscheinend über das Feld ihrer Tätigkeit bald einig. Ein dritter heiliger Nikolaus, der von der Bärnmühle her mit einer Rute walzte, störte durchaus nicht, auch er war willkommen in der Oberstadtler Bubenschar. Und den Bach entlang hallte es, bis die Dunkelheit den Nikolausabend auf der Straße abschloß, immer wieder: „Nikolos, bring ma wos ...“

War das nicht schön, sehr schön? O selige Zeit! Daheim aber wartete der Buben in den meisten Häusern noch ein offizieller Nikolausbesuch. Da brachte der heilige Bischof wirklich Äpfel, Birnen oder Nüsse, die man sich aber abverdienen mußte.

Advents- und Weihnachtsbräuche

Die Wochen vor der winterlichen Sonnenwende, die Adventszeit vor Weihnachten, waren von alters her schon immer die Tage der heimeligen Freuden, die ihre Krönung im Christfest fanden. Es sind die Tage voller Geheimnisse und Wunder, die sich in uralten Bräuchen kundgaben, umwoben von einer gewissen Güte gegen die Mitmenschen und einer wohltuenden Geberfreude. Im alten Weilheim mit seiner hohen Handwerkstradition wurden diese Adventsbräuche liebevoll gepflegt und haben sich teilweise bis auf unsere Zeit herein erhalten.

Schon der Andreasmarkt Ende November leitete den Zauber der weihnachtlichen Zeit ein. Da kamen mehr als zu den anderen Jahrmärkten die Bäuerinnen und Bauern scharenweise oft mit ihren Wägelchen herein, um den „Nikolo“ zu kaufen. Das waren die Geschenke für die Kinder und Dienstboten zum Bescherungstag, dem Nikolaustag. Den Weihnachtsabend als Bescherungstag kannte man bis in die Mitte des vorigen Jahrhunderts noch nicht. Die Nikolausbescherung hielt sich aber auf dem Lande um Weilheim bis fast zum vollendeten 19. Jahrhundert.

In der Stadt kündeten auch die Bäckerläden den großen Tag an.

Weißbrote in allerlei Tiergestalten mit Weinbeeraugen und auch aus Hefeteig geformte Männlein schauten aus den Auslagefenstern heraus und zogen das kleine kauflustige Bubenvölklein an. Der Vorabend des Nikolaustages aber verlief alljährlich programmäßig. Rudelweise zogen da die Buben auf den Gassen, besonders in der Oberen Stadt herum und warteten auf ihren Nikolo, d. h. auf einen Buben, der mit einem langen Mantel, einem großen Flachsbart und einer hohen Pelzmütze angetan war und als Zeichen seiner Würde zwar keinen Bischofsstab, aber einen Stock mit einer Schweinsblase daran trug. Und dieser Heilige wurde mit großem Geschrei begrüßt:

„Nikolos, bring ma wos, Äpfl oder Birn
oder i schlag di aufs Hirn!“

Und der heilige Bischof verteilte dann auch seine Gaben mit der Schweinsblase, die er über Rücken und Köpfe seiner Verehrer sausen ließ. Das war ein gar lustiges Treiben die Straßenzeilen entlang, und wenn dann noch ein zweiter und dritter Nikolo mit den gleichen Insignien auftraten, störte es durchaus nicht. Gemütlich und neidlos haben sich die kleinen Heiligen über das Feld ihrer Tätigkeit geeinigt. Am Abend aber kam dann in einzelnen Häusern, besonders der Unteren Stadt, ein großer bestellter Nikolaus, der genau Bescheid wußte über das Betragen der Kinder, und der Lob und Tadel, Äpfel, Nüsse und Ruten nach Verdienst und Gebühr verteilte.

Die drei Donnerstage vor Weihnachten brachten den uralten Adventsbrauch der Klöpflsnächte. Die Buben, klein und groß, zogen am Abend durch die Gassen der Stadt und klopften an Fenstern und Türen. Man erwartete sie dort schon, es wurde geöffnet, die alten Klöpflssprüche hörte man immer gerne, und die Gaben der Hausfrau, Kücheln und Hutzeln, waren der Lohn des Eifers. Am nächsten Morgen bis 8 Uhr war für die Klopfer noch Gelegenheit, bei den Bäckern zu klopfen. Diese haben alljährlich für diesen Tag kleine weiße Brote gebacken, den Lohn der klopfenden Buben. Aber um 8 Uhr begann schon die Schule, da hatten es die Klopfer eilig und mußten, um alle Bäcker zu besuchen, tüchtig laufen. „Der ko lafn wia a Klopfer“, war einst ein alter Weilheimer Spruch, der zur Beurteilung eines strammen Läufers in Anwendung kam.

Daß unter den Adventsbräuchen auch der der Thomasnacht zur Geltung kam, ist selbstverständlich. Da wurden schon am Nachmittag die eisernen Pfännlein und das Blei bereitgestellt für das große Orakel der Nacht. Weniger die Buben als die Erwachsenen und vor allem die Mädchen hatten am Bleigießen Interesse, handelte es sich doch um „Lebensfragen". Und die Phantasie feierte in der Thomasnacht ihre Orgien. Wer die Thomasnacht versäumte, konnte in der Silvesternacht sein Glück versuchen.

In diese Zeit der Geheimnisse und Wunder hinein erklang in den vergangenen Jahrhunderten eine gar lustige Musik auf den Landstraßen und in den Gassen und Plätzen der Märkte und Städte. Im alten Weilheim erschienen da alljährlich die fremden Türmer, wie die Stadtmusikanten nach ihrem ursprünglichen Beruf genannt wurden. Und sie spielten ihre Weisen vor dem Rathaus und den Wohnungen der nach ihrer Meinung zahlungskräftigen Bürger und Beamten. Die Stadtkammerrechnungen der vergangenen Jahrhunderte weisen diese Türmerbesuche in Weilheim aus. Sie kamen von den Städten Landsberg, Schongau, Friedberg, Moosburg, Ingolstadt, Amberg und vielfach aus der Rheinpfalz. An Weihnachten aber waren sie alle wieder in der Heimat und auch die Weilheimer Türmer kamen von ihrer Tournee wieder zurück. Dann begann erst in der Stadt ihre Tätigkeit von Weihnachten bis Neujahr. Sie besuchten, sechs bis acht Mann stark, die Bürgerstuben und schmetterten dort in den engen Räumen ihre Weisen hinaus, daß selbst der halbtaube Großvater beifällig nickte.

Den Lichterbaum sah man in den Weilheimer Bürgerhäusern von den sechziger Jahren des vorigen Jahrhunderts an, erst zaghaft in einzelnen Bürger- und Beamtenfamilien der Unteren Stadt, dann in der Oberen Stadt, wo der unternehmende Müller Feyerabend den Anfang machte, in dessen Hause später übrigens das erste elektrische Licht in Weilheim brannte, erzeugt im eigenen Betriebe. Seit dieser Zeit wurde auch der Bescherungstag vom 6. Dezember auf den Christabend verlegt.

Eines guten alten Weihnachtsbrauches sei aber hier gedacht, das war der Krippenbesuch in den einzelnen Privathäusern. Es gab im alten Weilheim herrliche Krippen, deren geschnitzte Figuren aus der Künstlerzeit des 17. Jahrhunderts stammten. Viele dieser künstlerisch hochstehenden Krippen sind leider im vorigen Jahrhundert verschwunden, aber in einigen Häusern wurden sie noch mit Liebe aufgestellt und erhielten auch einen Massenbesuch von den Weilheimer Buben und Mädchen. Der Andrang war besonders groß, wenn dort durch einen Mechanismus ein Klausner beim Einwurf eines Geldstückes herausgelockt werden konnte. Heute haben nur mehr zwei Krippen in Weilheim eine Zugkraft. Die eine befindet sich in der Spitalkirche, die andere mit den alten geschnitzten Figuren und überraschenden Landschaftsbildern birgt die Stadtpfarrkirche, wo der Mesner Stegmann die Reihe der Bilder von der Herbergssuche an bis zur Hochzeit von Kanaan würdig und interessant zu gestalten weiß.

Das Neujahranblasen

Es surrt mir noch heute in den Ohren, wenn ich daran denke, wie in unserer Stube an einem Tage zwischen Stephani und Sylvester die Trompeten schmetterten, daß die Teller und die Gläser im Kasten wackelten. Weilheimer Musiker, die das ganze Jahr nur um Gotteslohn in der Stadtpfarrkirche durch ihre Kunst den sonntäglichen Gottesdienst und die Nachmittagsvesper feierlich gestalten halfen, holten sich nach alter Gepflogenheit ihren Obolus. Es war kein Bettel, es war ihr unangefochtenes Recht, daß sie an diesen Tagen in den verschiedenen Bürgershäusern für ihre Tätigkeit im Kirchenchor ihren bescheidenen Lohn in klingender Münze holen durften.

Sechs tapfere Mannen zogen taten- und auch sonst durstig am Johannistage in aller Frühe aus. Zwei Klarinettisten und vier Trompeter waren es, die durch ihre Harmoniemusik die Weilheimer Herzen zu rühren suchten. Sie waren aber nicht allein, ein Dutzend Kinder und noch mehr zogen mit frierenden Fingern und rotzigen Nasen mit und kündeten durch ihre Anwesenheit auf der Straße an, daß etwas Besonderes los sei. Der Dirigent dieses Neujahrmusikchors war in den siebenziger und achtziger Jahren der Schuster Winkler, später dann der Walser Andres mit seiner C-Trompete. Drei bis vier Tage dauerte dieses Festanblasen, sie hätten es freilich in kürzerer Zeit machen können, aber sie wurden, sehr mit ihrem Willen, in einigen Häusern länger aufgehalten, das waren die Brauereien und Wirtschaften. Dort stand für jeden schon die schäumende Maß bereit und zur Vertilgung derselben ließ man sich Zeit, wenn auch der alte Schütz, Weilheims berühmtester Klarinettenbläser, immer wieder zum Gehen drängte.

In den einzelnen Bürgerstuben waren sie nicht ungern gesehene Gäste, manchmal holte man sie sogar, wenn sie ein Haus übergingen. Aber ihre Kunst kam in den engen Räumen bei den geschlossenen Fenstern und Türen oft in einer Weise zur Geltung, daß der musikalische Genuß ins Gegenteil umschlug. Die Kraft der Instrumente war zu mächtig, und je nach der Beschaffenheit des Raumes wirkten sie verschieden. Während z. B. im Kleiderhaus Dusch, wo die Anzüge und Mäntel in langen Reihen an den Ständern hingen, die flott gespielten Märsche erklangen, wie wenn man in einen Sack hineinblies, war im Laden des Spenglers Wiedemann ein Höllenspektakel, als wenn sämtliches Geschirr mitmusizierte.

An den Abenden dieser Spieltage suchten dann die Musikanten immer jene Wirtschaft auf, wo gerade Gesellschaftstag war. Da wurden sie lebhaft vom Wirt und von den Gästen begrüßt, lebten herrlich und in Freuden, und ihre Anwesenheit trug viel zur Seßhaftigkeit der Bürger bis zur Polizeistunde bei. Die Musikanten hatten aber an solchen Tagen wirklich das Menschenmögliche geleistet, sie sind recht müde geworden vom Instrumenten- und Maßkrugheben.

Nach den Spieltagen ging es dann an die Verteilung der eingegangenen Gelder, man hat mir verraten, daß jeder Mann in dieser Zeit die stattliche Summe von 30–33 Mark heimtragen konnte. Die Weilheimer hatten also für ihre Kirchenmusik immer etwas übrig.

Diese alte Sitte des Neujahranblasens in Weilheim wurde unter der Bürgermeisterära Reiter abgeschafft. Man hielt diese Art der Bezahlung für unwürdig, und ein wohltätiger Musikfreund, der Glasermeister Lutz, hatte durch Auswerfung einer größeren Summe dafür gesorgt, daß die Musiker des Kirchenchores auf andere Weise entschädigt wurden.

Mit dem Neujahrsanblasen verschwand aber auch die sonntägliche Maimusik vom Kirchturm herab. Sie war bisher von den Musikern auch unentgeltlich ausgeführt worden, und es war oft keine leichte Arbeit. Es gab nicht immer schöne, warme Maientage. Die Morgen waren oft sehr kalt, einmal so kalt, daß dem Walser Andres der kleine Finger erfor. Diese Musik vom Kirchturm herab wollten aber die Weilheimer doch nicht missen, und so hat dann der Stadtmagistrat eine angemessene Entschädigung den Maibläsern zugebilligt.

Weilheimer Kirta

Kirta! Das Wort zündete früher mehr als heute. Freilich feiern wir auch jetzt noch Kirchweih, aber die alten Bräuche sind auf den Aussterbeetat gesetzt. Sie sind wohl noch in kärglichen Resten da, man hat sie nicht ganz vergessen, besonders da nicht, wo das konservative bäuerliche Element in der Oberen Stadt noch am alten Brauchtum hängt.

Aber eine Kirchweih in den Fünfziger Jahren des 19. Jahrhunderts barg so viele Freuden für alt und jung, daß wir mit einem gewissen Neid auf das anspruchslose Glück unserer Ahnen schauen. Halt! Anspruchslos ist vielleicht zuviel gesagt – nun Ihr sollt selber urteilen! Begleitet mich einmal in die Zeiten, wo noch die Lektüre des Weilheimer Wochenblättchens genügte, um die Neuigkeiten der großen Welt zu erfahren!

Schon der Kirchweihsamstag gehörte zum Kreis der großen Festtage, wenn auch die Mutter hier einen angestrengten Tag hatte. Aber die Buben! Am Vormittag war Schule bis 11 Uhr, dann ging es vom Kürschner auf der Brucken, wo die Schulräume sich befanden, im Laufschritt heim.

Da sprudelte und dampfte es bereits in der Stube oder in der finsteren Kuchl. Berge von Küacheln sind schon auf irdenen braunen Schüsseln bereit und künden die bevorstehenden kirchweihlichen Eßfreuden.

„Muatta, kriagn ma koane Gsprungena?"
„Na, dö ghörn fürn Sunnta. Heut eßts amal dö!"

Die Gsprungena waren besonders feine, krapfenähnliche Nudeln, die mit Zimt und Zucker bestreut eine willkommene Abwechslung im alljährlichen Nudelprogramm der Oberstadtler Küche beldeten.

Wenn je ein Moment imstande war, die traditionelle Feindschaft zwischen den Ober- und Unterstadtler Buben auf kurze Zeit vergessen zu machen, so war es der Augenblick, wo nach dem 12-Uhr-Läuten das rote Kirchweihfähnchen über der Turmgalerie erschien und die hohen Tage für Weilheim ankündigte. Die Hälse recken sich, alle Augenpaare sind auf die Kirchturmhöhe gerichtet, da streckt langsam und feierlich der Mesner das Fähnlein heraus. Ein wahres Indianergeheul, das den ganzen Hauptplatz erschüttert, aber trotzdem von den Alten schmunzelnd quittiert wird, hebt nun an und langsam löst sich aus dem Stimmengewirr der zwar nicht geistreiche, aber althergebrachte Bubenspruch:

Kirnacht, Kirnacht!
Wer hats gmacht? Drei alte Weiber!
Sie essen gern Straubn,
Sie trinkn gern Wei
....

Der Schlußvers kann nicht gut auf das Papier gebracht werden, gehört aber in die Kategorie jener Weilheimer traditionellen Bubenverse, wie sie auch bei der Stadtbachauskehr alljährlich hinausgebrüllt wurden. Und das Kirtagschrei heult durch die Pöltnergasse, es heult durch die Schmiedgasse bis zum Tor und durch die Herrengasse hinauf durchs alte Tor zur Oberen Stadt.

Aber sie scheinen es im Laufe der Jahre gar zu bunt getrieben zu haben, vielleicht kamen noch neue Reime hinzu, denn große Gestaltungskraft liegt im jugendlichen Übermute. Vom Jahre 1856 an hörte man daher nichts mehr am Kirchweihsamstag auf den Straßen, der Magistrat hat es damals endgültig verboten, und der Polizeidiener war ein gar strenger Herr.

Der Nachmittag war nun bei jung und alt ganz der Vorbereitung zum Kirchweihsonntag gewidmet. Der Bach in der Oberen Stadt schwemmte den Schmutz von den Tischen, Stühlen und Bänken, die sich wohlig im Stadtbachwasser wälzten, feinsäuberlich zur Unteren Stadt hinab, die Nudeln wurden in der „Speis“ in einem großen Korb aufgeschüttet und beim Metzger holte man zweierlei Fleisch, Rindfleisch und ein anderes zum Braten, und zwar im Gegensatz zu den gewöhnlichen Sonntagen in Doppelrationen, denn der Eßlust der Familienmitglieder und der Ehehalten waren am Kirchta keine Schranken gesetzt. Die Kirchweihgans war in der Oberen Stadt noch eine Seltenheit, in der Unteren Stadt, wo die Krösus wohnten, zierte sie eher mit dem dazugehörigen Gansjung den bürgerlichen Kirchweihtisch.

Die Buben haben an diesem Nachmittag aber alle Hände voll zu tun. Da ist um 3 Uhr die Vesper, dann kommt der Moment für die Buben, an den sie schon während der ganzen Vesper in der Kirche gedacht haben: die Verteilung des Spendbrotes. Ein großer Korb mit eigens zu diesem Zweck gemachten kleinen, schwarzen Brotlaiben steht draußen vor dem nördlichen Kirchenportal und der Ratsdiener Spar bewacht als Cerberus diese Spende, die der Magistrat alljährlich für die Armen am Kirchweihfeste vermeint.

Es geht an die Verteilung. Die Buben stehen natürlich vorne dran, einer hinter dem andern und der Spar schaut gönnerhaft über die Häupter seiner Lieben. Aber es waren nicht lauter arme Buben, alle drängten sie heran und auch die, denen die Mutter zu Hause besonders eingeschärft hat: „Daß d'ma net zum Spendbrot gehst, du hast dahoam dei Brot, dös bei da Kirch laßt dö Arma!“ Aber es war doch gar zu schön, aus der Hand der hohen Obrigkeit den Brotlaib in Empfang zu nehmen, erstens war er „viel besser“ wie zu Hause und zweitens war es so viel lustig.

Und nun ging's an das wichtigste Kirchweihgeschäft, an die Fabrikation der Rutschn. Was eine Rutschn ist? Nun eine Rutschn ist halt – eine Rutschn. Wer vor 80 Jahren dafür Schaukel sagte, der war kein Weilheimer, das war ein „Preiß“! Es wird kaum eine Tenne im alten Weilheim gegeben haben, wo nicht die Rutschn am Kirchweihsamstag aufgerichtet wurde. Und Tennen gab es damals viel mehr als heute.

Da wurde das Heuseil herausgeholt, und irgendeinen Deckenbalken fand man schon, um den man es schlingen konnte. Meist war die Rutschn nahe dem Tenneneingang, denn der alte Weilheimer Rutschnspruch summte: „Oan nei, oan naus, beim Tennatoar naus!“ Auch Ketten wurden zu diesem Zweck vielfach verwendet, die waren noch stärker, da konnte nichts fehlen. Doch bequem mußte man sitzen können, dazu verhalfen dann die Kartoffelsäcke, die in Menge zur Verfügung standen, sie wurden als Sitz gebraucht. Wo die Säcke fehlten, da mußte zwischen den Seilen oder Ketten ein Holzbrett diesen Dienst versehen, das war zwar nicht so weich wie die Säcke, aber das „Einschneiden“ hat es doch verhindert. Wenn dann die Dunkelheit über diese letzte Bubenarbeit des Samstags hereingebrochen war, standen Dutzende von Rutschn in der Oberen und Unteren Stadt zur Benützung für den kommenden Festtag zur Verfügung.

Am Sonntag nach dem Gottesdienst konnte man dann sehen, in welcher Tenne die feudalste Rutschn war, denn dort sammelten sich die Buben und Mädln in Menge. Die eigene zu Hause war zwar auch schön, aber man wollte doch dahin gehen, wo es besonders zünftig war. In der Oberen Stadt war eine solche Attraktionsnummer der „Große Bauer“ und weiter oben der Lindnerbot, in der Unteren Stadt der Lohnkutscher Lindner im heutigen Metzger-Vollmann-Haus. Da waren ganze Scharen von Kindern da. Bei besonders großen Rutschn war noch ein Hilfsseil vorhanden, das den richtigen Antrieb gab, und dann kam aus allen Kehlen im Rhythmus des Rutschnschwunges:

Oan nei, oan naus,
Beim Tennatoar naus,
Bist no net bal draus
Na muaßt jetza naus!

oder das Lied der Sehnsucht:

Kirchta bleib da,
Geh nimma auf Wialabach na!

Das war der stereotype Begleitgesang dieser Festesfreude, ähnlich dem monotonen Indianergesang am Lagerfeuer. Und schmunzelnd standen um die tolle Kinderschar die Alten … es war einmal!

Der Mittag versammelte nun Vater, Mutter, Ehehalten und den eingeladenen Vetter vom Lande oder von der Stadt um den reichgedeckten Tisch. Das Bierfaß ließ seit Vormittag schon das braune Naß rinnen, und nun kamen die Knödl, das Rindfleisch und die Kirtanudeln. Der Braten war brauchsgemäß den abendlichen kulinarischen Genüssen vorbehalten. Am Nachmittag blieb man schön warm beisammen, höchstens daß man hie und da hoamgartn ging, die Bräu- und Wirtsstuben vermißten an diesem Tage die gewohnten Sonntagsgäste. Die Kinder aber hatten es den ganzen Nachmittag wichtig in den Tennen und begannen ihre Inspektionsreisen in die nachbarlichen Gefilde. Dort blieb man einige Zeit und kritisierte mit Kennerblicken den Aufbau der Rutschn. Das Schlimmste, das einem Buben an diesem Tage widerfahren konnte, war die Frage: „Was, ös habts net amol a Rutschn dahoam?“

Der Kirchweihmontag schloß als Feiertag die Festesfreuden ab, da kam am Nachmittag das Wirtshaus wieder zu Ehren und am Abend ging es zum Kirtatanz. Die Rutschnfreuden ebbten an diesem Tage langsam ab.

So war es gehalten im alten Weilheim noch in der Mitte des 19. Jahrhunderts, allmählich aber tauchten die alten Kirchweihbräuche unter in dem Strudel eines neuen gesellschaftlichen Werdens. Vor einigen Jahren habe ich am Kirchweihsonntag in der Oberen Stadt den alten Weilheimer Kirchta gesucht, ich habe nicht viel mehr gefunden. Man hört ja wohl noch manche liebevolle Einladung auf die Kirchweih, aber diese wird schroff zurückgewiesen.

Vom Hippolyttag

Wenn in den Geographiebüchern vor hundert Jahren bei der Beschreibung der Städte Bayerns Weilheim mit den kurzen Worten abgetan wurde: „Es ist ein kleines, freundliches Städtchen an der Ammer," so ärgerte es mich immer, trotz des Lobes, das meiner Vaterstadt gezollt wurde, daß nicht wenigstens das Gögerl oder der Dietlhofer See oder zum mindesten die Tatsache Erwähnung fand, daß Weilheim zwei große Bestandteile hat, die einst mit einer Mauer umgebene Unterstadt und die ländliche, an ein altes Zeilendorf gemahnende Obere Stadt. Das sollte doch eigentlich jeder Gebildete wissen, nicht wahr?

Nun, die Oberstadtler und Unterstadtler Buben gehörten wenigstens zu den Gebildeten, die wußten es. Aber sie haben dieses historische Wissen nicht still gebucht und mit den anderen vom Lehrer Rauch und Lehrer May eroberten Wissensschätzen friedlich verdaut, sondern sie haben daraus einen Klassengegensatz abgeleitet. Ein latenter Kriegszustand war zwischen den Oberstadtler und Unterstadtler Buben immer vorhanden, der manchmal in spontanen Wutausbrüchen zwischen den Gegnern aufflammte oder gar zu kleinen kriegerischen Ereignissen führte. Diese wurden meist zur Maikäferzeit auf dem Gögerl oder zur Badezeit am kleinen Ammerl, wo eigentlich ein friedliches Tun beide Parteien vereinigen sollte, ausgetragen. Wir wollen aber im Interesse der friedlichen Entwicklung der Stadt hoffen, daß inzwischen diese Gegensätze glücklich überbrückt sind.

Wenigstens ist eine Kampfgelegenheit aus der Welt geschieden, das ist der kleine Kirta in der Oberen Stadt, das Patrozinium von St. Pölten, das auf den 13. August fiel. Das war gewöhnlich ein Werktag, und dieser wurde in der ganzen Oberen Stadt als Feiertag begangen, während die Unterstadtler arbeiteten.

Was war näherliegend, als daß am Vorabend des Festes der Liebhart Ferdinand mit seiner schlagfertigen Zunge dem Weinbuch Anderl von der Unteren Stadt die bevorzugte Stellung seines Stadtteiles in dieser Beziehung auseinandersetzte.

„Wir ham aa an Kirta in der Stadtkirch, dös is auch a Feiertag," sagt der Anderl.

„Eua Kirta is net viel wert, da ist sowieso scho Feiertag," meinte der Ferdinand.

„Aba wir ham an größern Feiertag wie ihr, dös is a Frauentag."

„Den Frauentag hamma aa, aba noch extra dazua an Kirchta am Werktag, do müaßt ihr arbatn!"

Aber i ko morgen aa as Sonntagsgwand aziagn," meint etwas kleinlaut der Anderl.

„Dös probier amal und kim damit in d'Oberstadt, da werst was erlebn," braust jetzt der Ferdinand auf, „überhaupt dürfts ös an Werktag koan Kirchta haltn, was täten da d'Leut sagen? Da hätt der Papst a no a Wörtl mitz'reden. Im übrigen kannst di jetzt druckn, gell!"

Die immer heftiger werdende Sprache des Ferdinand war veranlaßt durch das Erscheinen des Blocker, eines besonders langen Oberstadtler Buben, was auch zur Folge hatte, daß sich der Weinbuch Anderl wirklich „druckte".

So wild die Kampfstimmung vor diesem Festtag bei den Buben war, so schön und friedlich war die Arbeit der Alten in der Oberen Stadt. Die Besen wurden gegen Abend herbeigeholt, die Straßen sauber gekehrt und alle Vorbereitungen für den kommenden Tag als Feiertag getroffen. Dieser sah die Buben sonntäglich gekleidet am Morgen zum Kirchgang nach St. Pölten bereit. Aber der Weg führte sie heute nicht wie gewöhnlich bei den Maulbeerbäumen hinter dem Rentamt vorbei durch das Theatergaßl, sondern sie machten einen Umweg durch die untere Stadt. Dort sollte man sie sehen, wie sie heute Festtag hätten, und vielleicht gab es Gelegenheit, den einen oder andern Unterstadtler Buben ein wenig zu „derblecken".

Nach dem Gottesdienst sah man allenthalben in der oberen Stadt den friedlichen Feiertag; in weißen Hemdärmeln standen die Nachbarn plaudernd beieinander, und der Oberbräu beherbergte in seiner gemütlichen Stube manche Kirchweihgäste, die auf dem Heimweg von der Kirche noch schnell eine Halbe mit frischen Brezen vom Bäkker Liebhart „mitnahmen". Wenn dann einer, der zur Stadtpfarrei gehörte, mit seinem Leiterwagen vorbeifuhr, gab es durch das offene Fenster lustige Zurufe auf die Straße.

Nach der Vesper, um 2 Uhr nachmittags, kamen dann die weltlichen Freuden der kleinen Kirchweih vollends zur Geltung, der Sammelplatz der Oberstadtler war der Postgarten. Der Posthalter Orterer war immer sehr stolz auf diesen Festbesuch, und manchem bevorzugten Pöltner, besonders dem beliebten Mesner Notz, wurde eine Freimaß zugebilligt. In gedrängter Fülle saß man Kopf an Kopf im Garten, dessen Staudenzaun die Blicke der Neugierigen von der Straße nicht durchdringen ließ, und der alte Pfarrer, der übrigens wegen seiner schönen Predigten viele Unterstadtler in seine Kirche lockte, gab durch seinen Besuch dem Feste eine besondere Geltung.

Die Rettiche des Gärtners Pfefferle, der immer einen ganzen Korb voll brachte, waren ein Ereignis für sich. Ob es auf seine Kosten oder auf die des Posthalters geschah, ist unbekannt, jedenfalls wurden die Rettiche auf die verschiedenen Tische verteilt als besondere Kirchweihgabe.

Das fröhliche Treiben setzte sich auch in der viel benützten guten Kegelbahn fort, wo die Pöltner Ministranten als Kegelbuben funktionierten und sich ihre Juchzger durch verschiedene Ministrantenfünferl bezahlen ließen. Auch eine Musikkapelle gastierte mitunter an diesem Tage im Postgarten und ließ ihre Weisen über den Postplatz erklingen, so daß mancher Unterstadtler früher als sonst seine Arbeitsschürze weglegte und sich unter die Pöltner Festgäste im Postgarten schmuggelte.

Und wenn dieser Festtag der Oberen Stadt manchmal etwas feucht ausklang – der heiße Augusttag war schuld daran –, so war es doch immer eine Freude zu sehen, wie sich hier die große Familie der Pöltner in einer, ich möchte fast sagen, patriarchalischen Gemeinschaft zeigte und stolz auf ihren „Polytustag“ war. Heute ist dieser Festtag verschwunden und auf den Sonntag verlegt, dem einen zur Freude, dem andern zum Leide.

Der Turmwächter

Versetzen wir uns in die Poesie jener Zeit, die uns Spitzweg in seinen Meisterbildern vor Augen führt, jener Zeit, wo der Nachtwächter mit der Laterne in der einen und dem langen Spieß in der andern Hand, den verspäteten Gästen des Wirtshauses und vielleicht gar einmal dem gestrengen Gnaden Herrn Landrichter selbst heimleuchtete. Wenn dann die Stunde schlug, setzte er das große Horn an und nachher hörte man den manchen Weilheimern noch bekannten Ruf:

„Ihr Herrn und Frauen, laßt Euch sagen:
Unsre Uhr hat zwölfi g'schlagn:
Zwölfi!
Bewahrt das Feuer und das Licht,
Damit kein Unglück g'schieht!
Lobet Gott und Maria!

Es klang eintönig unter Tontieffall des letzten Wortes jeden Verses durch die stille Nacht, klang den lustig Wachenden, klang den Kranken, klang den Sterbenden, jedem nach seiner Gemütsverfassung, bald lustig, bald wehmütig; allen aber war es die wohltuende Melodie der heimatlichen Nacht.

Im alten Weilheim hat diese Weise jahrhundertelang geklungen, von ragender Höhe aus erscholl der Gottes- und Mariengruß über die Dächer der Bürgerhäuser hinweg in die nächtlichen Straßen und winkeligen Gassen. Den Bürgern des Städtchens kündete der Turmwächter von der Galerie des Stadtkirchturms herab die Stunden der Nacht.

Aber es ist nicht ausgeschlossen und sogar sehr wahrscheinlich, daß in früheren Jahrhunderten auch in Weilheim der durch die Straßen wandernde Nachtwächter wie in vielen anderen bayerischen Städten mit lauter Stimme sein Sprüchlein sang. Je nach der Laune des Sängers soll es sogar durch fröhliche oder boshafte Zusätze ergänzt worden sein, indem ein lustiges Tagesereignis quittiert oder ein Privatgegner des Wächters ein klein wenig geärgert wurde. Die hohe Obrigkeit scheint in dieser Beziehung eine großzügige, lange Geduld noch geübt zu haben.

Wenigstens berichtet darüber eine um 1820 erschienene „Biographie des Weilheimer Nachtwächters Kilianus", ein in Reimen geschmiedetes Werkchen von einem unbekannten Verfasser.

Dieser besagte Kilianus hatte ein abenteuerliches Jugendleben hinter sich und kam auf der Suche nach einer Stellung just in dem Augenblick nach Weilheim, als der alte Nachtwächter dort zu Grabe getragen wurde. Von den vielen Bewerbern um den vakanten Posten erhielt er den Vorzug „wegen seiner Stimme starken Ton“. Aber die Bürger stellten, ob aus Mitleid oder aus Berechnung ist unklar, die Bedingung, der neue Nachtwächter müsse die „hochbetrübte“, vierzigjährige Witwe heiraten. Da „deren Person nur mittelmäßig häßlich war“, nahm unser Kilianus den Vorschlag an und wurde bald ein Ehemann. In seinem Amte scheint er nun sich gut bewährt zu haben, denn der Bericht hierüber lautet im Original:

„Er hat sich übrigens stets aufgeführet,
Wie es einem frommen Nachwächter gebühret,
Denn er schlief bei Tag desto mehr,
Damit er des Nachts fein wachbar wär.
In aller Zeit, wo er gewacht und gesungen,
Ist es keinem Diebe jemals gelungen,
Daß in Weilheim eine Räuberei
Irgendwo nächtlich geschehen sey.
Und jeder Bürger, wenn er noch so hart schliefe,
Erwachte, so oft Kilianus blies und riefe,
Und seines Hornes und Halses Schall
Ertönte im Städtelein allüberall.“

40 Jahre hatte er so den Schlaf der Bürger behütet, bis sich „Freund Hein plötzlich einstellte.“ Dafür findet der boshafte Dichter folgende Worte:

„Er bekam nämlich ein hitziges Fieber,
Das wäre nun bald gegangen vorüber,
Wenn man es seiner guten Natur
Hätte wollen überlassen nur;
Jedoch ein berühmter Doktor im Kurieren
Brachte ihn durch lauter Lebenselexieren
Ganz methodisch, mit Bedacht und schön
Auf den Weg, den wir einst alle gehn.
Noch muß ich zu seinem Lobe sagen –
Und ihr zeuget selbst durch euer Klagen –
Daß seit langer Zeit und Jahren her
Kein Nachtwächter stärker rief u. blies als er.“

Mit diesem Loblied auf den damaligen Medikus von Weilheim schließt die Reimerei ab, die aber wohl nichts anderes ist als ein der Phantasie entsprungenes ergötzliches Geschichtlein.

Jedenfalls zogen die Weilheimer Nachtwächter im 19. Jahrhundert, wenn nicht schon früher, von der Straße weg auf den Turm, denn die älteste lebende Generation zu Beginn des 20. Jahrhunderts kannte als Schutzherrn der Alt-Weilheimer nur den Turmwächter.

Für unsere mit der Hatz des Erwerbslebens durchsetzte Zeit ist der Turmwächter eine romantische Gestalt aus einer poesiedurchwehten, uns liebevoll umschmeichelnden Vergangenheit geworden. Zauberten schon die beleuchteten Turmfenster in dunkler Nacht den Bewohnern des Städtchens unten eine gewisse Idylle und Behaglichkeit vor, so mag ein nächtlicher Besuch bei den Wächtern oben manchmal von überwältigender Schönheit gewesen sein. Wenn ein klarer Sternenhimmel über dem schlafenden Städtchen sich wölbte, so muß in einer schönen Maiennacht der Blick über den friedlichen Pfaffenwinkel, wo da und dort ein Lichtlein in einem Hause aufflackerte, etwas Wunderbares gewesen sein. Und wenn gar ferne Blitze den Nachthimmel beleuchteten und ein nächtliches Wettern um den alten Turm grollte oder wenn im Winter das Mondlicht auf die weiße Schneedecke die dunklen Schatten der Häuser und Bäume hinmalte, dann kann man verstehen, daß auch in dem härtesten Turmwächterherzen eine Stimmung aufkam, die sein stündliches Wächterlied zum Gebete machte.

Doch darf man nicht glauben, daß die Weilheimer Turmwächter – es waren ihrer zwei – so ganz ruhig diesem Seelenfrieden sich hingeben konnten, sie hatten immer Arbeit genug und waren die ganze Nacht beschäftigt. Ihr Tagwerk, respektive ihr Nachtwerk begann auf dem Turm im Sommer um 9 Uhr abends, im Winter bedeutend früher. Dann wurde der Beobachtungsposten auf der Turmgalerie eingenommen und in späteren Jahren das drehbare Fernrohr, das auf jeden verdächtigen Platz eingestellt werden mußte, mit der Orientierungstafel angebracht.

Im Turmzimmer selbst ist es wohl immer recht gemütlich gewesen, ein Sesselofen sorgte in der kalten Jahreszeit für die Erwärmung, und Bier und Proviant war vorsorglich für die Nacht mitgenommen worden. Doch jede Viertelstunde, welche die Turmuhr schlug, war mit einer Wächterkontrolle verbunden. Da war in dem Stübchen ein Seil, das hinabhing in den Glockenraum. Das wurde nach jedem Viertelstundenschlag gehoben, und ein Hammer fiel dann auf das „Zügenglöcklein". Dieser Glockennachschlag gab den Bürgern Bescheid, daß der Wächter seines Amtes waltete. Wenn dann bei dem Ganz-Stundenschlag der letzte Ton der großen Glocke verklungen war, winselte das „Zügenglöcklein" die gleiche Stundenzahl wieder.

Eine Verbindung des Turmwächters mit dem Städtchen war gegeben durch eine Glocke, die von unten aus an der äußeren Turmmauer geläutet werden konnte. Denn es gab manchmal etwas zu melden, das die Turmwächter nicht sofort erspähen konnten, und ein ausbrechender Brand z. B. konnte durch eine rasche Benachrichtigung der Feuerwehr noch im Keime erstickt werden. Der Alarm geschah durch Läuten der großen Glocke, deren Töne schauerlich durch die Nacht rollten und jeden erschreckten; wußte man doch, daß Gefahr für die Stadt im Verzuge war. Wenn die Wächter einen auswärtigen Brand der Stadt melden wollten, wurde die ganz kleine Glocke geläutet; das war für die Feuerwehr das Zeichen, daß in der Umgebung draußen in einem Dorfe Hilfe nötig war.

Eine weitere Verbindung der Wächter mit der „Unterwelt" bestand in einer Aufziehvorrichtung. Ein Rad, mit einem festen Seil überrollt, war oben beim Wächterzimmer. Das Seil, mit einem Haken versehen, wurde vom Galeriegeländer aus in die Tiefe gelassen, um rascher und bequemer als über die finsteren und schmalen Turmtreppen die größeren benötigten Gegenstände dem Wächterzimmer zuzuleiten oder von dort aus wieder hinabzubefördern. So wurde im frühen Morgengrauen immer ein Kübel herabgelassen, dessen Inhalt man rasch in den vorbeifließenden offenen Stadtbach schüttete. Das Holz, das man für die Feuerung benötigte, wurde häufig am Nachmittag in Bündeln bei öfterem Auf- und Niederlassen des Seiles hinaufgeschafft. Das war für die Unterstadtler-Buben immer eine besondere Gelegenheit, ihre Spiele zu unterbrechen und dem Lufttransporte zuzusehen.

Doch so ganz ruhig sahen sie nicht zu, so etwas Außergewöhnliches mußte die jugendliche Neugierde reizen. Man wollte doch auch einmal versuchen, was man bei so einer Himmelfahrt verspürte, und mancher Wagemutige hängte sich am Holz fest oder setzte sich tapfer darauf, um einige Meter mit in die Höhe zu fahren und dann wieder zur Erde zurückzuspringen.

Der Schweitzer Willy vom Postplatz war ein besonders verwegener Bursche. Bei allen tollen Streichen war er der vorderste, ihm waren die Fledermauswinkel im Turm ebenso vertraut wie das Türchen, das in der Kuppel oben ins Freie führte.

Und als das Bündel wieder einmal geschnürt und zum Aufzug fertig war, setzte sich der Willy, sich am Seile festhaltend, stolz darauf, und aufwärts ging es langsam, drei, vier, fünf Meter. Die herumstehenden Buben waren fasziniert von der Tat. Jetzt macht sich der Willy zum Sprunge herab fertig, er schätzt rasch die Höhe ab, er will springen, aber da verläßt ihn plötzlich der Mut. Und aufwärts, aufwärts geht das Seil ruhig weiter, und jetzt merken erst die Zuschauer, daß der Willy nicht mehr abspringen kann. Er ist verloren.

Ein ohrenbetäubendes Rufen und Schreien wälzt sich über den Hauptplatz, aber das Seil mit dem Holzbündel und dem Bengel nimmt ruhig seinen Weg aufwärts, aufwärts, immer aufwärts. Der Wächter hört und sieht nichts von den Vorgängen unter ihm und wartet ruhig, bis sein Holz am Galeriegeländer erscheint. Da wird plötzlich die Bubenmeute ruhig, angstvolle Stille ist ringsum, das Geländer oben ist erreicht, mit großen Augen schauen sie in die Höhe und verfolgen die Luftfahrt des Freundes. Aber noch größere Augen macht jetzt der Turmwächter, als mit dem Holzbündel der Schweitzer Willy vom Postplatz am Seile schwebend erscheint und mit noch verweinten Augen munter grinsend die Befreiung aus dem ungewöhnlichen Lift erwartet. Was die beiden im Turmstüblein miteinander gesprochen haben, hat der Schweitzer Willy niemandem erzählt. Aber die Buben haben ihn fortan als Helden angesehen.

Die Leiden und Freuden des Weilheimer Turmwächters sind also gar mannigfacher Art gewesen, und am Ende des vorigen Jahrhunderts ist ein Stück Alt-Weilheimer Poesie mit ihm verschwunden.

Der Bürgermeister vor dem versperrten Stadttor

Es war die Zeit, als noch die Tore im alten Weilheim nachts geschlossen waren. Und wie die Henne ihre Küchlein unter ihre Flügel sammelte, so hat auch der Bürgermeister, nennen wir ihn Klieber, mit Strenge darauf gesehen, daß alle Weilheimer nach dem Gebetläuten innerhalb ihrer Mauer sich befanden. Dort waren sie gut aufgehoben, und nur so konnte auch der Herr Bürgermeister die Garantie für eine geruhsame Nacht geben. Niemand durfte daher nach Torschluß aus der Stadt und niemandem außer der Mauer gelang es mehr, innerhalb der Tore einen Unterschlupf zu finden.

Der Torwart beim Krautturm in der Pöltnerstraße, der alte Sepp, war da immer etwas zu gleichgültig, für gute Worte und für ein heimlich zugestecktes Sechserl öffnete sich zuweilen für einen Spätling das Tor. Und das hat der Klieber einmal erfahren. Da ist er aber fuchsteufelswild geworden. Mit einem verschärften Verweis erhielt der Sepp den Auftrag, nach Schließung der Tore die Schlüssel im Bürgermeisterhause abzugeben. Erst in der Frühe zur festgesetzten Stunde konnte er sie von dort wieder abholen. „Und wenn i selba draußn steh und rei möcht, darfst mir das Türl net aufmachn!" schloß der Bürgermeister mit großem Eifer seine stadtväterlichen Mahnungen.

Das hat auch beim Sepp gewirkt, er hat sich von dieser Stunde an strenge an seine Vorschriften gehalten. Beim Pöltner Tor kam nach dem Gebetläuten keiner mehr in die Stadt, auch nicht durch das Türl, wozu er noch den Schlüssel behalten durfte.

Ein schöner Septembertag lockte nun einmal die Weilheimer aus der Stadt. In Etting wurde das Fest des heiligen Michael gefeiert. Dieser Dorfkirta, der wie alle eine magische Anziehungskraft ausübte, hatte es den Weilheimer Bürgern angetan. Gerade lustig ging es dort her und der Bürgermeister Klieber war besonders gut aufgelegt. Allmählich wurde es aber doch für die Weilheimer Zeit zum Heimgehen, die Zöllner ließen nicht mit sich spaßen. Immer leerer wurden die Tische draußen, aber ganz fest saß noch der Klieber bei seinen Ettinger

Freunden. Und so wurde es 9 Uhr, es wurde 10 Uhr, aber er saß noch immer bierselig bei den Ettingern, bis er sich endlich bequemte, mit seinem treuen Russel, ohne den er nie über Land ging, den Marsch nach Weilheim anzutreten.

Um 11 Uhr nachts stand er vor dem Pöltnertor. „Klingeling" schrillte die Glocke beim Torwart. Aus dem ersten Schlaf gestört streckt der Sepp seinen Kopf zum Fenster heraus und ruft:

„Wer is draußn?"

„I."

„Was für a I denn?"

„No da Klieba halt, da Burgamoasta!"

Da stutzt der Sepp und sinniert für sich: Was will denn der no? Will mi der gar auf Prob stelln? Na, Freunderl, mi fangst net!

„Neamat darf mehr rei", schreit er dann hinaus.

„Aba da Burgamoasta muaß do in sei Stadt neikönna!"

„Nix, mei Liaba, dö Vorschriftn san a für di da. Und du selba hast gsagt, daß i nach Torschluß a di nimma rei lassn darf!"

„Freili, freili, Sepp, i woaß scho", sagt jetzt der Bürgermeister etwas zögernd, „aba wia kimm i denn hoam?"

Da wird der Sepp zum Diplomaten. Das Türl macht er nicht auf, das steht fest, aber dem Bürgermeister kann er einen guten Rat geben, für den er einmal einen Gegendienst verlangen könnte.

„Woaßt was", schreit er jetzt hinunter, „geh nüba zum Offbaua (heute Höckhaus), da steht im Hof a Loata, dö legst an dö Mauer da vorn o, da könnts geh, daß d'rübasteigst!"

Konnte wirklich der hochgeborene Herr Bürgermeister jetzt nur wie ein Dieb in der Nacht in seine Stadt kommen! Aber er selbst hatte die Weisung für den Zöllner gegeben, er mußte sich fügen.

Und so schlich der Klieber in den Bauernhof und suchte die große Leiter. Der Schnauzl umwedelte seinen Herrn und ging nicht von seiner Seite. Und der Mond lachte vom stillen Sternenhimmel und der Sepp von seinem Fensterl aus auf die lustige Szene. Keuchend unter der schweren Last kam der Bürgermeister zur Mauer. Der Sepp gab die nötigen Direktiven und bald erschien vom Mond gespensterhaft beleuchtet die Silhouette des Stadtoberhauptes auf der Höhe der Mauer und tauchte dann lautlos drüben wieder hinab in die Tiefe.

Weilheim hatte in dieser Nacht wieder seinen Bürgermeister im Schutze der Mauern.

Jetzt atmete der Klieber tief auf, dann sagte er so freundlich, als er nur konnte: „Sepp, jetzt muaßt ma no an Gfalln tua!“

„Und dös wär?“ fragte neugierig der Torwart.

„Mei Schnauzl is no drauß, der muaß do a rei, geh machs Türl auf!“

Das konnte nun der Sepp noch in Einklang bringen mit seinen Vorschriften, von den Schnauzln war darin nichts erwähnt. Daß gerade noch ein Hund in Schnauzlgröße hereinschlüpfen konnte, so weit öffnete er den Türspalt. Ein Pfiff des Klieber und der Schnauzl sprang lustig an seinem Herrn hinauf.

Jetzt stattete der Bürgermeister dem Torwart seinen Dank ab. Einen Sechser drückte er dem Sepp in die Hand.

„Dö Loata tragst dann in aller Früha zum Off nüba und gell, Sepp, sagn brauchst neamand was vo dera Gschicht!“

„Na, na“, hat der Sepp gsagt, „dös geht ja neamand was o!“

„Also guat Nacht, Sepp!“

„Guat Nacht, Klieber!“

Die Grammelhütte

Heute ist bei uns der Flachsbau eine Seltenheit, in der Mitte des vorigen Jahrhunderts aber war es noch eine Selbstverständlichkeit, daß rings um Weilheim, besonders am Hechenberg und im Hardt, die Flachsfelder sich aneinander reihten. Die Textilindustrie hatte noch nicht ihren Siegeszug durch die deutschen Lande gehalten, das ländliche Weilheim hat, wie es überall im bayerischen Oberland war, für diese Bedürfnisse des Haushaltes die Rohmaterialien selbst liefern müssen.

Und so hatte auch Weilheim seine Grammelhütte, welche allen die Möglichkeit bot, die Gespinnstpflanze in die Fertigware für die Weber der Oberen Stadt zu verwandeln. Sie war früher wie manche Häuser der Obern Stadt Eigentum des Klosters Polling, ist dann später in den Besitz der Weilheimer übergegangen und befand sich am Simmetsbacherl beim „Acker“ draußen, da, wo die Straße von der Rastkapelle her an den Bach stößt. Am Wasser mußte sie stehen, denn man brauchte das, um nötigenfalls ein rasch auflodernes Feuer in der Grammelhütte im Keime zu ersticken. Und das kam sehr häufig vor.

Im übrigen war dort auch ein Teich angelegt, der das nötige Wasser liefern konnte. Sein eigentlicher Zweck war freilich ein anderer, dort lagerten die hölzernen Wasserleitungsrohre, die der Brunnenmeister als Reserve für die häufig schadhaft gewordenen Rohre in den Straßen der Stadt im Wasser stets bereit halten mußte.

Die Grammelhütte wurde in den Monaten Oktober und November benützt. Erst um diese Zeit war der Flachs reif zum Brechen. Der war draußen mit der Sichel geschnitten worden und mußte längere Zeit auf den abgeleerten Feldern lagern. Sonnenglut und Regenschauer mußte er über sich ergehen lassen, dann war er reif zur weiteren Bearbeitung.

Die Samenkugeln wurden zuerst abgenommen und teilweise als Samen in den Truhen aufbewahrt für den Anbau des nächsten Jahres. Ein Teil des Samens wurde abgekocht und zur Viehfütterung verwendet. Ein erklecklicher Teil der kostbaren Gabe wanderte aber in die Ölschläge, deren es zwei im alten Weilheim gab. Einer befand sich draußen am kleinen Ammerl, der andere war draußen im Osten der Stadt. Dort beim Gögerl ist heute noch in der Namenserinnerung der Ölschlag.

Anfang Oktober mußten sich die Flachsbesitzer beim Aufseher der Grammelhütte melden. Das war in den späteren Jahren, in der Mitte des vorigen Jahrhunderts, der Pischeltsrieder, der bei den Krautgärten am Fuß des Gögerl sein Heim hatte. Der verteilte die Arbeitstage unter den sich Meldenden, notierte alle fein säuberlich in seinem Kalender und dann konnte das Grammelwerk beginnen. Die Nachbarn hielten da getreulich zueinander und unterstützten sich gegenseitig bei den Arbeiten in der Hütte.

Diese war in zwei ungleiche Räume eingeteilt. Der große enthielt einen Ofen von Stein, ein hölzernes Gitter lag darauf, und auf diesen wurden die Flachspflanzen zum Rösten gelegt. Durch fortwährendes Wenden mußte das Brennen der trockenen Pflanze verhindert werden, doch ging manchmal das Ganze in Feuer auf und das Wasser in der Nähe mußte dann helfend eingreifen. Im zweiten Raum waren die arbeitenden Frauen, welche den gedörrten Flachs brachen. Die Brechvorrichtungen, eine gröbere und eine feinere, ließen dann bald aus den „Agen“ den Flachs erscheinen, der recht zierlich in Zöpfen gebunden in die bereit stehenden Körbe gelegt wurde. Die gröbere Sorte, die dabei abfiel, wurde als Werg beiseite gelegt und diente im Haushalt als nützlicher Behelf zu allem Möglichen. Jetzt kam die Winterarbeit, die Tätigkeit in der Kunkelstube, wo der Flachs gesponnen wurde. In den größeren Häusern der Oberen Stadt sammelte sich meist junges Volk, Burschen und Mädchen, und verbrachte die Abende in den Spinnstuben mit Arbeit und Scherz. Daß dieser bei der Zusammensetzung des Publikums eine Hauptrolle spielte, davon wissen die vielen Kunkelstubengeschichten manches zu erzählen.

Wo das Garn in den Häusern selbst nicht gebrauchsfertig gemacht wurde, haben das die Weber der Oberen Stadt übernommen. Es gab dort sechs bis acht solche Handwerker, der bedeutendste war unter ihnen der Loderer. Um 1750 herum hieß die Lodererfamilie Weber, die diesen Familiennamen, wie das häufig vorkam, ihrem Gewerbe verdankte. Vor ca. 100 Jahren hat das Erbe des Loderers Weber die Familie Rid übernommen. Aber das Handwerk der Weilheimer Weber hat leider den goldenen Boden verloren, die Maschine, die mächtige Konkurrentin des Handwerks, hat diesen Stand vollständig zugrunde gerichtet, die Textilindustrie arbeitete rascher und billiger und lockte die Käufer.

Und so vereinsamte auch mit der Einstellung des Flachsbaues die Grammelhütte draußen am Simmetsbacherl. Deren Benützer wurden von Jahr zu Jahr weniger und in den siebziger Jahren hat man die Grammelhütte abgebrochen.

Wassernot

„Wassernot?“ würden die alten toten Weilheimer Geschlechter zweifelnd fragen, wenn nicht ihr Mund für immer verstummt wäre, „wir kennen nur eine Wassernot: die reißende Ammer. Sie hat im 18. und 19. Jahrhundert uns böse, böse Streiche geliefert, ihre Überschwemmungen waren so verheerend, daß ‚kein Mensch es also gedenket hat‘. Aber in der Stadt kannten wir keine Wassernot, wir hatten sogar eine Wasserleitung, die sorgte für Küche und Stall.“

Nur gemach, liebe Vorfahren, wir jüngeren Geschlechter sind leider anspruchsvoller geworden. Wir, die wir in allen Stockwerken des Hauses, in Gärten und öffentlichen Anlagen mit dem Hahn den laufenden, frischen Quell herauszaubern, wollen einmal ein klein wenig eure Wasserversorgung unter die moderne kritische Lupe nehmen!

Da sprudelten wohl draußen vor Deutenhausen die Quellen so silberklar wie heute noch, aber ihre Fassung war äußerst primitiv. In Holzdeichen wurde dann das köstliche Naß hereingeleitet durch die Obere und Untere Stadt, aber beileibe nicht in die Häuser. Die ganze Obere Stadt kannte im Hause kein laufendes Wasser. Selbstgegrabene Pumpenbrunnen brachten, aber auch nicht in allen Häusern, das Grundwasser herauf, und damit war man zufrieden.

Auch in der Unteren Stadt gab es in den Häusern nur Pumpenbrunnen, und einige wenige Private und die großen Brauereien haben auf eigene Kosten von der hölzernen Wasserleitung das Wasser in ihre Betriebe geleitet, und da floß es dann Tag und Nacht. Wasserzins kannte man damals nicht, nicht einmal dem Namen nach, das wäre ja etwas Ungeheures gewesen, diese Gottesgabe noch bezahlen zu müssen, meinten unsere Altvordern.

Die hölzerne Wasserleitung speiste die Brunnen, die von der Bärnmühle angefangen bis zum Marktmüller in großer Zahl – es mögen ein volles Dutzend gewesen sein – über dem Stadtbach gebaut waren und ihr Tag und Nacht laufendes Wasser in die Wellen des Baches plätschern ließen. Und diese Brunnen versorgten die Häuser insoferne mit Wasser, als es von dort zum Waschen und Kochen geholt werden mußte. Es mag oft ein belustigendes Bild gewesen sein, wenn Erwachsene und Kinder dort ihre Morgentoilette machten und im Laufe des Tages in natürlicher Weise ohne Glas und Becher ihren Durst löschten.

Manchmal versagte aber auch der eine oder der andere Brunnen und das war nicht einmal eine Seltenheit. Die mit eisernen Ringen zusammengestoßenen Holzdeichen waren leicht zu beschädigen, aus dem Boden herausquellendes Wasser zeigte prompt die schadhafte Stelle an, und dann setzte die Tätigkeit des Brunnenmeisters ein. Die Holzdeichen mußten ausgewechselt werden, und ein eigens zu diesem Zweck angelegter Teich am Simmetsbacherl bei der Rastkapelle lieferte das Material dazu. Draußen bei der Schießstätte haben die Zimmerleute im städtischen Werkstadel mit einem langen Bohrer die Stämme durchlöchert, dann mußten sie im Wasser des Teiches schwimmen, bis sie gebrauchsfertig waren. So erst konnte sie der Brunnenmeister zur Ausbesserung der schadhaft gewordenen Holzdeichen verwenden.

Für ihr Vieh benötigten die Bewohner besonders viel Wasser, und da konnten sich die Häuser zwischen der Bärnmühle und dem Feyerabend leicht helfen. Sie legten Holzrohre vom Bach herein in ihre Stallungen, soweit das Rinnsal höher gelegen war, konnte man das gut machen. Weiter unten, wo der Bach tiefer fließt, konnten sich die Bewohner diesen Luxus nicht mehr leisten.

Dieser Wassernot half man später gründlich ab. Die acht Quellen, die stark vernachlässigt und offen draußen waren, wurden in Stein gefaßt, tiefer gelegt und einem gemeinsamen Bassin zugeführt. Die neuen eisernen Rohre lieferten am Abend des Kirchweihsamstags im Jahre 1865 unter der Aufsicht des Brunnenmachers Schmautz zum ersten Male das gute Weilheimer Trinkwasser in die Stadt und die meisten Häuser erhielten jetzt ihre eigenen laufenden Brunnen. Doch blieben die allgemeinen Brunnen fast alle noch bestehen, besonders für die, welche keine eigene Leitung sich im Hause legen ließen. Die aber mußten jetzt bezahlen, es kam die teure Zeit. Drei Mark kostete es im ganzen Jahr für den, der vom öffentlichen Brunnen am Stadtbach sein Wasser holte, die anderen mußten natürlich erst recht ihre Abgaben entrichten. Im Laufe der Zeit verschwanden auch die öffentlichen Brunnen am Bache, die Wassernot in der Stadt war behoben.

Alt-Weilheims Schritt in die neue Zeit

Die Geschichte Weilheims weist im Laufe der Jahrhunderte manche Wendepunkte auf, die das Leben der Stadt mächtig beeinflußten und ihm für die folgende Zeit neue Bahnen wiesen.

So hat 1492 der Bau der Kesselbergstraße durch den Münchener Patrizier Heinrich Barth Weilheims Handel schwer geschädigt. Es ist vielleicht noch nicht so allgemein bekannt, daß Weilheim schon seit dem 12. Jahrhundert als Verkehrsplatz eine wichtige Rolle spielte, so daß Heinrich der Löwe, der Gründer Münchens, den Ort Weilheim zu einem Stapelplatz für das Reichenhaller Salz machte. Und wenn zu Beginn des 13. Jahrhunderts ein Weilheimer Handelsmann als Teilnehmer der großen Bozener Messe erscheint, ist damit eine weitere Bestätigung dieser Behauptung gegeben. Der Grund zu dieser Entwicklung Weilheims liegt in seiner Lage an der wichtigen Reichs- und Rottstraße, der alten Römerstraße, die einst von Italien über Mittenwald, Partenkirchen, Murnau und Weilheim nach Augsburg und später nach München führte. Nun aber wurde durch die Kesselbergstraße, die den Weg von München nach Innsbruck wesentlich kürzte, Weilheims Handel auf dem Gebiet des Rottwesens bedenklich ausgeschaltet.

Auch die Zeit unmittelbar vor und während des 30jährigen Krieges hat dem Weilheimer Wirtschaftsleben eine Wendung gegeben. Merkwürdigerweise haben aber Kriegseingriffe und Kriegsnot keinen Niedergang der Wirtschaft gebracht, sondern das Gegenteil trat ein. Gerade diesen Zeitraum bezeichnet die Geschichte als die Weilheimer Künstlerzeit, sie brachte eine Blüte des Weilheimer Handwerks, welche die Stadt im 17. und 18. Jahrhundert durch die Werke ihrer Meister weit über die Grenzen Bayerns bekannt und berühmt machte.

Das Jahr 1803 bildete wieder einen Wendepunkt im Wirtschaftsleben der Stadt. Die Säkularisation zerschlug das blühende Weilheimer Handwerk, und Weilheim ging als stille, verarmte Stadt ins 19. Jahrhundert hinein. Aber in der Bürgerschaft lebte der alte Unternehmungsgeist weiter und knüpfte allmählich an die unvergessene Tradition der vergangenen Jahrhunderte an. Es bedurfte nur einer energischen Führungspersönlichkeit, und diese fand sich in dem Bürgermeister Joh. Ev. Baur. Das Jahr 1863 brachte diesen Wendepunkt in Weilheim. Es war das Jahr der großen Planungen und weitsichtigen Unternehmungen.

In diesem Jahre war Weilheim noch ein ruhiges Handwerker- und Bauernstädtchen. Der Schwerpunkt des Erwerbslebens war die Landwirtschaft. Fast in jedem Hause der Oberen und der Unteren Stadt stand in den Ställen das Vieh und es mag ein gemütlicher Anblick gewesen sein, wenn im Spätsommer und Herbst die große Viehherde der Unteren Stadt durch das Schmiedtor zu den Wiesen an der Ammer hinausglöckelte und die noch zahlreicheren Kühe der Oberen Stadt zum Hechenberg oder Hardt durch den Hirten auf die Weide getrieben wurden. Das Straßenbild der ländlichen Stadt war belebt durch die zahlreichen Botenfuhrwerke. Einige Dutzend Boten, die meist in der Oberen Stadt wohnten, fuhren von hier aus nach allen Richtungen und betonten dadurch die Bedeutung der Stadt als Verkehrsplatz in unserem Oberland.

Und gerade beim Verkehr setzte vor 85 Jahren die Tätigkeit des Bürgermeisters Baur ein, denn an den Toren der Stadt pochte bereits die neue Zeit. Das erste Dampfschiff fuhr seit 1851 auf dem Starnberger See und vier Jahre später lief die erste Eisenbahn von München aus in Starnberg ein. Schon hatte man auch in München den Beschluß gefaßt, die Bahn zu den Bergwerksorten Peißenberg und Penzberg von Starnberg aus weiterzuleiten. Gerüchte tauchten auf, daß die neue Bahn über Tutzing nach Penzberg und von da unter Ausschaltung Weilheims nach Peißenberg geführt werden sollte. Da setzte nun die zielbewußte Arbeit des Bürgermeisters Baur ein. Es galt nicht nur, merkwürdige Vorurteile gegen den Bahnbau unter den Bürgern zu überwinden – waren doch die Oberstadtler geschlossen wegen des drohenden Verlustes ihrer Botenverdienste dagegen –, sondern auch die gewaltigen Mittel hierfür zu gewinnen. Beides gelang ihm.

Am 23. Mai 1863 unterzeichnete König Max II. die erbetene Konzession zur Erbauung der Bahn nach Weilheim. Nachdem bereits am 21. Februar 1863 von 50 Arbeitern der Bahnbau von Starnberg nach Tutzing begonnen worden war, wurde am 23. November die Teilstrecke Wilzhofen-Weilheim angefangen und am 2. Dezember die endgültige, vielumstrittene Lage des Weilheimer Bahnhofes bestimmt.

Es war zweifellos kein Zufall, daß im Bahnbaujahre 1863 ein unternehmender Mann, der Martin Warth aus Regensburg, die erste Zeitungsdruckerei hier einrichtete, die eine neue Zeit im Weilheimer Wirtschaftsleben mit heraufführen half. Vergeblich waren zwar die Bemühungen des Bürgermeisters Baur gewesen, die Bürgerschaft von der Bedeutung des neuen Unternehmens zu überzeugen, die Stadträte verweigerten unbegreiflicherweise die Konzession. Aber Warth war nicht der Mann, der sich dadurch abschrecken ließ. Er wandte sich an die Regierung und erhielt dort auch die Genehmigung. Am 1. Oktober 1863 lief im Hause Nr. 5 in Weilheim die Druckmaschine. Das Weilheimer Wochenblatt, das seit seinem ersten Erscheinen im Jahre 1834 immer in München gedruckt worden war, erschien am 11. Oktober zum ersten Mal im Weilheimer Verlag von Warth. Eine gute Werbung hatte schon in diesem Jahre die Abonnentenzahl von 145 auf 300 ansteigen lassen. Der Umfang des Blattes wurde wesentlich vergrößert und die Annoncen, die jetzt bequemer aufgegeben werden konnten, mehrten sich von Woche zu Woche. Hand in Hand mit der bevorstehenden Eröffnung der Eisenbahn ging in der Unteren Stadt die Vermehrung und Vergrößerung der Geschäfte. Die Läden wurden geschmackvoller hergerichtet, mehrere neue entstanden damals, und es verschwanden auf Kosten der Landwirtschaft manche Ställe in der Unteren Stadt. Der Abschied vom alten Weilheim stand bevor.

Das erste Manuskript, das hier zum Drucke kam, war die Beschreibung des Weilheimer Krankenhauses. Dieses befand sich an der Münchener Straße in einem Teil des heutigen Bürgerheimes. Die Räumlichkeiten desselben wurden nämlich im Jahre 1863 vergrößert und die Krankenzimmer vermehrt, weil man mit einem vermehrten Zugang anläßlich des Bahnbaues rechnete. Man hatte sich auch in dieser Beziehung nicht getäuscht. Zahlreiche italienische Arbeiter, die beim Bahnbau beschäftigt waren und verunglückten, fanden im Weilheimer Krankenhaus Aufnahme. Zugleich wurde auch eine weitere Neuerung getroffen, die Weilheim fortan zum großen Segen wurde. Die Krankenpflege, die man bisher einem Ehepaar anvertraut hatte, übergab man am 12. März 1863 den Barmherzigen Schwestern.

Aber auch noch andere große Projekte des Bürgermeisters Baur, die unter die alte Zeit einen Strich machten, kamen in diesem Jahr zur Beratung und teilweise zur Ausführung. Durch den Eisenbahnbau veranlaßt, ging man in Weilheim auch an die Einführung der Gasbeleuchtung. Das war ein großes Unterfangen, denn viele Städte wagten sich damals noch nicht an das „Neue Licht" heran. Aber der Bürgermeister Baur hatte ausnahmsweise diesmal keine Störung seiner Pläne durch Gegner zu fürchten, denn allgemein wurde begrüßt, daß das neue Licht nicht nur in die Straßen der Stadt, sondern auch in die Bürgerhäuser einzog. Gegen Ende des Jahres waren die Beratungen im Magistrat abgeschlossen, und die Verhandlungen mit der Firma Riedinger, Augsburg, konnten beginnen. Da die geforderte Anmeldung von 500 Flammen rasch zustande gekommen war, wurde im folgenden Jahre auf einem geeigneten Acker beim Betberg mit dem Bau der Fabrik begonnen. Am 5. Dezember 1864 war die feierliche Eröffnung der Gasbeleuchtung, die, wie ein Zeitgenosse meldet, „die Nacht beinahe in Tag verwandelte".

Seinem Wirken im Jahre 1863 setzte Bürgermeister Baur die Krone auf durch den Bau des ersten Weilheimer Schulhauses. Jahrhundertelang mußten die Weilheimer Buben und Mädchen in größeren Räumen der Stadt innerhalb der Mauer das Rechnen, Lesen und Schreiben lernen. Im Jahre 1863 befand sich die Knabenschule in der Pöltnergasse, und zwar im 1. Stock des Bruckenkürschnerhauses (heute Buchhandlung Stöppel), die Mädchen waren im 2. Stock des alten Rathauses am Hauptplatz untergebracht. Da aber die Weilheimer Schülerzahl inzwischen auf 430 angewachsen war, genügten diese Räume nicht mehr, und so war ein Schulhausneubau eine dringende Forderung. Nach langen Beratungen wurde der Platz vor der Mauer, wo das alte, baufällige Bruderhaus stand, für das neue Schulhaus bestimmt. Das Bruderhaus, im Jahre 1521 erbaut, als der Weilheimer Friedhof angelegt wurde, diente zunächst zur Unterbringung von wandernden Fremden und kranken Leuten, später wurde es als erstes Weilheimer Krankenhaus benützt, und seit 1828 diente es bis zu seinem im Jahre 1863 erfolgten Abbruch als Armenhaus. Am 7. April ging in feierlicher Weise die Grundsteinlegung des Schulhauses vor sich, beendet wurde der Bau im darauffolgenden Jahre. Heute steht an dieser Stelle das Landratsamt.

Mit all diesen Veränderungen, die im Jahre 1863 geplant und teilweise schon durchgeführt wurden, zog eine neue Zeit im alten Weilheim ein. Besonders der Bahnbau gab dem ländlichen Weilheim und seiner Wirtschaft im Laufe der folgenden Jahre ein neues Gepräge, Weilheim wurde wieder wie in früheren Jahrhunderten der Verkehrsmittelpunkt unseres Oberlandes.

Vom Abbruch der Stadttortürme

Welche kühnen Alt-Weilheimer Geschlechter haben sie wohl erbaut? Gewuchtig und stark erhoben sie sich einst im Norden, Osten und Süden der Stadt über den Toren und streckten aus der Mauer wie gepanzerte Fäuste ihre steinernen Massen in die Ebene und das hügelige Land hinaus. Sie standen fest und bildeten in späteren Zeiten, als die geänderte Kriegsführung die Mauern entbehrlich gemacht hatte, einen Schmuck des Städtchens.

Doch die Jahrzehnte stürmten mit ihren Neuerungen rastlos vorwärts, der Stadtgraben wurde meist aufgefüllt, große Teile der Mauern abgebrochen und nun sollten die Türme der Neuzeit weichen. Doch so ganz kampflos ging das nicht!

Es war zu Beginn der siebziger Jahre des vorigen Jahrhunderts. Die alten Weilheimer Familien schützten ihre Türme und verlangten deren Erhaltung, aber die Jugend, geführt von einigen neu hergezogenen Familien, denen an der Erhaltung des Stadtbildes weniger gelegen war als an der modernen Forderung der damaligen Zeit „Licht und Luft den Städten“ zu geben, forderte mit Ungestüm die Beseitigung der Verkehrshindernisse.

Die hitzigen Debatten, die monatelang an den Stammtischen über diese Forderung zu hören waren, setzten sich schließlich fort im Sitzungssaal des Rathauses, und eines Tages ward zum großen Verdruß der alten Familien zum Beschluß erhoben, die Tore niederzulegen.

Der erste Turm, der im Jahre 1871 der Neuzeit geopfert wurde, war der obere Torturm, der zur Oberen Stadt führte. Er stand zwischen dem „Rudlbäck“ und der Freibank, dem späteren Luckerbräu. Durch den Abbruch dieses Turmes war gewissermaßen eine Versöhnung zwischen der Unteren und der Oberen Stadt, dem Gewerbe und der Landwirtschaft, vollzogen worden. Die Heuwagen der Unteren Stadt konnten bequemer von den Wiesen am Hechenberg zum Hauptplatz fahren. Dazu kam noch, daß der Stadtbach, der früher offen durch den Postplatz geflossen ist, dort zugedeckt wurde, so daß der große, freie Platz die natürliche Verbindung zwischen der Unteren und Oberen Stadt herstellte. Doch sei hier nicht verschwiegen, daß trotzdem ein versteckter Kriegszustand zwischen den Ober- und Unterstadtler Buben sich fortsetzte und in offiziellen Kriegsansagen und nachfolgenden Raufereien kundgab.

Der November des Jahres 1873 sah den Abbruch des Schmiedtores, das die Schmiedgasse gegen Norden abschloß. Der Turm wurde auch Schuldturm genannt und enthielt einige Arrestzellen. Diese wurden früher viel benützt, und nicht nur Vagabunden bevölkerten sie, sondern manchmal auch Einheimische, die ihren Rausch dort ausschlafen mußten.

Besonders gefürchtet war der Turm bei den Feiertagsschülern, die trotz ihrer 18 Jahre unter strenger Kontrolle waren. Das Wirtshausverbot wurde bei ihnen stramm durchgeführt, und wenn sie dann in der Gögerlwirtschaft, noch dazu bei einem heimlichen Tänzchen, ertappt wurden, mußten sie einen Sonntagnachmittag im Schuldturm brummen.

Während die zwei anderen Tore freie Durchfahrt hatten, besaß das Schmiedtor noch eine Kette, die zu bestimmten Zeiten die Durchfahrt verweigerte. Diese Kette hat wohl Anlaß gegeben, daß den kleinen Bauernbübchen, die aus der Umgebung zum ersten Male in die Stadt kamen, vorgemacht wurde, sie müßten beim Eintritt in die Stadt die Kette abbeißen.

Aber der Schmiedtorturm hat sich nicht ungestraft abbrechen lassen. Die Buben, welche neugierig den Arbeiten folgten und es sich nicht nehmen ließen auf den Trümmern herumzukraxeln, erhoben eines Nachmittags ein Riesengeschrei, daß die benachbarten Bürger aus den Häusern liefen: Der Maurer Reismeier war von großer Höhe herabgestürzt und lag mit blutigem Gesichte auf dem Steinpflaster der Straße! Doch sah es sich anfangs schrecklicher an, als es wirklich war. Der Reismeier erholte sich nach einigen Tagen wieder und konnte noch die letzten Quadersteine des abgebrochenen Turmes hinwegtragen helfen.

Genau ein Jahr später, im November 1874, mußte auch der letzte und schönste Turm der Stadt weichen, das Pöltnertor und der Krautturm. Er stand in der Pöltner Straße zwischen dem Haus des „Einader Sepp" und dem des Kaminkehrers Weiß, dem später der Gschneidinger folgte. Im Erdgeschoß des Turmes schaute oft der weiße Kopf des Zolleinnehmers heraus, der für die Abgabe des Straßenzolles zu sorgen hatte.

Die Buben kannten ihn alle und hielten sich gerne dort auf, besonders die Schweitzer Buben von der Oberen Stadt waren häufig Gäste. Sie waren vom Vater beauftragt, die Uhr am Turme aufzuziehen und ein Schwarm von Buben begleitete oft die zwei verwegenen Schweitzer Bürschchen auf ihrem Arbeitsgange. Das gleiche Geschäft hatten diese auch beim Schmiedtor, nur der obere Turm hatte keine Uhr.

Die Uhr vom Krautturm war besonders geschätzt. Und weil sie gar so gut ging, wurde sie beim Torabbruch „befördert" und zur Turmuhr in St. Pölten erhoben, so daß die Pöltner endlich auch eine richtige Uhr auf ihrem Kirchturm hatten.

Am Donnerstag einer kalten Novemberwoche hatte man mit dem Abtragen des Turmes begonnen, die Buben kraxelten auf den Steinen herum und es mag ein lebhaftes, aber für den Historiker bedrückendes Bild gewesen sein, wenn die jungen Weilheimer auf der halb abgebrochenen Turmruine ihre munteren Spiele machten. Jene alten Bürger aber, die das stückweise Abtragen des Turmes verfolgten und verborgene „Schwedenschätze" witterten, kamen nicht auf ihre Rechnung.

Doch auch dieser Turm sträubte sich gegen sein Sterben und hat sich an den Weilheimern auch ein wenig gerächt. Am Samstag abend war der halbe Turm abgebrochen, und die Arbeit ruhte über den Sonntag. Am Sonntagsmorgen aber fuhr die schwere Mittenwalder Postkutsche mit starken Pferden bespannt, auf dem holprigen Pflaster humpelnd, in aller Frühe zum letzten Mal zum Tore hinaus, und siehe da, kaum war sie einige Meter aus dem Tore, als mit fürchterlichem Krachen der Torbogen zusammenstürzte, und ein Chaos von Steinen auf der Pöltnerstraße herumkollerte. Der Postillion hatte Glück gehabt!

Und nun war nach Abbruch der drei Türme Licht und Luft in der Stadt. Das Gesicht des alten Weilheim hatte sich durch die Abtragung der Tore wesentlich geändert, der Verkehr hat sicherlich Erleichterung und Fortschritte gefunden; aber, wie es immer ist, auch diese Freiheit mußte gewohnt werden, mancher gute alte Weilheimer konnte sich über das Verschwinden der Tore bis zu seinem seligen Ende nicht trösten, und ich glaube, der Schreiber dieser kurzen Erinnerung wäre auch unter diesen gewesen.

Die Kreuzigungsgruppe

Im Jahre 1875 nahmen der Thaler, der alte Gulden und der Kreuzer mit all ihren Nebenmünzen offiziellen Abschied in deutschen Landen, und es regierten von nun ab die Mark und der Pfennig. Der einsetzende Industrieaufstieg schuf bequemere und billigere Lebensmöglichkeiten, Arbeit und Verdienst gab es in Hülle und Fülle. Die unsicheren Zeiten der vorausgegangenen Kriege hatte auch in Weilheim eine Ruhe abgelöst, die beinahe an die Biedermeierzeit der vergangenen Jahrzehnte gemahnte.

In diese Bürgerbehaglichkeit platzte im Jahre 1875 eine Nachricht, die nicht nur Weilheim, sondern das ganze Oberland in Atem hielt und für einige Monate den Gesprächsstoff auf den Straßen und in den Wirtshäusern bildete. König Ludwig II. hatte sich das Märchenschloß Linderhof gebaut und war als neuer Nachbar den Oberammergauern besonders gewogen. In seiner königlichen Huld, die kein Maß und keine Grenzen kannte, ließ er in München eine Kreuzigungsgruppe von einem gewaltigen Ausmaße herstellen, die er dem wackeren Passionsvölklein zum Geschenk machte.

Mehr als 800 Zentner Stein waren nötig, um diese königliche Idee zu verwirklichen. Seit dem Gusse der Bavaria ist keine größere Arbeit aus einer Münchener Werkstätte in die Öffentlichkeit gewandert. Professor Halbig, dem der ehrenvolle Auftrag zuteil geworden war, vollendete im Juni 1875 das Werk. So gewaltig waren dessen Ausmaße, daß man sogar die Mauern des Ateliers durchbrechen mußte, um dem Koloß einen Weg ins Freie zu bahnen und ihn fahrtbereit nach Oberammergau zu machen.

Im Monat Juli sah man bereits in der Weilheimer Umgebung die Vorkehrungen, die nötig waren, um für den schweren Transport die Straßen von München nach Oberammergau zu sichern. Ingenieure mit ihren Arbeitern untersuchten überall den Straßengrund, dicke Steinplatten wurden da eingelegt, wo es nötig war, durch mächtige Pfähle wurden die Brücken auf dem ganzen Transportwege gestützt. Besonders die Herstellung eines brauchbaren Fahrweges über den Ettaler Berg, der wegen der 25% Steigung für den Transport gefährlich erschien, kostete manchen Schweißtropfen. Das waren lauter Arbeiten, welche die Bewohner jener Orte, durch die der Transport ging, in beständiger Spannung hielten. Die Erwartung der Dinge, die da kommen sollten, stieg immer höher.

Weilheim spielte bei diesem Unternehmen insofern eine Rolle, als die Bahn, die damals von München nur bis Weilheim-Peißenberg führte, einen Teil der großen Kreuzigungsgruppe, die Statuen von Maria und Johannes, bis zu unserer Stadt beförderte. Von hier aus wurden sie dann auf starken Wagen weiter nach ihrem Endziel geschafft. Den Transport des großen Sockels mit dem Kreuze aber übernahm eine damals angestaunte Straßenlokomobile der Firma Maffei. Der das ganze Unternehmen leitende Mann war der Ingenieur Halm.

Langsam bewegte sich in den ersten Tagen des August der große Transport von München aus auf der Straße; die Fahrt glich einem Triumphzuge, der von zahlreichen Menschen begleitet wurde. Die Ortschaften, durch welche er sich bewegte, ließen es sich nicht nehmen, Kränze mit schönen Widmungen am Kreuze anzubringen. Für den 6. August war die Durchfahrt durch Weilheim angekündigt. Aber die inzwischen eingetretenen Regengüsse machten den Transport äußerst schwierig, und bei Monatshausen war ein längerer Aufenthalt notwendig. Erst am 9. August gegen 10 Uhr vormittags langte er in der Stadt an, begleitet von vielen Weilheimern, die ihm entgegengegangen waren. Der Magistrat der Stadt sowie einzelne Bürger bereicherten durch Kranzspenden den Schmuck des Kreuzes.

Nach sechsstündigem Aufenthalt setzte sich der Transport, der nach zeitgenössischen Meldungen als der größte des 19. Jahrhunderts bezeichnet wurde, weiter in Bewegung. Spatzenhausen und Murnau empfingen ihn festlich. Zahlreiche Oberländer und viele Fremde hatten hier den Zug erwartet, um ihn zum Ettaler Berg zu begleiten. Die Straße bei Hechendorf machte am nächsten Tage aber große Schwierigkeiten, ein längerer Aufenthalt war nötig, und erst am 12. August ging es weiter dem Ettaler Berg zu. Vier Tage brauchten sie, um auf die Höhe zu kommen. Durch heftige Regengüsse war der Weg aufgeweicht, und die Dampfmaschine konnte nicht mehr allein die Arbeit schaffen. Der den Transport leitende Ingenieur Halm hat daher die Feuerwehr von Oberammergau angefordert. 80 Mann stark erschien diese und unterstützte mittels Flaschenzügen die Lokomotive. Endlich, am 17. August, war dieses Werk vollendet und die 480 Zentner schwere Last ohne Unfall über dem Berge.

Inzwischen war in Weilheim am 13. August die Statue des Apostels Johannes auf zwei Eisenbahngüterwagen verladen angekommen. Das Umladen der 156 Zentner schweren Figur auf einen starken Lastwagen lockte zahlreiche schaulustige Weilheimer zum Bahnhof. Am nächsten Tage traf mit der Bahn die Marienstatue ein, die mit ihren 116 Zentnern bei der Umladung nicht weniger Mühe machte. Mit 10 Pferden wurde jeder Wagen bespannt, und dann ging es den gleichen Weg, wie die große Gruppe ihn machte, zum Ettaler Berg. Dort wurden an jeden Lastwagen 32 Pferde gespannt, hierauf begann die mühselige Fahrt auf die Höhe. Sie hatten beinahe das Bergesende erreicht, als sich ein entsetzlicher Unfall ereignete. Der Wagen mußte über eine kleine Straßenerhöhung fahren, dabei verlor die Johannesfigur das Gleichgewicht, fiel herab und erdrückte den Steinmetzmeister Hauser von München. Er war sofort tot. Sein Begleiter Josef Koblenz aus Reutte wurde dabei sehr schwer verletzt und starb einige Stunden darauf in Ettal. Unmittelbar vor dem Abschluß hatte also der Transport leider zwei Menschenleben gefordert.

Zu Ehren dieser Kreuzerhebung haben die Oberammergauer in diesem Jahre ein Passionsspiel in kleinerer Aufmachung mit lebenden Bildern vorgeführt. Es fand jeden Sonntag statt und zwar vom 18. Juli bis 10. Oktober und zog zahlreiche Besucher an, die nicht nur das schöne Spiel, sondern auch die berühmte Kreuzigungsgruppe sehen wollten. Die Besucher kamen mit der Bahn nach Weilheim und fuhren von da aus mit Fuhrwerken zum Passionsdorf.

Die Passionsspiele hatten damals für Weilheim noch eine besondere Bedeutung, weil die Stadt Endstation der Bahn für die Oberammergauer Gäste war. Hier setzte dann der Wagenverkehr ins Gebirge ein und die Weilheimer Lohnkutscher hatten goldene Tage. Das war vorüber, als die Bahn bis Murnau gebaut wurde. Am 15. Mai 1879 rollte der erste Bahnzug zum Staffelsee. Ein Jahr darauf, im Passionsjahre, blühte dann der Weizen der Murnauer Lohnkutscher.

Von den Schulen in der Stadt

Wenn erst an dieser Stelle eine kurze Abhandlung über die Schulen erscheint, so sei das damit begründet, daß sich erst im 19. Jahrhundert das Schulwesen vollständig erfassen läßt. Quellen über die Weilheimer Schulen der früheren Jahrhunderte fließen spärlich.

Der erste Schullehrer taucht 1305 in einer Urkunde auf: *Merbotus, doctor puerorum,* ist in einer Pollinger Urkunde unter den vornehmen Zeugen erwähnt. In einer deutsch abgefaßten Urkunde der regulierten Chorherren in Dießen vom Jahre 1316 wird der gleiche Zeuge *Merbot, Schulmaister ze Weilhaim* genannt.

Eine Urkunde vom Jahre 1459 läßt erkennen, daß der Schulmeister zugleich Kantor der Stadtpfarrkirche war. Ein eigenes Schulgebäude gab es im Mittelalter mit Bestimmtheit nicht. Obwohl kein Schulzwang herrschte, scheinen die Weilheimer Bürger ihre Buben fleißig zum Schulmeister geschickt zu haben, denn schon im Jahre 1492 taucht in einem Jahrtags-Stiftungsbrief ein *Junkmaister,* also ein Schulgehilfe auf. Er hatte den damals wichtigen Kirchengesang zu übernehmen.

Unter Herzog Wilhelm IV. kam im Jahre 1521 eine Verordnung heraus, nach der auch in kleineren Städten und in Märkten Unterricht in Latein erteilt werden sollte. So erscheint auch in Weilheim in diesem Jahrhundert neben dem Deutschen ein Lateinischer Schulmeister. In einer Kirchenrechnung von 1596 wird eine seiner Einnahmequellen angegeben: „Ain yetlicher lateinischer Schuelmaister allhie zinst aus der Gottshauß Khrautgarten in der Ammergassen auf Martini 24 Pfenning." Im Jahre 1600 finden wir bei einem Erhard Perghamer eine Personalunion vor. Er war *Kaiserlicher Notarius und lateinischer Schuelmaister ze Weilhaim.* 1648 steht der Lateinische Schulmeister sogar auf der Liste derer, die als Hausbesitzer einen Obulus zur schwedischen Brandschatzung beisteuern mußten. Er hieß Melchior Ulber und wurde mit zwei Gulden veranschlagt, die er aber nicht bezahlen konnte.

Der Rat der Stadt sah, wie aus Ratsprotokollen des 17. Jahrhunderts hervorgeht, allmählich strenger darauf, daß „die Kinder das Schulgehn nicht versäumen". Arme wurden auf Kosten der Almosenbüchse mit dem nötigen Schulgeld versehen, und Stipendien sorgten für die Unterstützung mittelloser Kinder. Schulbücher gab es schon seit dem 16. Jahrhundert; sie wurden längere Zeit vom Kloster Benediktbeuern geliefert. Die Form der Buchstaben war bis etwa 1530 die lateinische. Unter dem Weilheimer Landrichter Eisenreich wurde um 1536 die *deutsche Currentschrift* eingeführt. Die Lehrerstellen wurden vom Rat der Stadt den Bewerbern nach einer Probezeit verliehen. Ihre Haupteinnahmen bezogen die Schulmeister aus dem Schulgeld, das sie von den Eltern einheben konnten.

Wohnung und Unterrichtsraum des Deutschen Schulmeisters war im Hause des Bruckenkürschners (heute Buchhandlung Stöppel). Das Haus gehörte dem Spital, der Rat der Stadt bezahlte an die Stiftung eine Miete. Bis zum Jahre 1863 ist in diesem Hause die *Knabenschule* geblieben.

Der Lateinische Schulmeister hatte seinen Lehrraum in dem stadteigenen Gebäude gegenüber dem Rathaus (heute Buchhandlung

Buttner). Bis zur Mitte des 18. Jahrhunderts war hier zugleich die Chorregenten- und Schulmeisterwohnung. Die lateinische Schule war wohl nichts anderes als eine Vorbereitungsanstalt für die höheren Klosterschulen, an denen Weilheims Bürgersöhne bis zur Säkularisation weitergebildet wurden.

Gegen Ende des 18. Jahrhunderts kamen die Schulen unter die staatliche Oberaufsicht des *churfürstlich bayerischen Oberschulen- und Studienkommissariats* und des *churfürstlichen geistlichen Rates*. Geistliche wurden als Lokal- und Distriktsinspektoren aufgestellt. Sie waren verpflichtet, Quatemberbesuche an den Schulen durchzuführen und am Jahresschluß Prüfungen abzuhalten. Stadtpfarrer Horner wurde 1800 als neuer Schulinspektor der Stadt angewiesen, *Arbeitsschulen für weibliche Handarbeiten* (einst Strickschulen genannt) und die *Feiertagsschulen* einzuführen. Der Schulinspektor hatte auch dafür zu sorgen, daß Unterricht in der Obstbaumpflege gehalten wurde. Diesen hatten ein Jahrhundert lang – ebenso wie den allgemeinen Elementarunterricht – die Gögerlklausner in den umliegenden Dörfern gehalten.

Ungefähr um 1816 wurde für die Elementarschule ein dritter Lehrer angestellt; die Schülerzahlen lagen in den darauffolgenden Jahrzehnten zwischen 60 und 90 Kindern bei etwa 1900 Einwohnern. Sie wuchsen dann so an, daß 1855 ein vierter Lehrer berufen wurde. Bei gleichzeitiger Trennung der Geschlechter waren die räumlichen Schulverhältnisse so unerträglich geworden, daß der Magistrat von der Regierung gedrängt wurde, an einen Schulhausneubau heranzutreten.

Da kamen verschiedene Pläne zur Besprechung: Umbau des Brükkenkürschnerhauses, ein Neubau bei der Pöltnerkirche, Umbau des Theaterstadels und des Ettaler Kastens (heute Polizei). Keiner der Vorschläge wurde von der Regierung genehmigt. Endlich kam man überein, das Bruderhaus abzubrechen und den Volksschulneubau an seiner Stelle erstehen zu lassen. (In diesem Gebäude ist heute das Landratsamt untergebracht.) Die Kosten mitsamt der Einrichtung betrugen 28.200 Gulden und 22 Kreuzer. Nach einem feierlichen Einweihungsakt begann am 3. Oktober 1864 in dem ersten Schulgebäude, das als solches in Weilheim errichtet worden war, der Unterricht. Die Knaben im nördlichen Flügel waren fein säuberlich von den Mädchen im südlichen Flügel getrennt. Im Jahre 1860 wurde damit begonnen, am Schluß eines jeden Schuljahres einen *Schulkatalog* herauszugeben, der die Noten der Schüler enthielt und die Preise bekanntgab, mit denen die besten Schüler bedacht wurden.

Inzwischen hatte sich in Weilheim auf privater Basis eine *Zeichnungsschule* aufgetan. Sie wurde 1831 vom k. Baukondukteur Matthäus Hörl eröffnet, der übrigens im Jahre 1838 auch die Weilheimer Kinderfeste einführte.

1866 übernahmen die *Englischen Fräulein* mit drei Elementarlehrerinnen und einer Handarbeitslehrerin den Unterricht für die etwa 200 Mädchen. Im gleichen Jahr wurde den Volksschulen ein 7. Schuljahr angegliedert. 1872 bekamen die Mädchen mit dem Neubau des *Englischen Instituts* ein eigenes Schulgebäude an der jetzigen Johann-Baur-Straße.

Einen vorläufigen Abschluß fand die Weilheimer Schulbaugeschichte erst im Jahre 1902 mit der Eröffnung des Gebäudes am Bachlanger, dem heutigen Altbau der Röntgenschule. Darin wurden eine Mädchenschule mit 295 Schülerinnen in sieben Abteilungen und eine Knabenschule in fünf Abteilungen mit 246 Schülern geführt.

Schon gegen Ende des 18. Jahrhunderts hatte die Regierung angeordnet, *Sonn- und Feiertagsschulen* aufzumachen. In Weilheim geschah dies im Jahre 1808. Der Unterricht mußte von allen Werktagsschulentlassenen besucht werden. Er fand sonn- und feiertags von 12 bis 2 Uhr statt. Im Anschluß daran mußte der Nachmittagsgottesdienst und die Christenlehre besucht werden. Feiertagsschulpflichtige waren alle jungen Leute bis zum vollendeten 18. Lebensjahr. Bei den älteren Jahrgängen gab es dabei immer Schwierigkeiten, bis dann die Schulpflicht auf das Ende des Schuljahres festgesetzt wurde, in dem jemand das 16. Lebensjahr vollendete.

Neben der Feiertagsschule eröffnete man 1866 eine *Knabenfortbildungsschule,* der auch eine private *Zeichnungsschule* angegliedert wurde. 1867 wurde eine *landwirtschaftliche Schule* eingerichtet.

Die ersten Anfänge für eine höhere Schule wurden im Schuljahr 1870/71 gemacht, als eine *gewerbliche Fortbildungsschule* nach Weilheim kam. Als Tagesschule geführt, wurde sie 1878 vierkursig und 1896/97 zu einer sechskursigen *Realschule* weiterentwickelt. Für deren auswärtige Schüler erbaute die Stadt ein Pensionat, in dem 70 bis 80 Zöglinge untergebracht werden konnten (heute Altbau des Gymnasiums). Im gleichen Jahr erhielt die Realschule eine eigene Turnhalle.

(Damit waren jene Schulverhältnisse erreicht, die bis zum Jahre 1940 alle Bildungsansprüche erfüllten, nicht nur für die Stadt Weilheim, sondern für ein Einzugsgebiet, zu dem Schongau, Murnau, das Ammerseewestufer mit Dießen und Utting, Seeshaupt, Penzberg und alle Dörfer dazwischen gehörten.)

Der Hirtenkaspar schnalzt

Damals, als zwar schon die Eisenbahn nach Weilheim fuhr, da arbeitete in manchen Häusern immer noch der Webstuhl, da fertigten die Loderer wirklich noch Loden. Als Nagelschmied und Nadler, Zinngießer und Gürtler noch mehrere Gesellen hatten, da standen in den Ställen der Stadt auch noch Kühe. Wenn auch das Gewerbe blühte, die Landwirtschaft wurde immer noch nebenbei betrieben. Im Sommer fuhren die hochbeladenen Heuwagen durch die Gassen und die Misthaufen rauchten in den Höfen der Unteren wie der Oberen Stadt.

So war es auch ein selbstverständliches Bild, daß Hirten die Kühe sammelten und hinaustrieben zur gemeinsamen Weide. Vielleicht, daß es in der Unteren Stadt etwas langsamer ging, wenn die Tiere in ihrer weiblichen Neugierde von den Schaufenstern der Läden fortgetrieben werden mußten, in die sie immer wieder blöde gaffen mußten. Gemächlich sammelte sich so die Herde auf dem holprigen Pflaster aus Ammersteinen.

Jede Kuh hatte ihr eigenes Geläute. Ohne das Tier zu sehen, erkannte daran jeder Besitzer nicht nur sein Eigentum, sondern auch das seiner Nachbarn. Als alles beisammen war, glöckelte die Herde in stattlicher Zahl früh am Morgen hinaus aus der Stadt zu ihren Weideplätzen.

Sobald die Wiesenmahd gegen Ende August vollzogen war, schnalzte in der unteren Stadt der alte Rabl, ein so kleines Manderl, daß folgende Anekdote über ihn fast glaubhaft erscheint: Zu seiner kranken Frau wurde der neue Weilheimer Arzt geholt. Der war eben im Krankenzimmer beschäftigt, als auch der Herr Gemahl eintreten wollte. Kaum sah ihn der Arzt, so rief er ihn an: „Was willst denn du da? Machst nicht gleich, das du hinauskommst, du Lauser!"

So klein er aber auch war, so tüchtig und verlässig war er als Hirte. Drei Peitschenknalle morgens um 7 Uhr inmitten der Pöltner Straße waren für die Besitzer das Zeichen, ihr Vieh mit dem Geläute zu versehen und auf die Straße zu treiben. Und aus vielen Häusern kamen die Kühe, selbst vom Hauptplatz gesellten sich neue Stücke hinzu, wie vom Türl-Hansl, vom Bäcker Schropp, vom Lebzelter Reßler, vom Schaffler Weber, vom Wagner Resch in der Schmiedgasse, vom Schlosser Rauch, und hinaus ging es durchs Tor, am Spital vorbei, durch die Schützenstraße auf die gemeinsame Weide neben der Ammer; selbst das Paradeis wurde in den späteren Wochen noch abgegrast. Aber pünktlich um 5 Uhr, zur Melkzeit, kam alles wieder zurück und jede Kuh fand beim Heimtrieb durch die Untere Stadt genau den Weg in den Stall. Bis Ende der siebziger Jahre des vorigen Jahrhunderts sah man dieses idyllische Bild, dann hörte es auf in der Unteren Stadt, das Leben wurde „städtisch".

Die Obere Stadt aber blieb sich treu; sie hatte natürlich auch die größere Herde von jeher gehabt, denn dort wurde fast ausschließlich die Landwirtschaft betrieben, und das wichtige Hirtenamt scheint viele Jahre im Besitze einer Familie gewesen zu sein. Der Hausname „zum Hirten" spricht wohl dafür. Aber der Hirtendienst ist von dieser Familie später in andere Hände übergegangen. Markante Gestalten fanden sich unter den Nachfolgern, die auf ihr Amt stolz waren. So erzählt man sich von einem, daß er beim Oberbräu einem Rekruten, der ihn hänselte, vorhielt: „Du hast beim Militär noch nicht so gefroren, wie wir auf der Weide. Wir waren oft froh, wenn eine Kuh hat was fallen lassen; da haben wir unsere Füße gewärmt!" Es scheint also damals kühle Herbstnachmittage gegeben zu haben, wenn man solche Patentöfen zur Erwärmung der Füße angezeigt fand.

Der Kaspar zählte mit zu den letzten Hirten und hat als gelernter

Schweizer sein Amt meisterhaft verstanden. Ende August an einem Morgen stapfte er um 7 Uhr die Obere Stadt hinunter zum Postplatz. Die Tatsache, daß zum ersten Male im Jahre wieder ausgetrieben wurde – das erste Herbstanzeichen in der Stadt –, hatte sich schon am Tage vorher bei der Oberstadtler Jugend herumgesprochen, so daß ein Schwarm von Buben mit Geißeln bewaffnet ihn umgab. Man wollte den Kaspar schnalzen sehen und hören und selbst mittun, so lange die Zeit bis zum Schulbeginn noch reichte. Dann kam der große Moment: der Kaspar schnalzte mit der langen Geißel auf dem Postplatze.

Geschickt schwang er mit dem kurzen Stiel die sechs Meter lange Geißel einige Male im Kreise über den Kopf und ließ sie dann rückwärts sausen. Ein großer Knall wie ein Revolverschuß erfolgte dann, die Buben standen in respektvoller Entfernung. Ein blaues Bändchen, das am Ende des Geißelstrickes angebracht war, soll das Wunder des großen Krachens hervorgezaubert haben. Drei Mal vollzog sich das hintereinander, und es öffneten sich die Stalltüren der Nachbarschaft. Die Kühe kamen teils langsam träge, teils mutwillig springend heraus vom Lohnkutscher Zwerger, vom „Hennaschaffler", vom Rötsel Basili, vom Messerschmied Strobl, einem der ältesten Weilheimer Geschlechter, vom Loderer, vom Tölzer Bot, vom Kleinhans, Liebhart und Wollani und dann fast aus jedem Haus der Oberen Stadt.

Die Herde, die sich aus dem „Sixnitgern" noch ergänzte, wuchs immer mehr an, so daß es ungefähr 300 Stück wurden. Da hatte der Kaspar mit seinen zwei Hüterbuben, die er bestellt hatte, viel Arbeit; denn die andern Oberstadtler Buben waren inzwischen zur Schule gewandert und hatten ihre Geißeln irgendwo, vielleicht gar im Schulranzen, versteckt, damit der Lehrer Rauch oder der May nichts merkten.

Die Kühe führte der Hirte auf den Hechenberg oder zum Hardt, das wechselte je nach dem Stand der Weide.

An freien Schulnachmittagen erhielt der Kaspar Besuch. Die Oberstadtler Buben kamen mit ihren Geißeln angerückt und halfen hüten. Getreu dem großen Vorbild hatten die meisten an ihren Peitschen blaue oder rote Bändchen, die recht knallten und meist vom Loderer in der Oberen Stadt erbettelt worden waren. Es wurde draußen aber auch ein schwunghafter Handel mit den kostbaren Bändern getrieben; geeignete Tauschobjekte waren Schmalznudeln, Schusser, Schusterpech, Fensterbleistücke, farbige Glasscherben, Brenngläser, Geißelstöcke und andere lebensnotwendige Dinge.

Doch mußten sie beim Knallen in der Stadt vorsichtig sein; der Polizeidiener Neser war zwar ein braver Mann, aber gegen diese „Ruhestörer" unerbittlich. Wenn er einen erwischte – es kam ja selten vor –, dem schnitt er die Peitsche ab, ob auf höheren Befehl oder um seine Nerven zu schonen, wußte niemand. Jedenfalls ging die knallende Jugend ihm weit aus dem Weg, und wenn es hieß: „Der Neser kimmt!" stob die peitschende Meute wild auseinander.

Draußen aber konnten sie knallen, wie sie wollten, das war auch der Zweck des Besuches bei der Herde. Wenn das auf die Dauer zu langweilig wurde, kam Abwechslung in das Unterhaltungsprogramm. Es wurden Kartoffeln irgendwo in der Nähe ausgegraben und bei einem kleinen Hirtenfeuerlein gebraten, das waren Delikatessen. Oder es wurden „Dotschen", die man zu Hause sicherlich nicht einmal angesehen hätte, von den Feldern weggenommen und mit großem Appetit verspeist. Doch der Kaspar freute sich immer auf diesen Besuch und hat in dieser Beziehung viel nachgesehen, weil sie sonst sehr anständig waren, die Oberstadtler Buben, beim Hüten.

Wenn dann die Melkzeit herankam, ging es heimwärts und das Hüter-Tagwerk war vollbracht. Allzu große Reichtümer trug es dem Hirten nicht ein, 30 Pfennige wurden für das Stück und die Woche bezahlt, davon mußte der Kaspar seine zwei Hirtenbuben noch entschädigen. Aber eine kleine Anerkennung erhielt er noch am Kirchweihvorabend. Da wurden die Kühe mit Tannenreisern bekränzt hereingetrieben und der Hirte durfte dann mit seinen zwei Buben die Kirchweihgaben in Gestalt von Brot und Schmalznudeln einsammeln. Es gab einen großen, großen Korb voll; er konnte alles recht gut brauchen, der Kaspar.

Wenn die Tage kürzer wurden, gegen Ende Oktober, ward auch mit dem Austrieb Schluß gemacht; ein bestimmter Tag war nicht festgelegt, solange die Weide erträglich war, ging man hinaus, die Wiesen standen ja immer zur Verfügung. Denn eine Versammlung beim Oberbräu hatte das im Sommer schon beschlossen, und jeder der Teilnehmer mußte den Besuch auf seinem Grunde dulden, solange es ging.

Aber die Herden wurden von Jahr zu Jahr kleiner und um das Jahr 1906 wird zum letzten Male der Kaspar auf dem Postplatze geschnalzt haben. Wieder war ein Stück Alt-Weilheim entschwunden.

Woher die Straßennamen kommen

In den Weilheimer Straßennamen ist viel aus der Geschichte der Stadt festgehalten, obwohl es noch im 18. Jahrhundert weder eine amtliche Bezeichnung der Straßen noch eine Numerierung der Häuser gab.

Die erste Häusernumerierung fand in Weilheim 1796 statt, als in der Napoleonischen Zeit Truppen aus aller Herren Länder einquartiert werden mußten. Man malte damals in schwarzer Farbe an die Häuser die großen Nummern und begann damit beim Münchener Tor. Man numerierte die ganze Stadt durch, das heutige Kaufhaus Rid trug die Nummer 1. Die zweite Häusernumerierung wurde im Jahre 1835 unter dem Landrichter Roll und Bürgermeister Schöttinger vollzogen, eine weitere im Jahre 1861 unter dem verdienten Bürgermeister Johann Baur.

Damals ist man auch an die Namengebung der Straßen gegangen, wobei man diese auf den Rat des Stadtchronisten Böhaimb auf stadtgeschichtlicher Grundlage durchführte. Mit Absicht wurden die im Volksmunde während der vergangenen Jahrhunderte üblichen Straßenbenennungen meist beibehalten, und gerade deshalb erzählt uns vor allem die Altstadt manches von der Geschichte aus dem Weilheim der früheren Jahrhunderte.

Altstadt

Beginnen wir beim alten Münchener Tor, später auch Schmiedtor genannt, das im Jahre 1873 abgebrochen wurde. Es stand zwischen dem heutigen Kaufhaus Rid und dem Fachgeschäft Kircher. Da führt die

Schmiedstraße zum Hauptplatz. Ihr Name ist schon 1349 erwähnt, ein Beweis, daß sie nicht nach dem Schmied beim Tor, der mehrere Jahrhunderte später dort arbeitete, sondern nach den zahlreichen Schmiedhandwerkern benannt ist, die in dieser Straße immer wohnten. Während des Dreißigjährigen Krieges gab es dort z. B. zwei Goldschmiede, zwei Kupferschmiede und zwei Messerschmiede.

Die **Eisenkramergasse,** die von ihr aus nach Osten zieht, hat ihre Bezeichnung nach dem Eisenkramer Vötterl, der das Eckhaus (heute Besitz der Hypobank) bewohnte. In den Urkunden führt diese Gasse den Namen „Hintere Gasse", weil sie hinter den Ökonomiegebäuden der Unterstadtler am Hauptplatz lief. Jahrhundertelang war in der Mitte dieser Gasse bei der Schmiedstraße ein öffentlicher Pumpbrunnen.

Der Hauptplatz, der schönste Platz der Stadt, hieß in den frühesten Zeiten kurzweg der „Platz", auch Schrannenplatz, nach den Getreide- und Schrannenmärkten so bezeichnet, die am Hauptplatz stattfanden. Auch Marktplatz wird er häufig in den Urkunden benannt, weil dort die Wochenmärkte waren und die Buden bei den Jahrmärkten aufgestellt wurden. Jetzt heißt er **Marienplatz** nach der im Jahre 1698 dort aufgestellten Mariensäule, ähnlich wie das in München der Fall ist.

Die **Windgasse** schließt im Osten den Marienplatz ab, so genannt nach dem Eckhaus, in dem früher der Tändler Josef Wind wohnte. Überhaupt wurden früher gerne die Gäßchen nach dem Besitzer des Eckhauses benannt, wie die Eisenkramer-, Pistl-, Sondermayergasse u. a. zeigen. Die Windgasse nannte man früher auch das Landrichtergäßchen, weil Ende des 18. Jahrhunderts der Landrichter im Eckhaus seine Wohnung hatte. Pollingerhaus wurde dieses Eckhaus einst benannt, weil es längere Zeit im Besitz des Klosters Polling war.

Die **Admiral-Hipper-Straße** mit dem Geburtshaus des großen Admirals Franz v. Hipper ist die alte Herrenstraße und führte bis zu dem im Jahre 1871 abgebrochenen Oberen Tor, das beim heutigen Rathaus stand. Sie hieß in den Urkunden des 17. Jahrhunderts noch die Obertorgasse, aber auch Herrngasse nach den im ehemals gefreiten (Hipper-)Haus sich befindenden Ratsräumen und den längere Zeit dort wohnenden herzoglichen Beamten. Offiziell wurde sie im Jahre 1861 als Herrenstraße bezeichnet.

Die **Apothekergasse** ist eine neue Bezeichnung, denn die Weilheimer Apotheke befand sich während des 17. Jahrhunderts in der Pöltnergasse, im 18. Jahrhundert dann in der Schmiedgasse (Haus der Hypobank) und erst gegen Ende des 18. Jahrhunderts da, wo sie sich heute befindet, nämlich im alten Unteren Weilheimer Badhaus.

Die Apothekergasse führt zum **Kirchplatz.** Hier stand einst das im Jahre 1826 abgebrochene Spitalgebäude mit der Spitalkirche. Der Stadtbach war hier etwas verbreitert und diente den Unterstadtlern als Roßschwemm. Eine zweite Roßschwemm hatten die Unterstadtler noch außer der Mauer im Unteren Graben. Die Oberstadtler hatten ihre Schwemm im erweiterten Bachbett oberhalb der Bernmühle.

Von dem Kirchplatz aus zieht eine der ältesten Straßen Weilheims nach Süden, die **Hofstraße.** Sie hat ihre Bezeichnung seit dem Jahre 1529, denn damals bezog der herzogliche Pfleger die alte Weilheimer Burg (heute Teil des Finanzamtes) als Wohnsitz. Schon 1521 hatten die bayerischen Herzöge Ludwig und Wilhelm die Burg zu ihrer Residenz gewählt, als sie längere Zeit in Weilheim Hof hielten. An die Burg schloß sich der Hofgarten, der bis zur östlichen Stadtmauer reichte. Heute steht mitten in diesem alten Weilheimer Hofgarten das Gebäude des Messungsamtes.

Das Gäßchen, das die Hofstraße mit der Pöltner Straße längs der Mauer verbindet, nennt man **Am Ries.** Richtiger soll es heißen „Am Riß", wie es offiziell im Jahre 1861 benannt wurde. Denn dort senkt sich der Boden von der Stadtmauer, der höchsten Stelle der Altstadt, plötzlich gegen Norden. Die mittelalterliche Bezeichnung für einen bruchartigen Boden war Riß.

Bei der Einmündung des Riesgäßchens in die Pöltner Straße stand das im Jahre 1874 abgebrochene Pöltner Tor mit der angebauten Torwartwohnung, die zugleich Zollhaus war. Die **Pöltner Straße,** eine in den ältesten Urkunden vorkommende Bezeichnung, ist so benannt, weil sie zur Pöltner Vorstadt führte und zu der einst dem Pollinger Kloster gehörigen Kirche, deren Patron St. Hippolith ist. Die Fortsetzung der Pöltner Straße stadteinwärts ist die **Kirchstraße,** die an der Westseite der Stadtpfarrkirche hinzieht.

Die **Lederergasse** zweigt hier nach Westen ab, sie erinnert an das alte Weilheimer Handwerk der Lederer und Gerber. Dort wohnten

z. B. anfangs des 17. Jahrhunderts vier Rotgerber, vier Weißgerber und ein Schwarzfärber. Der diesen Gerbern gehörige gemeinsame Lohstadel befand sich am Stadtbach hinter der Türlmühle, daher der Name **Lohgasse,** die vom Unteren Graben aus dorthin führt. Noch gegen Ende des vorigen Jahrhunderts konnte man in dem offen durch die Lederergasse fließenden Stadtbach die Häute für die Gerber hängen sehen.

Von der Lederergasse führte zum Marienplatz das **Kipfingergäßchen,** das mit seinem Namen die alte berühmte Weilheimer Goldschmiedfamilie Kipfinger ehren soll. Diese wohnte in der Nähe am Hauptplatz im heutigen Rau-Hause. Die **Kreuzgasse** führte einst zum Türl an der Stadtmauer, wo jetzt der Durchgang beim Gefängnisgebäude sich befindet, heute zieht sie zur **Fischergasse,** die ihren Namen von den jahrhundertelang dort wohnenden Stadtfischern trägt. In der Fischergasse liegt das von Herzog Christoph gestiftete Kreuzkirchlein, das 1499 vollendet wurde. Von der Kreuzgasse zweigt der **Herzog-Christoph-Weg** ab. Der Name soll an den Herzog Christoph den Starken erinnern, dem vom Jahre 1475 bis 1493 die Stadt Weilheim mit allen Renten, Zinsen und Gilten gehörte. Nach allerdings sehr unwahrscheinlichen Gerüchten soll die herzogliche Küche im Hause des Türlschafflers gewesen sein (Eckhaus zum Herzog-Christophweg).

Von diesem Weg aus biegt die **Cavaliergasse** in die Schmiedstraße ein. Der Name dieser Gasse ist schwer zu bestimmen, vielleicht führte diese Gasse zum Cavalier, d. i. eine besonders starke, hohe Befestigungsanlage an der Stadtmauer. Wahrscheinlicher ist, daß der Cavalierbräu in der Nähe bei dieser Namengebung eine Rolle gespielt hat.

Damit ist die Altstadt durchwandert. Um diese zog sich einst die heute noch teilweise erhaltene Mauer mit ihren Türmen und Toren. Ihre Entstehung reicht sicher bis zur Stadtgründung im 13. Jahrhundert zurück. Vor der Mauer war um die Stadt der tiefe Graben, der in Kriegszeiten mit dem Wasser des Stadtbaches angefüllt war. Daran erinnern die drei Bezeichnungen **Oberer Graben, Mittlerer Graben und Unterer Graben.**

Obere Stadt

An den Oberen Graben reiht sich beim Rathaus **die Hofstatt.** Der Name hängt mit dem Aufenthalt der Weilheimer Pfleger, der Herzöge und Kurfürsten bei ihren längeren Jagdaufenthalten zusammen, das Hofgesinde hatte dort seine Quartiere. Stand ja dort auch das kurfürstliche Weiße Bräuhaus in der Nähe und das Gaberlbräuhaus, dessen Besitzer Dionys Daffner im Jahre 1760 Kaiserlicher Posthalter wurde. Daher hieß die Hofstatt im Verlauf des vorigen Jahrhunderts auch Postplatz. Heute führt er die Bezeichnung **Rathausplatz.**

Zu beiden Seiten des Stadtbaches stehen die Häuserreihen der **Oberen Stadt.** Ihr Name hängt mit ihrer Bodenlage zusammen, sie liegt höher als die Altstadt, wie der Lauf des Baches zeigt. Einst Obere Vorstadt genannt, hat sie sich erst nach der Stadtgründung im 14. Jahrhundert entwickelt, die ersten Häuser waren ohne Zweifel die Mühlen am Bache. Die älteste ist die Bernmühle, dem Weilheimer Spital gehörig und schon 1405 beurkundet. Auch die Zotzenmühle gehörte zur Spitalstiftung, die heutige Feyerabendmühle war die Ettaler Klostermühle, gegenüber davon stand der Ettaler Getreidekasten (heute Gebäude der Polizei). Die Schleifermühle, später Stadtmühle genannt, war lange Zeit im Besitz des Stiftes Habach; darin ist heute das Samen- und Zoogeschäft Preisinger.

Über der Zotzenmühle dem Bache entlang begegnen wir alten Weilheimer Flurnamen. Da, wo die Krautgärten im Norden des Gögerl (= Gogel, Hügel) liegen, nannte man die Gegend Am Schlatt = Morast, Sumpf. Ein zweiter Name kam später dafür in Gebrauch: Hammerland, weil am Bache die Weilheimer Waffenschmiede ihre Anlagen hatten. Weiter draußen heißt es **Am Ölschlag** (heute Rieperdinger-Besitz), benannt nach der Ölmühle, die noch im vorigen Jahrhundert im Betriebe war. Dorthin fuhren einst die Oberstadtler den Leinsamen, um das für die Beleuchtung so wichtige Öl zu gewinnen. (Die Unterstadtler brachten ihren Leinsamen zur zweiten Ölmühle der Stadt. Sie befand sich am Kleinen Ammerl beim Ammermüller.)

Nun wieder zurück zur Oberen Stadt. Da ist die **Pistlgasse.** Richtiger heißt sie Pirstlgasse, da sie nach dem Schlosser Pirstl benannt ist, der einst bis 1810 beim Eckhaus wohnte. Zugleich soll auch der Name erinnern an einen kunstreichen Sproß dieser Familie, Benno Pirstl, der Kunstschlosser, Feinmechaniker und ein vorzüglicher Uhrmacher war und der Ueberlieferung nach den Fischern auf dem Ammersee den Gebrauch des Kompaß bei Nebelfahrten auf dem See lehrte. Das **Sondermayergäßchen** führt seinen Namen nach dem einstigen Besitzer des Eckhauses gegenüber. Die Namen **Bernmühlenweg, Zotzenmühlweg** sind ebenso leicht zu verstehen wie der Name **Gögerlweg** und **Deutenhauser Straße.**

Die **Rastkapellengasse** führt ihren Namen von der Rastkapelle (Herrgottsrast). Diese steht nach einem rentmeisterlichen Umrittsprotokoll seit dem Jahre 1668 an ihrem heutigen Platz und wurde unter Stadtpfarrer Eisvogl, einem geborenen Weilheimer, in Holzbau erweitert und vergrößert, seit 1791 ist sie gemauert. Die **Rambeckgasse** ist benannt nach Maurus Rambeck, der 1665–1686 Abt in Andechs war. Er entstammte einer alten Weilheimer Bürgersfamilie und war durch seine hervorragenden Sprachkenntnisse weit berühmt. Die **Petelgasse** erinnert an Jörg Petel, den berühmtesten deutschen Bildhauer seiner Zeit. Er ist in der Schmiedgasse um das Jahr 1590 geboren und starb 1634 in Augsburg an der Pest. Sein Vater schrieb sich Clement Betle und war jener Meister, der im Jahre 1587 den vielgerühmten Weilheimer Prunkschrank fertigte, der im Museum steht.

Die Lange Gasse zieht von der Rastkapelle bis zum Mittleren Graben und schließt die Gärten und Höfe der Oberstadtler gegen Süden ab. Anläßlich des 700jährigen Stadtjubiläums gab man ihr den Namen **Johann Baur-Straße** zum Gedächtnis an den Bürgermeister Johann Ev. Baur, der das ländliche Weilheim hinüberführen half in eine neue Zeit. Unter seiner Ära 1860–1870 erhielt Weilheim die Eisenbahn, das erste Schulhaus, die Gasanstalt, die Kleinkinderbewahranstalt und das Gebäude für die Englischen Fräulein, an das sich später die Weilheimer Mädchenschule anreihte. Diese Straße war noch zu Beginn des 19. Jahrhunderts der Abschluß der bewohnten Oberen Stadt gegen Süden. Jenseits dieser Straße nannte man das weite Gebiet, das vom Simmetsbacherl durchflossen ist und bis zur Ettinger Straße reichte, den Weilheimer „großen Acker". Zur Besiedlung dieser Stadtgegend gab der große Brand des Jahres 1810 Anlaß, der die ganze Obere Stadt von der Hofstatt bis zur Feyerabendmühle in Schutt und Asche legte. Mehrere Oberstadtler bauten damals auf Geheiß des Magistrates mit den Tuffsteinen der abgebrochenen Wessobrunner Klosterkirche ihre Häuser auf dem „großen Acker". Erst in den fünfziger und sechziger Jahren erstanden auf dem Acker noch andere Häuser, besonders am Laufe des Simmetsbacherls; langsam entwikkelten sich auch da draußen dann die Straßen. Eine große Anzahl dieser verhältnismäßig in neuerer Zeit angelegten Gassen und Wege führt Namen, die uns in die Blütezeit des Weilheimer Handwerks und der Kunst weisen.

Die **Engelhardtstraße** ist benannt nach dem Bürgermeister und Tuchscherer Johann Engelhardt, der im glücklichen Zeitalter Weilheims lebte († 1558). Wie sein noch vorhandenes Testament erweist, machte er eine Stiftung „zur Aussteuer armer tugendhafter Bürgerstöchter", das sogenannte Goldene Almosen. Die **Fasserstraße** hält den Namen des Weilheimer Bürgermeisters Peter Fasser für die kommenden Generationen fest. Dieser wurde, als im Jahre 1646 die Weilheimer Bürger die schwedische Brandschatzungssumme nicht sofort aufbringen konnten, als Geisel von den Feinden mitgeschleppt und starb in Gefangenschaft in Babenhausen.

Im Süden

Die **Deglergasse** ruft den Namen jener Künstlersippe wach, die mehr als 150 Jahre in Weilheim lebte. Deren Hauptvertreter ist der Bildhauer Hans Degler, dessen reifes Können die prächtigen Altäre der Augsburger Ulrichskirche und die Madonnenstatuen in und um Weilheim zeigen. Die **Sonnwendgasse** läßt jene Zeit wieder aufleben, als die jungen Weilheimer einst am Simmetsbächlein = Sonnwendsbächlein beim **Bachlanger** am Johannitage über die lodernden Flammen sprangen. Im Jahre 1773 wurde der uralte Brauch von der Regierung verboten.

Viele Straßen im Süden der Stadt erinnern an die Namen von Weilheimer Künstlern. Die **Angermairstraße** ist nach dem Elfenbeinschnitzer Christoph Angermair benannt, der im Dienste des bayerischen Kurfürsten Max I. neben anderen kostbaren Schränken den berühmten Münzschrein fertigte, der heute eine Zierde des Bayerischen Nationalmuseums ist. Angermair starb als churfürstlicher Hofbildhauer im Jahre 1632 in München. Eine Nachbildung des Schreins ist im Weilheimer Museum.

Die **Trogerstraße** erinnert an die Malerfamilie, deren bedeutendster Vertreter Johann Sebastian Troger war. Dieser hatte unter anderem die Deckengemälde in der Pöltnerkirche im 18. Jahrhundert geschaffen und machte sich durch seine Fassadenmalereien an den Häusern des Hauptplatzes und der Schmiedgasse einen Namen. Er starb im Jahre 1792. Sein Sohn Lukas war zu Beginn des 19. Jahrhunderts der erste Zeichnungslehrer in Weilheim.

Die **Schmädlstraße** soll das Künstlerschaffen des Bildhauers Franz Xaver Schmädl in Erinnerung bringen, der in der Pöltnergasse seine Werkstatt mit vielen Gesellen hatte und zahlreiche Altäre in den Kirchen des Oberlandes, darunter die von Oberammergau und Rottenbuch, fertigte. Mit ihm erstrahlt in der Rokokozeit Weilheim zum letzten Mal im Ruhme einer Künstlerstadt. Er starb 1777. Die **Steinhartstraße** ehrt durch ihren Namen das Weilheimer Künstlergeschlecht Steinhart. Während des Dreißigjährigen Krieges im Jahre 1639 erwarb sich der Bildhauer Matthias Steinhart in der Stadt das Bürgerrecht und brachte sein Können auf eine beachtliche künstlerische Höhe. Seine Söhne Franz und Dominikus haben den berühmten Prunkschrank im Palazzo Colonna zu Rom gefertigt. Der bedeutendere von den Brüdern war Dominikus, der wohl zu den besten Elfenbeinschnitzern seiner Zeit gehört; er starb im Jahre 1712 in München, sein Bruder Franz 1695 in Weilheim. Das Bild der Weilheimer Künstlerstraßen im Süden wird vervollständigt durch den **Johann-Dürr-Weg.** Auch die Dirr (Dürr) waren eine alte Weilheimer Bildhauerfamilie. Von Martin Dirr stammt die Andreasfigur im Ettinger Kirchlein. Sein Sohn, der im Jahre 1723 geborene Johann Georg Dürr, zog nach seinen Gesellenjahren von hier fort und ließ sich in Mimmenhausen nieder, wo er mit dem Schongauer Künstler J. A. Feuchtmayr zusammenarbeitete. Sein Hauptwerk ist die Ausschmückung des Münsters in Salem, das zu den bedeutendsten Leistungen im Deutschen Rokoko und im Stile

Ludwigs XVI. gehört. Die ganze Ausstattung ist vollständig aus Alabaster.

Der **Heseloher Weg** nennt einen bekannten Namen, den Namen eines der letzten deutschen Minnesänger. Dieser Hanns der Heseloher war im Jahre 1469 Stadtrichter in Weilheim und kann als wirkliches Weilheimer Kind angesprochen werden. Er besaß ein Haus in der Wiggesgasse (spätere Hofgasse) und heiratete eine Tochter des Weilheimer Bürgermeisters Jörg Pauß, der in der gleichen Straße wohnte. Auch Heselohers Tochter Barbara heiratete einen Weilheimer aus alteingesessenem Geschlechte, den Hansen von Schellenberg, der 1480 Land- und Stadtrichter in Weilheim und der Besitzer der Weilheimer Burg war. Als Minnesänger verfaßte Hanns der Heseloher zahlreiche Schwänke und Lieder, die in allen Schenken und Spinnstuben der Umgebung, auf allen Rockenfahrten zum Gemeingut des Volkes geworden sind. Besonders die Weilheimer und Pähler Bauern haben ihren lustigen Hannsen hoch in Ehren gehalten.

Die **Weinhartstraße** erinnert an Oswald Weinhart, der in den achtziger und neunziger Jahren des vorigen Jahrhunderts Bürgermeister der Stadt war. In seiner Amtszeit entstanden mehrere gemeinnützige Bauten, darunter das Realschulpensionat, der heutige Altbau des Gymnasiums. Als Abgeordneter vertrat er den Wahlkreis Weilheim im Bayerischen Landtag.

Die **Röntgenstraße** führt ihren Namen nach dem berühmten Entdecker der nach ihm benannten Strahlen. Professor und Geheimrat von Röntgen hat sich in Weilheim am Bachlanger ein schönes Heim erbaut und war Ehrenbürger der Stadt Weilheim.

In der ersten Hälfte des 20. Jahrhunderts sind im Süden Weilheims viele schmucke Häuser erbaut worden. Alte Flurnamen und die Lieblingsberge der Weilheimer haben ihnen den Namen gegeben. Nach Osten ziehen die **Hechenbergstraße** und die **Feichtlstraße.** Der Hechenberg ist die alte Bezeichnung des Höhenrückens, der vom Gögerl aus nach Süden zieht. Feichtl benennt der Volksmund die großen Fichtenwaldungen auf den Höhen. Berge, die aus der Alpenkette in die Stadt grüßen und vielfach das Wanderziel der Weilheimer Alpenfreunde bilden, sind die namengebenden Taufpaten der neuen Wege geworden. Wir finden hier den Herzogstand-, Heimgarten-, Krottenkopf-, Zugspitz- und Alpspitzweg, die Wetterstein- und Kreuzeckstraße.

St. Pölten und Südwesten

Die Kirche dort ist älter als die um die Stadtgründungszeit erbaute Stadtpfarrkirche, sie gehörte zum Pollinger Kloster, das hier auch einen größeren Besitz mit mehreren Häusern hatte. Aus dem Pfarrwiddum bildete 1798 das Kloster Polling eine Schwaige, die vom Kloster aus verwaltet wurde (heute Dietmairbesitz, Hausname „beim Schwoager"). Nach dieser einstigen Pollinger Schwaige ist der **Schwaigerweg** benannt. Zur Pöltner Kirche führt die **Greitherstraße,** früher alte Gasse benannt, wohl auch die älteste Gasse in Weilheim. Sie ruft in ihrer heutigen Benennung das Gedächtnis an die Weilheimer Künstlerfamilie der Greither wach, die in der Pöltnergasse wohnte. Das Haupt dieser Familie war der Maler Elias Greither, von dem unter anderem die schönen Fresken im Weilheimer Friedhofskirchlein stammen. Er wurde im Jahre 1646 von den plündernden Schweden ermordet. Sein Bruder Johannes hat die Deckengemälde in der Stadtpfarrkirche gefertigt, er ist 1641 in Weilheim gestorben.

Der **Franziskusweg** ist wohl benannt nach einer alten Franziskusstatue, die in dieser einstigen Pollinger Klosterflur an einem Feldweg errichtet war.

Der **Prälatenweg** ist jener Weg, den die Pollinger Klosterherren zur Betreuung ihrer Pfarre in St. Pölten benützten. Er ist übrigens die älteste Verbindung zwischen Polling und Weilheim. Die **Pollinger Straße** wurde erst in der Napoleonischen Zeit gebaut. Vorher führte der Fahrweg von Weilheim nach Polling über die **Murnauer Straße** und zweigte erst in Längenlaich ab. In den Urkunden der früheren Jahrhunderte findet sich dafür häufig der Name Weinstraße, weil dort der Tiroler Wein herangeführt wurde.

Die **Jahnstraße,** welcher der Turnvater Jahn den Namen gab (Sportplatz), und die **Waisenhausstraße** sind in ihrer Deutung leicht zu erkennen.

Die **Trifthofstraße** führte zu dem „Weilheimer Holzhof“, in dem das Holz gestapelt wurde, das die Ammer heruntergetriftet worden war.

Die **Weilheimer Au** im Südwesten der Stadt ist das Gelände am rechten Ammerufer, das jahrhundertelang ein Sorgenkind der Weilheimer Bürger war, denn es verging kein Jahrhundert, das nicht von großen Überschwemmungen einige Male auf diesem Gebiete berichtete. Als im Jahre 1825 besonders große Wasser die Ammerdämme wieder einmal durchbrachen und die Au überschwemmten, ging der Magistrat energisch daran, eine Ammerkorrektur vorzunehmen, die bis weit über die Oderdinger Flur hinauf und bis zum neuen Weilheimer Wehr sich erstreckte. Dadurch wurde die Au vor Überschwemmungen gesichert und es sind dabei noch mehr als hundert Tagwerk fruchtbares Feld gewonnen worden. Die Straße, die dorthin führt, ist die **Aufeldstraße** und die Häuserzeile weiter draußen nennt man **In der Au.**

Der **Geistbühelweg** hat seine Bezeichnung nach dem alten Flurnamen Geistbüchl, wie überhaupt die Weilheimer Flurnamen besonders im Westen der Stadt den neu angelegten Wegen ihre Namen gaben. Dadurch ist eine uralte Weilheimer Namengebung in unser Straßenverzeichnis aufgenommen, freilich sind manche schwer oder überhaupt nicht ganz zu erklären. Der Volksmund hat sie einst gebildet, die gewohnte Bezeichnung wurde dann weitergeführt, ohne daß man sich darum kümmerte, was sie besagen will. Die Lage, die Beschaffenheit des Bodens, das Wachstum von bestimmten Bäumen und Sträuchern, der Moorboden, vielleicht sogar irgendeine unbekannte alte Sage usw. gaben wohl Anlaß zu diesen Flurnamen.

Im Westen

Nach Westen führt von der Pöltner Vorstadt aus die **Theatergasse.** Die Freude am Bühnenspiel im alten und neuen Weilheim ist ja nichts Neues. 1828 bauten die „Theaterfreunde“ außerhalb der Mauer bei St. Pölten einen „Theaterstadel“, aus dem sich in neuer Zeit unser prächtiges Stadttheater entwickelte. Nach Westen zieht dann weiter der **Kormannweg,** früher die alte, nach den Kornfeldern der Pollinger

Schwaige benannte Korngasse. Max Kormann war in den letzten Jahrzehnten des vorigen und noch in unserem Jahrhundert in der Stadt Chorregent und Musiklehrer. Als hochbegabter Musiker und Komponist hat er das Musik- und gesellschaftliche Leben Weilheims reich befruchtet und den Weilheimer Liederkranz-Orchesterverein auf eine beispielhafte Höhe gebracht.

Der **Türlmühlweg** weist auf die ehemalige Thürlmühle hin. Vor 120 Jahren kam aus dieser Mühle das weithin bekannte und besonders viel nach München verschickte „Königsmehl", das der im Weilheimer Wirtschaftsleben bekannte Müller Bernbacher herstellte. Drei Mühlen gab es vor dem Stadttürl einst in Weilheim außerhalb der Mauer: die Obere Türlmühle, die Mittlere Türlmühle, und die Untere Türlmühle. In der bedeutenden Schrannenstadt Weilheim klapperten einst acht Mühlen am Bache.

Nach Westen zieht von der Stadt aus auch die **Färbergasse,** benannt nach dem Eckhaus, in dem jahrhundertelang Färber waren. Man hieß es dort „beim Färber vorm Thor". In Urkunden heißt die Färbergasse auch kleine Ammergasse, weil sie zur Ammer führt. Große Ammergasse hieß einst die jetzige **Schützenstraße,** die zur Ammerbrücke führt. Den offiziellen Namen Schützenstraße erhielt die erst um 1830 bebaute Straße nach der uralten Schießstätte. Nach dieser ist auch der **Schießstattweg** benannt. Die Schießstätte ist das älteste Bauwerk in dieser Stadtgegend. Die „Schießhütte" stand schon anfangs des 15. Jahrhunderts, 1448 findet sich schon der Weilheimer Bogner unter den Preisträgern des großen Augsburger Stahlschießens, im 16. Jahrhundert und später sah die Schießstätte öfter Besuche aus dem Wittelsbacher Hause. Im Osten der Schießstätte steigt das Hochufer der alten Ammer an mit der anschließenden oberen, offenen Ebene = Öfele. Das ist der alte Flurname der ganzen dort bebauten Gegend: Am **Öferl** und **am Hochufer.**

Weiter gegen Norden des Öferl ist die Gegend des alten Ammerlaufes. Das Feld zwischen dem alten und dem neuen Ammerlauf hat die Flurbezeichnung **Fischerried.**

Und nun begegnen uns im Westen des Ammerlaufes zahlreiche Flurnamen, die auch teilweise den dort neu angelegten Wegen den Namen gaben. In den alten Flurnamen ist deutlich zu sehen, daß einst die ganze weite Gegend bis zu den westlichen Höhen das uralte Ammerseebecken war, das noch weiter nach Süden bis zum heutigen Oberhausen reichte. Da ist draußen der Barchat, die Flur westlich an der Ammer, und bedeutet nach dem altdeutschen Wort barch = flüssig, hellglänzend eigentlich eine durch Feuchtigkeit glänzende Gegend. Dort zieht heute der **Parchetweg** zur **Parchetsiedlung. Waitzacker** ist aber kein Flurname, sondern eine schon zur Zeit der Stadtgründung bestehende Siedelung. Bereits 1283 erscheint in einer Urkunde ein Ulrich Wattsacker, nach dem wohl die Höfe – es waren früher mehrere – benannt sind. Seit 1360 war der Besitz, der bis 1507 zum Landgericht Landsberg gehörte, Eigentum des Weilheimer Spitales und wurde als Spitalschwaige benützt.

Auch der **Hahnenbühel** eine Flurbenennung. Der **Tankenrainer Straße** entlang zieht im Norden die Säur, ein alter Weilheimer Flurname, der saure Wiesen bezeichnet. Durch sie geht heute die **Moosstraße.** Weiter nördlich davon liegen der Schwattach, ein schwattender = schwankender Streuboden, und die Eichtweide, von dem Wort Ey = Wasser gebildet, also wässerige Weide. Der **Madenberg** ist die Bezeichnung für die Höhen im Westen des Weilheimer Moores, der Name bedeutet mähbarer Berg, dort ist der Madenbergweg. Die **Lichtenau** ist die vom Walde gelichtete Au. **Auf der Richt** ist die Bezeichnung einer uralten Gerichtsstätte, wie sie z. B. auch am Dietlhofer See war. Auf der Richt mögen die Klöster Wessobrunn oder Dießen ihre Hofmarkenrechte ausgeübt haben. Das **Weghaus** baute die Stadt Weilheim im Jahre 1521, wie eine Stadtkammerrechnung von 1522 berichtet. Damals erhielt die Stadt von den in Weilheim residierenden Herzögen Wilhelm und Ludwig das Recht, den Zoll auf der Straße von Weilheim–Wessobrunn–Rott einzunehmen, dafür mußte sie aber diese Straße unterhalten. Dieses Weghaus stand an der Rott bei Zell, der Wessobrunner Klosterschwaige, und war noch 1627 „von dem Wegmacher gemeiner stat Weilhaimb“ bewohnt.

Im Norden

Noch in der ersten Hälfte des vorigen Jahrhunderts standen außerhalb des Schmiedtores an der Münchener Landstraße recht wenig Häuser. Dies änderte sich mit dem Bahnbau in den Jahren 1864/66. Da wuchsen die Neubauten förmlich aus dem Boden heraus sowohl an der Straße als auch abseits davon. So entwickelten sich allmählich der **Bahnhofplatz,** die **Bahnhofstraße** und später die **Bahnhofallee.** Nach dem Kriege 1870/71 begann eine besonders lebhafte Bautätigkeit da draußen. Ein unternehmender Baumeister stellte eine Reihe von Häusern **im Herrenfeld** auf und seit dieser Zeit wuchs die Stadt nach Norden immer mehr hinaus bis zu dem einst von der Altstadt weit entfernten **Töllern.**

Das Andenken an die Tätigkeit der Weilheimer Franziskaner ist erhalten in der Bezeichnung **Kirchmayerstraße.** Der erste Guardian des Weilheimer Klosters, Ambros Kirchmayer, war es nämlich, der 1646 durch einen Kniefall vor dem schwedischen Obristen Schlagenhauser die erstürmte Stadt vor der Einäscherung rettete.

Von der Münchener Straße zieht nach Osten die **Krumpperstraße.** Die volkstümlichste unter den alten Weilheimer Künstlerfamilien gab ihr den Namen. Das Bildhauergeschlecht der Krumpper ist schon 1504 in Weilheim beurkundet, es befand sich in der Schmiedgasse im heutigen Hause der Hypobank. Der bedeutendste Vertreter ist der im Jahre 1570 geborene Hans Krumpper, der Architekt, Bildhauer in Holz und Elfenbein, Bossierer, Altarbauer und Maler in einer Person war. Seine Bildhauerwerke schmücken die Residenz in München und die Frauenkirche. Er war der Erbauer vieler Kirchen, darunter auch des Pollinger Glockenturmes, und war eine Führerpersönlichkeit in der bayerischen Kunst des 17. Jahrhunderts. Wie die Krumpperstraße führt auch die **Angerkapellenstraße** zum Betberg. Sie ist benannt nach der Kapelle, die einst auf dem großen Anger vor dem Betberg im Jahre 1661 erbaut wurde. Diese Kapelle wurde 1805 zum ersten Weilheimer Leichenhaus und blieb es bis 1876, wo dann im Friedhof das heutige Leichenhaus errichtet wurde. In der Kapelle befinden sich ein von dem Weilheimer Künstler Matthias Steinhart stammendes Vesperbild und das Deckengemälde von Johann Bader aus Lechmühl (Lechmühler Hansl).

Der Weg im Westen neben dem Friedhof heißt daher **Friedhofweg.** Der Weg vom Friedhof weg nach Osten ist **Am Betberg** bezeichnet und führt zum Hardt-Höhenwald. Nördlich des Friedhofes bei der Kiesgrube steht eine Kapelle, die im 17. Jahrhundert noch als Streitlkapelle beurkundet ist, zu Beginn des 18. Jahrhunderts aber als Eisvogelkapelle benannt wurde. Die Eisvogel sind ein altes Weilheimer Bierbräuergeschlecht. Ein Vertreter dieser Familie war der Weilheimer Stadtpfarrer Georg Eisvogel, der die Rastkapelle umbaute. Der 1751 in Weilheim geborene Pater Veremund Eisvogel gab als Wessobrunner Benediktinermönch die im dortigen Kloster gedruckte Bibelkonkordanz heraus, ein bedeutendes Werk.

Im Westen des Betberges liegt das Herrenfeld. Dorthin führt die von der Krumpperstraße abzweigende **Herrenfeldstraße.** Gleichlaufend ist dort auch die **Karl-Böhaimb-Straße,** die nach dem Weilheimer Chronisten und Stadtpfarrer Böhaimb, von 1857 bis 1886 hier tätig, benannt ist.

Der zur gleichen Zeit wirkende Weilheimer Chronist und Spitalkurat hat der **Andreas-Schmidtner-Straße** den Namen gegeben. Andreas Schmidtner ist 1815 als Sohn des Weilheimer Stadtzieglers geboren, hat 1838 seine erste Anstellung als Stadtkaplan in Weilheim erhalten und ist bis zu seinem im Jahre 1906 erfolgten Tode, also volle 68 Jahre, als Seelsorger hier tätig gewesen. Schon in den ersten Jahrgängen des Weilheimer Wochenblättchens schrieb er im Jahre 1841 seine Abhandlungen über Weilheims Geschichte und hat in den folgenden Jahrzehnten eine überaus fruchtbare Tätigkeit auf dem Gebiet stadtgeschichtlicher Forschung entfaltet. Seine Arbeiten sind es gewesen, die Böhaimb fast ausschließlich und meist wörtlich in seiner 1865 erschienenen Chronik benützte. Schmidtners Ernennung zum Ehrenmandatar des Historischen Vereins von Oberbayern ist ein Beweis, daß seine tiefschürfenden Arbeiten in wissenschaftlichen Kreisen Anerkennung gefunden haben.

Die **Pütrichstraße** ehrt das Gedächtnis an den hochherzigen Stifter des Weilheimer Bürgerspitals, der seine Stiftung vor 600 Jahren mit großen Gütern ausstattete. Pütrich war Münchener Patrizier und Ratsherr, der in Weilheim einen größeren Verwandtenkreis besaß.

Die Fortsetzung der Karl-Böhaimb-Straße nach Süden gegen den

Mittleren Graben bildet die **Schöffelhuberstraße.** Ihr gab den Namen der im Jahre 1671 hier verstorbene „Weilheimer Käplmaler" Matthias Schöffelhueber, der seine schlichte Kunst hauptsächlich in und für die Landkapellen ausgeübt zu haben scheint.

Ein gutes Stück weiter im Norden liegt **Töllern.** Hier – bei den Bodensenkungen oder Tälern, daher wohl richtiger Tölern – war einst der Edelsitz der Herren von Tolern, der bereits 1323 beurkundet ist. Das idyllische Kirchlein auf der kleinen Anhöhe stand schon 1409, zu gleicher Zeit aber auch an der Stelle des Adelsitzes das Weilheimer Leprosenhaus, das Haus für die Siechen, die abgeschlossen von den Leuten hier leben mußten. Später wurde daraus das Weilheimer Armenhaus, heute ist es ein städtisches Wohnhaus. Der mit einem Mäuerlein umgebene Friedhof dort nahm die Körper der Hingerichteten im Mittelalter auf. In der Nähe ist der Galgenberg – eine kleine Erhebung östlich davon –, der heute noch im Volksmund diesen Namen führt. Da die Kirchenpatrone des Töllernkirchleins St. Johann Bapt. und Evangelist sind, hat man der Gasse, die von der Münchener Straße zur Alten Ammer führt, den Namen **Johannisgasse** gegeben, die als Fortsetzung jenseits des Bahndammes den **Leprosenweg** hat. Die Bezeichnung erinnert an das Leprosenhaus in Töllern, das bereits um 1400 dort von den Weilheimern für die Aussatzkranken (Lepra) erbaut worden ist.

Von Töllern aus zieht die **Münchener Straße** zum **Dietlhofer See.** Dietlhofen – Hof des Diethalm – ist eine uralte Siedlung. Bei den im Jahre 1887 in der Nähe vorgenommenen Ausgrabungen haben sich Gräber aus der Zeit der ersten christlichen Jahrhunderte vorgefunden. Urkundlich tritt der Name zum ersten Mal 1150 auf. Mehrere Herrenfamilien hatten dort ihren Besitz, auch die Klöster von Polling und Wessobrunn. Im 14. Jahrhundert fanden am Ufer des Sees feierliche Gerichtsverhandlungen statt. Im Jahre 1467 kamen alle Besitzungen dort und der See um den Kaufpreis von 800 fl an das Kloster Andechs, das dann 1490 Dietlhofen und den See an das Weilheimer Spital gegen die Hälfte des Riegsees vertauschte. Seit dieser Zeit gehörte Dietlhofen, das später die Weilheimer Spitalschwaige wurde, dem Spital und unterstand der Verwaltung der Stadt.

Im Osten

Von der Münchener Straße zieht nach Osten die **Kaltenmoserstraße** zum Betberg. Ihr hat der Pfarrer von St. Georgen in Steiermark, Georg Sebastian Kaltenmoser, den Namen gegeben, der im Jahre 1690 zwei größere Stipendien für Studierende aus Weilheim gestiftet hat. Viele Weilheimer Studenten erhielten seitdem alljährlich einen namhaften Beitrag zur Vollendung ihrer Studien. Die Kaltenmoserstraße führt in den nach 1945 entstandenen neuen Stadtteil und zur **Johann-Älbl-Straße**. Johannes Älbl war erst Stadtprediger in Weilheim, dann 1600–1621 Stadtpfarrer. Er entfaltete hier eine große schriftstellerische Tätigkeit und war der Verfasser des Weilheimer Passionsspieles, das auf dem „Platze“ stattfand und von weither, selbst von den Wittelsbacher Fürsten, gerne besucht wurde. Manche von den Weilheimer Künstlern haben sich damals als Schauspieler betätigt. Der Text dieses berühmten Spieles wurde von den Oberammergauern, als sie einige Jahrzehnte später ihre Passionsspiele aufführten, teilweise in ihr Spiel aufgenommen und einige Jahrzehnte lang beibehalten.

Im Norden zweigt die **Eichenstraße** ab. Sie soll an die Alt-Weilheimer Hochzeiteichen erinnern. Wenn nämlich ein Weilheimer Bürger im 18. und noch im 19. Jahrhundert heiratete, gingen Braut und Bräutigam am Tag nach der Hochzeit auf eines ihrer Felder und pflanzten dort zur Erinnerung an diesen Tag drei Eichen. Diese Eichentrio standen im Norden Weilheims und begannen ungefähr da, wo heute die Betbergsiedlung sich befindet. Sie waren auf den Wiesen bis Dietlhofen und bis Unterhausen zu sehen. Dem Bahnbau im Jahre 1865 sind viele dieser Eichen zum Opfer gefallen.

In der Nähe befindet sich die **Steinlestraße.** Bartlmä Steinle, ein Zeitgenosse Älbls, war der Erbauer der Weilheimer Stadtpfarrkirche. Als Bildhauer und Altarbauer schuf er schöne Werke, unter anderem war er der Schöpfer des berühmten Hochaltars in der Stamser Klosterkirche.

Die **Lienhartstraße** führt ihren Namen von dem 1714 verstorbenen Stadtschreiber her, der die erste Chronik der Stadt Weilheim in Reimen verfaßte.

Die **Römerstraße** führt von der Oberen Stadt bis nahe an den Dietlhofer See. 1889 hat sie ein Hauptmann Arnold als Teil der alten Römerstraße von Partenkirchen über das Ammerseewestufer nach Augsburg festgelegt.

Mehr als sieben Jahrhunderte durchwandern wir, wenn wir die Straßen und Plätze sowie die bebauten Fluren Weilheims genauer betrachten in ihren Namen und deren Bedeutung. Die Zeiten, als die Altvordern ihre junge Stadt mit Wall und Graben umzogen, wo Weilheim durch seine Verkehrslage und seine großen Schrannen zu den bedeutendsten Wittelsbacher Städten zählte, die Jahrhunderte, wo die herzoglichen und kurfürstlichen Pfleger hier Hof hielten und das Weilheimer Handwerk in seinen Künstlern Triumphe feierte, werden in uns wieder wachgerufen. Und heute fügt noch immer eine geschichtsliebende Stadtverwaltung weitere Blätter dieser Chronik bei und erwirbt sich damit auch den Dank der kommenden Geschlechter.

(Dr. Hans Rid hat diese Betrachtungen über die Straßennamen im Herbst 1950 abgeschlossen. An den vielen hier fehlenden Bezeichnungen können wir ermessen, wie Weilheim seither gewachsen ist und wieviel neue Straßen dazugekommen sind.)

Meine Heimat

Wo die Hügel sanft sich schmiegen
Vor der Alpen stolzem Thron,
Ist mein Heimatland hinieden,
Bin des Pfaffenwinkels Sohn.

Wo die stillen Klöster winken,
Deren Kirchen prunkend stehn,
Wo im Tal die Dörflein blinken
Und der Rinder Herden gehn,

Wo sich spiegelnd Seen breiten
Und vom Berg das Kirchlein schaut,
Wo die Wälder grün sich weiten,
Überm Fluß der Himmel blaut,

Dort fühl ich des Bodens Stärke,
Dort winkt mir der Ruhe Lohn,
Sei gegrüßt, du Heimaterde,
Bin des Pfaffenwinkels Sohn!

Das war Dr. Hans Rid

Geboren am 20. August 1876 in der Oberen Stadt als Sohn eines Lodwebermeisters und Kaufmanns, ist Hans Rid von Anfang an ein „echter“ Weilheimer gewesen. Bis zu seinem 10. Lebensjahr ging er – noch in dem Haus, das inzwischen zum Sitz des Landratsamtes geworden ist – in die Volksschule. Schon dort bewunderte er den damals noch lebenden Stadtpfarrer und Chronisten Carl August Böhaimb. Den anderen bedeutenden Heimatforscher dieser Zeit, den Spitalkuraten Andreas Schmidtner, bezeichnet Rid später als seinen väterlichen Freund.

Der zehnjährige Hans kam ans Gymnasium nach Dillingen, der junge Herr Rid studierte Germanistik, der Herr Doktor und Studienrat war dann über drei Jahrzehnte an der Städtischen Handelsschule in München. Daß die Verbindungen mit der Vaterstadt nie abgerissen sind, beweisen zahlreiche Veröffentlichungen teils humoristischer, teils heimatgeschichtlicher Art. Sie erschienen in Münchener und Weilheimer Zeitungen, die damals für solche Ausführungen in ihren Sonntagsbeilagen noch Platz hatten.

1935, im Jahre seiner Ruhestandsversetzung, erschien unter dem Titel *Alt-Weilheim* das erste Buch, eine Zusammenfassung der bis dahin geschriebenen Lebensbilder der Heimatstadt.

Zur gleichen Zeit begann Dr. Rid mit seiner gründlichen Arbeit am Stadtarchiv. Sie sah zunächst so aus, daß er in den verstaubten Speichern des alten Rathauses, des Heilig-Geist-Spitals, des alten Feuerwehrhauses aber auch so mancher Bürgerhäuser „herumschloff“ und gebündelte Akten, einzelne Urkunden, dicke Rechnungsbücher, zerknitterte Briefe, verstaubte Protokolle hervorkramte – und sie vor der drohenden Vernichtung bewahrte; denn im Zuge der „Luftschutzmaßnahmen“ mußten die Speicher „entrümpelt“ werden. Wer weiß, was da nicht alles als Glump weggeschmissen worden wäre, wenn's nicht Dr. Rid als Schatz geborgen hätte?

Im neuen Rathaus gab es 1936 Archivräume. Rund 2400 Bände, mehrere hundert Akten aus dem 17. bis 19. Jahrhundert und 536 Urkunden mit Siegeln stellte Dr. Rid mit seinen Helfern zusammen.

Hand in Hand damit ging seine Sorge um das Stadtmuseum. Er brachte es zum Beispiel fertig, daß der Prunkschrank des Clemens Betle aus Münchener Privatbesitz nach Weilheim kam.

Rid war kein trockener Archivar. Ob er in Stadtkammerrechnungen blätterte oder verstaubte Briefe entzifferte: er spürte aus allem lebendiges Geschehen heraus, schrieb darüber seine Geschichten und erzählte sie mit feinem, hintersinnigem Schmunzeln einer staunenden Nachwelt. Sie lesen sich so, als wäre der Schreiber selber dabeigewesen, als das Malefizgericht in der mittelalterlichen Stadt tagte oder beim letzten Großbrand anno 1834. Diese Geschichten sind 1950 als Buch unter dem Titel *Aus Weilheims Vergangenheit* erschienen.

Dr. Hans Rid fand für seine Arbeit Anerkennung und Ehrungen. Er wurde mit Verdienstkreuzen ausgezeichnet und erhielt 1946 die Ehrenbürgerrechte der Stadt Weilheim verliehen. In seinem 90. Lebensjahr starb Dr. Rid am 14. Januar 1966. Nach seinem Tod wurde die Dr.-Hans-Rid-Straße nach ihm benannt. Die von ihm geschriebene *Chronik der Stadt Weilheim* wurde nie veröffentlicht.

Stichwortverzeichnis

Inhaltsverzeichnis

Die Klammerangaben im Inhaltsverzeichnis geben die Werke von Dr. Hans Rid an, denen sie entnommen sind:
(A) Alt-Weilheim
(C) Chronik der Stadt Weilheim (unveröffentlicht)
(V) Aus Weilheims Vergangenheit